明朝果然很有料

第五卷

小院之观 著

中国工人出版社

目录

第一章　明朝军事之痛 / 001

南北兵之争 / 001
暂时和平了 / 002
蓟州之变 / 004

第二章　第二次抗倭援朝 / 008

丁酉再乱 / 008
南原之战 / 011
杨元之死 / 012

第三章　从守到攻的转换 / 015

稷山之战 / 015

转攻为守 / 019
血战蔚山 / 022

第四章　万历朝鲜战争 / 026

邢玠的动作 / 026
丰臣秀吉之死 / 028
露梁海战 / 030
到底谁赢了 / 033

第五章　播州之乱 / 035

西南不倒翁 / 035
播州之乱 / 036
杨应龙的对策 / 039
围攻海龙屯 / 041

第六章　万历皇帝的荒唐事 / 044

修建定陵 / 044
一顶凤冠 / 046
怠政皇帝 / 050
矿税之祸 / 054

第七章　努尔哈赤的崛起 / 058

十五岁的少年 / 058

李成梁的算盘 / 060
努尔哈赤的第一桶金 / 061

第八章 辽东大帅李成梁 / 065

努尔哈赤征服女真 / 065
朝廷的警觉 / 068
内忧与外患 / 070
反明还是不反明 / 073

第九章 萨尔浒之战 / 077

万历皇帝的应对 / 077
杨镐的方案 / 082
努尔哈赤的战术 / 084
东路军的覆灭 / 087
光海君李珲 / 090
确实打不过 / 092
倒退的帝国 / 094
李贽的故事 / 095

第十章 朱常洛：三十天皇帝 / 099

一个月皇帝 / 099
梃击案 / 100
红丸案 / 103
移宫案 / 107
司礼监秉笔太监 / 111

第十一章　明朝最奇葩的皇帝 / 114

木匠皇帝 / 114
奢安之乱 / 116
辽东经略 / 118

第十二章　后金立国根本之战 / 123

沈阳之战 / 123
血战浑河 / 126
辽阳之战 / 132

第十三章　熊廷弼经略辽东 / 135

三方建置 / 135
经抚之争 / 137
广宁失陷 / 140

第十四章　如何处理熊廷弼 / 143

东林书院 / 143
帝师孙承宗 / 146
孙承宗的办法 / 147

第十五章　魏忠贤与东林人士的恩恩怨怨 / 152

重复多次的老问题 / 152

东林的失误 / 155
天下第一布衣 / 156

第十六章　明朝的关宁锦防线 / 160

孙承宗的困局 / 160
柳河之败 / 163
关宁锦防线之辩 / 165
袁可立与毛文龙 / 168
宁锦防线是另一回事 / 173

第十七章　东林党的真面目 / 175

推升吏科都给事中风波 / 175
杨涟的奏疏 / 179
魏忠贤的报复 / 183
冷风热血，洗涤乾坤 / 187
孙承宗的努力 / 190

第十八章　宁远之战 / 193

不该被遗忘的袁可立 / 193
兵部主事 / 197
徐光启的改革 / 200
宁远之战 / 203
觉华岛之屠 / 207

第十九章　宁锦之战 / 211

谁来继承汗位 / 211
皇太极的水平 / 213
袁崇焕的失策 / 215

第二十章　明朝最黑暗的一个时代 / 218

天启时代落幕 / 218
袁崇焕去职 / 220
朱由校的功绩 / 223

第二十一章　朱由检的难题 / 225

信王即位 / 225
毕自严的办法 / 227
李应期的奏疏 / 228

第二十二章　袁崇焕经略辽东 / 231

五年平辽 / 231
复杂的多边形势 / 232
夸兵索饷 / 237
东江斩帅 / 241

第二十三章　“己巳之变” / 246

皇太极的决策 / 246

几个争议 / 249
血战京师 / 256
督师之死 / 260

第二十四章　“己巳之变”后的形势 / 265

大权独揽 / 265
后金的终极战术 / 267
天下大乱 / 272

第二十五章　崇祯皇帝的豪赌 / 278

四正六隅，十面张网 / 278
爱国者孙承宗 / 281
明末的精锐 / 282
乌真超哈 / 286
松锦之战 / 289

第二十六章　传庭死，而明亡矣 / 294

李自成的战力 / 294
孙传庭的抵抗 / 298
传庭死，而明亡矣 / 304
崇祯皇帝的问题 / 306
天子守国门，君王死社稷 / 308

后记 / 313

第一章 明朝军事之痛

南北兵之争

南北兵之争，是明朝军队由来已久的一个问题。在入朝初期的平壤之战里，南北兵协作得当，表现都很勇猛。

南兵将领骆尚志，带伤登城，勇冠三军；老将吴惟忠，“铅子伤胸，血流殷踵，督军不休”，着实令人泪目。

北兵将领也不弱，如“李芳春箭中咽喉，射穿右膊，李如梧铅子击穿左臂，方时春触中毒火”，亦都带伤奋战，杀入城内。

问题出在了战后的叙功上。

比如最具代表性的“先登”之功，骆尚志在千万双眼睛注视下“拔贼帜，立天兵旗麾”，属实如天神下凡一般威猛。这种情况，“先登”铁定是跑不了的。谁知等功劳报下来时，南兵将官心凉了半截，原来首功被李如松安到了北兵将领杨元头上。

除了将领论功不平，士兵也是如此。

暂时和平了

明朝以斩获首级数目论军功。平壤之战前，为了防止部下抢割首级而耽误作战，李如松下严令“争割首级者斩”。但在战役中，命令贯彻得并不严格，发生了许多抢割首级的事情。尤其是平壤城外的战斗，南兵在前追击日军，北兵骑兵在朝鲜地形里的行动还不如步兵方便，落在了后面，这反而导致了“平壤之役，南人先登力战，而得首级者，皆是北人”的尴尬结果。

南兵从兵到将，都对北兵意见纷纷，再也不如入朝初期那么协作无间。

除了前线将士，明军高层也明争暗斗不已。比如宋应昌派去的随军赞画袁黄已经向南兵将领表示过，说宋侍郎已经知道他们的功劳，将以首功报到朝廷（皆以公等为首功以报朝廷），他们就等着领大功吧。

李如松如此操作，岂不是打脸宋应昌，让他面子往哪搁?

平壤大捷后，矛盾已经产生，但还没有到激化的地步，随后发生的碧蹄馆之战，则成为矛盾爆发的导火索。

碧蹄馆之战，李如松没带南兵，带的都是他的家丁和辽东嫡系。宋应昌是南人文官（浙江杭州人），李如松是辽东边将，入朝以来，李如松就没给过这个名义上的上司好脸色。宋应昌也不是省油的灯，碧蹄馆之战后，他毫不客气地指责李如松“轻犯敌锋，几致不测”“大将一死，皇威大损”。

南兵将领也抓住这个机会对北兵冷嘲热讽，以解心中不快，比如王必迪就质问李如松，说你只带先锋前进，一旦有失，置大军于何地，“非不智而何？”下级对上级这样质问，可以说是相当无礼了，可想南兵的愤怒。

客观地看，这些批评本来没错，但李如松不是个能接受批评的人，尤其这些批评声还来自文官和南兵。

在南北之争愈演愈烈，身边精锐损失惨重，粮草又难以为继的情况下，李如松战意越发消沉。他拒绝了朝鲜官员继续进兵、收复汉城的请求，一路后撤，一直撤到了平壤。

至于理由，他干脆推给了宋应昌，说他是武官，受制于人，不能擅自做主云云。

朝鲜方面知道是怎么回事，但也无可奈何，毕竟他们也有做得不地道的地方，说好的粮草始终供应不上，讲话不硬气。

不过话说回来，撤归撤，李如松头脑没糊涂，情报方面他一直抓得很紧。从抓获的日军战俘和朝鲜伪军口中，他了解到一个消息，汉城日军的粮仓龙山仓防御薄弱。而朝鲜方面的最新情报是，汉城日军又出动了，他们由宇喜多秀家带领，正在围攻朝鲜将领权栗防守的幸州。

这两条情报放到面前，李如松两眼放出光来，他找来查大受，如此这般布置了一番。查大受依计而行，带着几百人悄悄摸过临津江，贴近了龙山仓。

接下来发生的事，参考《三国演义》官渡之战中曹操偷袭乌巢那个桥段。龙山仓守将宗义智好比乌巢守将淳于琼，同样是喝得酩酊大醉。查大受毫不费力地潜入龙山仓进行了一场特种作战，一把大火烧毁了十三座粮库，使日军也陷入了严重的粮食危机。

当双方都无力进兵时，议和就成了值得考虑的一个选项。

这样的场合怎能少得了“沈大忽悠”。

万历二十一年（1593 年）三月，被雪藏大半年的沈惟敬重新出山。这次他带着兵部公文，来到汉城再次面见小西行长。石星、宋应昌给他的权限是日本退兵、释放人质（朝鲜王子）后，兵部可以奏请封秀吉为日本国王。

大家都知道，沈惟敬是个讲到哪算哪的人。如果说开始他是满嘴跑火车，谈着谈着就谈成了满嘴跑飞机，这次他愣是给谈成了日方承诺退兵，大明派出使节前往日本，就封贡事宜与丰臣秀吉直接会谈。

看起来只是多了条封贡事宜，区别可大了。封秀吉为国王，只是给他甩顶帽子，让他待在岛上自己去玩。封贡可是要拿出真金白银的，万历皇帝这么抠门的人，哪会舍得掏出银子去喂那头狼。

果然，意向性协议报到朝廷，万历皇帝觉得第一条可以，第二条不能接受。他的意思是要让丰臣秀吉上表请罪，可以封他当个国王。至于封贡，还是算了吧。

双方的条件存在原则性差异，肯定是不可能谈拢的。区区这点小事，难不倒“沈大忽悠”，皇上不懂日文，秀吉不懂中文，那不就好办了？

皇上不是要关白降表嘛，我给你！关白不是要封贡文书嘛，我给你！

这个胆大包天的家伙，居然真的伪造出了这两样东西。

沈惟敬为什么要这么做，搞不懂。

不管如何，拿到对方言辞恭顺的降表和客客气气的封贡文书，万历皇帝和丰臣秀吉都很满意。双方各自开始撤军，事情暂时就这样完美地解决了。

蓟州之变

万历二十一年（1593 年）九月，明军开始撤兵，仅留下几千人在朝鲜戍守，其余军队陆续调回国内。

同年十二月，李如松回国述职，朝廷论功，加其为太子太保，中军都督府左都督。

战是停了，兵也撤了，遗留下来的问题并没有得到解决。

万历二十三年（1595 年）十月己未日。

驻扎于石门寨的蓟镇三协 2000 多名士兵收到了期盼已久的好消息，总兵王保派人通知他们到演武场集中，领取拖欠已久的饷钱和赏金。

十月，天气已十分寒冷，这些士兵却没一个缺席。这笔钱已被拖欠两年之久，他们中的许多人，家里都等着饷钱花销。同伴们互相开着玩笑，说我们虽然闹过索要欠饷，王总兵到底还是个好人，帮我们解决了实际困难。

演武场是一个宽阔的广场，四周还有城墙、瞭望台。众人高兴地来到演武场，发现王保不在，高台上空无一人。

少顷，吱呀呀两声，大门重重地从外面被关上。空旷的场地狂风卷起尘土，似有不祥之兆。

众人没有在意，以为王总兵是不是到了。

等待他们的不是总兵王保，城墙冒出大队埋伏着的士兵，他们手举弓箭和三眼火铳，散开在城墙四周，将士兵们团团包围。

大家感觉有点不妙，大声鼓噪起来：王总兵在哪儿？是他叫我们来领欠饷的！

无人回应，全副武装的士兵面无表情地举起弓箭。

“放箭”，不知是谁下的命令。

城墙上的士兵用弓箭和火铳，向广场内疯狂发射。城墙上还有一门土炮，他们往炮里装填圆滚滚的炮弹，每一声炮响，就有数名士兵被炸得血肉横飞。

场内士兵未着片甲，空手而来，这注定是一场不对等的屠杀。弓箭、火铳齐射之下，不多时场内已尸横遍野。他们临死时不肯闭眼，他们不曾料到，朝廷居然会调集军队将枪口对准自己人。

带着无限的绝望和悲惨，这些士兵死不瞑目。

事后王保上奏朝廷，说蓟镇士兵兵变，“击之，杀数百人”。

这场事变就此定性。

在万历一朝，发生过多次兵变，从南到北几乎年年都有，万历十九年（1591 年），京营士兵甚至在长安门闹事。相比之下，这场蓟州兵变似乎算不上什么大事。它在史料上记载极少，只有《明神宗实录》中有过寥寥几句。

不过对这件事，朝鲜方面的史料倒是记载颇多，不仅详细介绍原因，连死亡人数也给出了确切数字。

朝鲜为何对这些士兵如此关心？

原因无他，兵变中被杀的全部是南兵，是刚在朝鲜战场杀过敌、立过功，对朝鲜有恩的南兵。

不久之前还在朝鲜战场叱咤风云的抗击日军的英雄，为何被集体屠杀？死了多少人？

王保事后说杀数百人，朝鲜史料中有的说杀了 1300 人，有的说杀了 3300 人，不一而足。具体人数，我们可以从之后的一些数字中推断出蛛丝马迹。

前后两次出征朝鲜，南兵都是给朝鲜军民最好印象的明朝军队。统兵的吴惟忠、骆尚志、王必迪 3 人被称为“南兵三营将”。他们率领的南兵严格保持了戚家军的纪律，作战勇敢不扰民，口碑极佳。

蓟镇南兵即是吴惟忠所统的征倭浙兵，出征后有所损失，仍然补满兵员，共计3700多人。到两年后第二次抗倭援朝，兵部仍然调派吴惟忠统领南兵入朝抗战，这时兵员数字有了巨大缺口，已不到2000人，减员将近一半，需要再招募1785人凑足人数。

对照这个数字推算，蓟镇兵变中被杀的南军人数应当在1700人—2000人。

他们为何被杀？当然不是如王保所说“以反闻”，主要的原因是“要赏结聚”“挟增月饷”，即索要欠饷，聚众闹事。

欠饷本是军中常事，士兵不满乃至闹事并不鲜见，为何立下汗马功劳的南兵会被屠戮？还是那个老问题：南北之争。

南兵是合同兵，军饷一向高于卫所官兵，这是自戚家军成军以来的惯例。普通情况下，南兵军饷一般是每年十八两白银，但是东征援朝是出国作战，有所不同。当时经略军务的宋应昌将南军的军饷提高了一倍多，达到一年四十三两白银。

宋应昌在职的时候，都是按此标准执行，随着他在万历二十二年（1594年）去职，并未来得及将军饷按期发放，形成一笔长期欠饷。

除了军饷，南兵闹事的原因还有作战该得的赏金。平壤之战后，李如松私心自用，将南兵将领的功劳强行剥夺不说，朝廷连事先答应给士兵的赏金都迟迟不发，闹得南兵怨声载道。

宋应昌去职前已察觉不对劲，他给大学士王锡爵打招呼，说“平壤首级大功未赏，各军志意似不如前，是人事不在我，幸相公留意焉”。

可惜当时内阁首辅还是懦弱的赵志皋，王锡爵也是有心无力。

南北争端并不局限于军中，还有朝堂。张居正、戚继光去世后，继任者多是北方人，多少会偏向老乡。等支持南兵的宋应昌被罢官后，南兵更加势单力孤，无人为他们说话，前面答应的饷银，更是不知找谁去要。

蓟镇总兵王保，榆林卫人，妥妥的北方人。

蓟镇兵变，就是积累已久的南北矛盾的爆发，缺少支持的南兵被心怀怨恨的北方军官诱杀，随后扣上个谋反的罪名，这才是事实的真相。

这件事的罪魁祸首蓟镇总兵王保，受到了什么追究呢？

事后，给事中戴士衡、御史汪以时为南兵叫屈，说他们根本没反，王保随意击杀部下，请朝廷将他免官拿问。但是在兵部尚书石星与巡关御史马文卿的包庇之下，王保反而以“定变”之功晋为都督同知，随后替代董一元镇守辽东，在任上寿终正寝，死后赠左都督。

这桩在史料中不起眼的兵变，造成了极其恶劣的后果。

最直接的结果，当然是寒了南兵将士们的心。

南兵待遇好是事实，能打也是事实。浙兵入朝军纪井然，不拿老百姓一针一线，平壤一战吴惟忠中弹不退、骆尚志奋勇先登，朝鲜人都看得明明白白，赞不绝口。

这些将士们半年前刚刚为国家远征归来，在异国土地上扬名立万，在战争中奋勇当先。可是不久之前，还在朝鲜战场叱咤风云的抗击日军的英雄们，没有死于日军的枪林弹雨，却在驻地被自己的长官诱杀。

南兵的军饷远高过北兵，朝廷如果觉得这样不好，完全可以遣散南兵。非要安个罪名将他们毁掉，谁还愿意为朝廷卖命？

人为财死，鸟为食亡。克扣饷赏，何谈忠义！

此事发生后，浙江再没人愿意当兵了。

两年后，战争再次爆发，南兵缺额严重。吴惟忠奉命再回义乌招兵，再也不见当年那种踊跃参军的盛况，几乎已经没人报名，“今招募未集，部伍不敷”，只能以其他兵员凑数。

此事更严重的后果，是使得戚继光主导的军事改革走向全面失败。蓟镇兵变后，所向无敌的戚家军再也没办法恢复。那支吊打倭寇、蒙古，近代化程度极高的专业军队消失了，戚继光十六年煞费苦心构筑的防线也很快失去了作用。

历史非常残酷，一支如此强大的军队没有在抵御外敌的战场上走向辉煌，却被自己人毁灭，真是可悲，可叹！

万历二十三年（1595 年）的蓟州兵变，是一场悲剧，至今仍不忍卒读。

第二章 第二次抗倭援朝

丁酉再乱

万历二十四年（1596年），中日两国已息兵三年多。

真相总有败露的一天，“沈大忽悠”两头骗的骗局再也维持不下去了。

九月初二，沈惟敬、杨方亨率领的册封使团终于抵达了日本。沈惟敬把万历皇帝的册封诰命、敕谕以及金印、冕服转授给秀吉。次日，秀吉设宴款待明使，令人译读明朝的诰命和谕书。

当读至“特封尔为日本王”时，秀吉当即面红耳赤，极其愤怒地说：“大明封我为日本国王，岂有此理？我自然是日本王，何由明之来许！小西说封我大明王，我才撤兵。把小西叫来，斩首！”

在一些日本重臣的说情之下，丰臣秀吉虽然未将小西等人斩首，但却下令驱逐明朝、朝鲜两国使节，并且命令各将领准备再伐朝鲜。

大明王和日本王，一个天上一个地下，议和再无成功可能。沈惟敬也因议和不成而被捕下狱，三年后批准处斩，父母祖孙兄弟皆流放两千里，妻子儿女没入功臣家为奴。

朝鲜人不喜欢“沈大忽悠”，但后来他们对沈惟敬的评价还是比较中肯的：沈惟敬，游说士也。平壤战后再入贼中，此人之所难，卒能以口舌代甲兵，驱出众贼，复地数千里。末稍一事参差，不免大祸，哀哉！

欺骗关白大人可不是开玩笑的，第二次战争已不可避免。万历二十五年（1597 年）正月十三日，加藤清正率领的第一兵团跨海攻克梁山；十五日，小西行长第二军团攻克釜山，建立起前哨基地。

这一年是农历丁酉年，是为丁酉再乱。

日军一个军团一个军团地把兵力投送到朝鲜，截至七月，登陆的日军达到 165000 人之多，比第一次还要多出不少。

朝鲜军队一如既往不堪一击，明朝虽早就得到了情报，苦于兵力分散，国土辽阔，千里迢迢调兵实在不是件轻松的事。直到七月，明军进入朝鲜的士兵不到三万人，其余的还在行军途中。连同驻屯朝鲜未曾回国的数千人，他们部署如下：

麻贵率 17000 人驻汉城。

杨元率辽东骑兵 30000 人，驻南原。

陈愚衷率骑兵 2000 人，屯兵全州。

吴惟忠率 4000 人进至忠州。

茅国缙率兵 3000 人屯星州，控制岛岭、秋风岭。

日本方面，参加壬辰之役的大名悉数登场，明军方面却有不小的变化，除了杨元、陈愚衷、吴惟忠、茅国缙这些参加了四年前战争的将领，最显著的变化发生在上层。

沈惟敬骗了秀吉，也骗了万历皇帝，石星一并受到牵连，下狱论死。万历皇帝任命蓟辽总督邢玠兼任兵部尚书，全权负责援朝抗倭事宜。

邢玠，山东益都（今青州）人，隆庆五年（1571 年）进士，长期处置军务，是个实打实的主战派。万历二十五年（1597 年）三月初十，邢玠亲自登坛誓师，发布抗倭最强音：“必破倭，有死无二。”

邢总督不光主战，还是个坚决的实干家，之后的战争中他亲临战场筹划，多有当机立断的决定。由于抗倭有功，朝鲜在釜山建有邢玠的纪念祠堂，他征战用过的衣甲等物品至今仍保存在山东省博物馆和中国历史博物馆内。

经略宋应昌早已被罢官，这次奉命经略朝鲜军务的是杨镐。

杨镐，河南商丘人，万历八年（1580 年）进士，当了几任知县后升任御史。随后在山东任参议期间，曾与辽东名将董一元合作，一起夜袭蒙古大营，大获全胜并因战功升迁。

杨镐与李如松弟弟李如梅也有过合作，就在几个月前，两人出塞对蒙古作战，可惜遭遇失败。杨镐获罪免职等待处分，不过在这时候，由于他熟悉军务，加之与辽东将领关系良好，得以免罪起用，经略朝鲜军务。

军事上，前线的主将却并非第一次战争中名震朝日的李如松。这年春天，万历皇帝刚刚力排众议，任命李如松为辽东总兵，回到了他父亲干了几十年的岗位上，李如松对此相当感动（感帝知，气益奋）。

李如松没有出征，万历皇帝调来与辽东李家并称“东李西麻”的麻贵为提督入朝作战。

麻贵多年镇守西北，也是一时名将。但在万历二十年（1592 年）的宁夏哱拜叛乱中，麻贵表现并不出色。起先朝廷拜他为将出征，麻贵劳而无功，才不得不调李如松前往，靠水淹宁夏拿下哱拜。那次战役两人合作得很不愉快，李如松那个火暴脾气，跟谁都不对眼，麻贵也曾被他训斥，说他打仗不行，有勇无谋。

这样来看，麻贵的名将成色还有待检验。

日军有 165000 人，明军只有 3 万多人，硬拼是不现实的。邢玠的策略是由这些部队先守住战线，等在国内集齐第二拨 4 万大军后，亲自统率入朝。到那时，再由防守战略转入进攻战略。

万历二十五年（1597 年）六月，日军开始全面进攻。这次几年前大出风头的朝鲜水军也不灵了，从六月到七月的朝日一系列海战中，朝鲜水军在元均的带领下屡战屡败，损失几百艘舰船，数千名士兵。

到了七月十四日的漆川梁海战，朝鲜水师全军覆没，这一战打得水军将领元均、李亿祺、崔湖全部战死，制海权自此完全被日军掌握。

李舜臣呢？朝鲜国王李昖中了小西行长的反间计。万历二十五年（1597年）二月，李舜臣被以“欺罔朝廷”“纵贼不讨”的罪名下狱，四月被撤掉所有军职，只能白衣从军，在都元帅权栗麾下从小兵干起。

邢玠苦于兵力不足，只能让将士固守等待援兵。可势头迅猛的日军也不是吃干饭的。八月初，宇喜多秀家、小西行长率领的日军左翼军团攻破朝军驻守的南海、光州等地，进抵南原地区。

南原之战

小西行长已经当过李如松的背景板，再介绍一下宇喜多秀家。

宇喜多秀家，丰臣秀吉养子。他在丰臣秀吉南征北战之时就成为其手下大将，在九州征伐中担任先锋并立下大功，由此被封为574000石的亲藩大名，其领地为备前国、美作国、播磨国西部和备中国东部，是名副其实的重量级大名。

到丁酉之役，宇喜多秀家被任命为总大将（总司令）。在他到达南原城下之时，手下统率着加藤清正的第一军团、小西行长的第二军团、岛津义弘的第五军团和他自己直属、配属的一些其他部队，总兵力达到了惊人的56000多人。而这一年，他才仅仅24岁。

宇喜多秀家的对手是杨元，曾在碧蹄馆之战救李如松于危难，立下汗马功劳的抗倭名将杨元，即将迎来他人生中最大的危机。

杨元手下有辽东骑兵3000人，还有朝鲜全罗兵使李福男的1000多人，另有一些帮助防守的民兵和义军，总兵力不超过5000人。日军人数大约是杨元的11倍。

如果南原是座易守难攻的城市，杨元或许还能有点办法。可偏偏不是，南原建在平原，城池既不高大，又无险可守。虽说杨元早已加强防御，训练士兵，挖掘护城河，但他数数手上的装备，实在笑不出来。

整个南原城只有三门大炮，四个方向各架一门都不够，面对数万日军，怎么守?

不懂军事的人都能看出，南原是守不住的。无奈军令如山，硬着头皮也要守。

宇喜多秀家很清楚南原的战备，八月十二日，日军兵临城下。部下请示：总大将，我们从哪一面进攻?

宇喜多秀家翻身上马：传我命令，藤堂高虎、太田一吉跟我攻南门；小西行长、宗义智、胁坂安治、竹中重利攻西门；加藤嘉明、岛津义弘攻北门；蜂须贺家政、毛利吉成、生驹一正攻东门。

围师必阙？那不可能。宇喜多秀家就是要用兵力优势，把守军全歼在城内。

四门同时接敌，杨元额头直冒冷汗。他手下以骑兵为主，守城战发不上力，加上装备落后，人数不足，顿感捉襟见肘。眼看伤亡不断增多，想到全州与南原相距不远，杨元便派人突围，向全州守将陈愚衷求救。无奈陈愚衷兵力比杨元还少，只有骑兵 2000 人，确实是有心无力。

即使在这样的劣势下，杨元还是坚守了五天之久，应该说已经不错了。

到了攻防战的第六天，护城河已被填平，不断开始有日军攻上城头。杨元清楚城陷在即，这时他有两个选择：一、与城池共存亡；二、突围而走，保存有生力量。

杨元选择突围，他派人告诉朝鲜守将李福男等一起行动，但李福男拒绝了这个建议。杨元便杀出南门向汉城而走，城内的明将毛承先、朝将李福男率全体将士力战而死，南原失陷，日军屠城。

南原陷落引起了连锁反应，全州守将陈愚衷为保存实力，弃城而走，日军随后长驱直入，全州、黄石山城、公州等地先后沦陷。日军直逼汉城，提督麻贵被迫召集分散在各地的守军在汉城集中以进行防御，完全打乱了之前的战略部署。

杨元之死

再说杨元，逃回汉城，杨元随即被逮捕，等待他的是军法的裁决。

杨元该当何罪呢?

按《大明律》所载,“主将不固守,按律当斩”。

杨元被押往辽阳,不久后斩首示众。

陈愚衷一枪未发就弃守全州,他没有被处死,死守五天才突围的杨元反而死了。

总督邢玠在南原之战后上表的《会参杨元、陈愚衷疏》,揭示了答案。

邢玠在这份奏疏中总结了南原之战失利的原因,他认为南原之败的主因不在于杨元,而在于朝鲜军队。

按照作战规划,杨元率 3000 名辽兵扼守城池,在南原之外,应当有朝鲜将领率兵驻扎,与南原互为屏障,构成一个防御体系。

就是说,当初邢玠、杨镐、麻贵三人安排杨元前往南原驻守,是接受了朝鲜方面的建议。而且,也考虑到前方还有闲山岛的海上屏障与朝鲜都元帅权栗、都体察使李原翼所部朝鲜友军的相互支援。

闲山岛的朝鲜水师已在七月全军覆没,姑且不提。关键是日军逼近南原时,权栗、李原翼“用兵如神”,早就远远地往东避开了日军主力,没能牵制住日军向南原方向的进攻,也就没有给麻贵争取到调动兵力增援南原的时间。整个南原地区防御体系已崩塌,神仙来了都防不住。

杨元应该也是这么想的,朝鲜友军不动如山,其疾如风。我这 3000 人顶了这么久,实在是可以了。留得有用之身,戴罪立功不好吗?

确实如此,南原注定无法守住,光是突围而走,杨元罪不至死。那么邢玠又为何建议处死杨元呢?接下来,他也给出了解释:

一是杨元声称南原最少能守十天,结果五天便沦陷了(岂便五日遽陷);二是即使城池真的守不住了,也应该带部下突围而出,3000 人至少能抢救出一部分(突围而出,触死而战,三千人未必俱死)。

陈愚衷一样是弃城而走,但他带走了所有部下,所以他没有死。

杨元不是不能走,但若只想着自己逃,拿部下性命不当性命,那就只好军法处置。

杨元身上的光环不足以抵消他放弃战友的行为,被称为“不世出之名将”的杨元就这样死了，不是死于不固守，而是死于抛弃战友独生。

倒是朝鲜人没有忘记杨元，早在壬辰倭乱结束后，1593 年，朝鲜就在平壤建武烈祠，祭祀石星、李如松、杨元、李如柏、张世爵，后又增加南兵将领骆尚志。此后朝鲜朝廷每年派官员致祭，一直持续到 1908 年。讽刺的是，当时奉命建祠者正是后来在南原之战时避开日军主力的体察使李元翼。

第三章 从守到攻的转换

稷山之战

南原、全州等处先后失守，汉城屏障尽失，朝鲜局势再度危如累卵。

汉城是全朝中心，朝鲜国王李昖此时也在城内。为防守汉城，麻贵调动分散在各地的明军进入汉城地区，兵力共计 17000 多人。

而此时，日军的左右翼兵团亦在向汉城方向挺进，总兵力高达 7 万—8 万人。

汉城内的朝鲜君臣吓得魂不附体，说："麻总兵我们还是撤吧，撤到平壤再作打算。"麻贵一盘算，这仗太难打，心下动摇，也有了撤退的想法。

没有意外，撤退这事就这么定了，但是在朝明军真正说了算的人不叫麻贵，叫杨镐。

总督邢玠还在国内召集兵力，经略杨镐在平壤筹粮，总兵麻贵在汉城指挥，能不能撤，要问杨镐同不同意。

得知麻贵有弃守汉城的意图，杨镐连护卫的兵力也没来得及带上，当即快马加鞭往汉城赶，史书中说他是“单骑直入汉城”。一进城，杨镐就当面斥责麻贵，说：“你身为一军主将，大敌当前，怎可未战先怯！放弃汉城，日军再追到平壤，你也要放弃平壤吗？！”

朝鲜人愣愣地看着杨镐，好像是这个道理啊……汉城兵力不足，平壤也不足啊……

杨镐转过头来，毫不客气地批评朝鲜君臣：杨元之败，败在何处，想必贵军也知道。我们大明军人在朝鲜流血，你们还要让他们流泪，朝鲜就是这么配合作战的吗？

几句话呛得李昖无法发声，恨不得找个地洞钻下去（予何以堪支？唯欲入地而已）。

消极避战者，斩！没啥好说的，唯有死守汉城。

上司发怒了，麻贵只有服从。为防守汉城的外围，麻贵派副将解生率领2000人先行组织防线，他与杨镐随后率军出发，赶赴水原。

这时日军已攻占百济旧都公州，前锋距离汉城只有150多公里。宇喜多秀家在公州分兵，加藤清正、太田一吉率兵进攻清州，黑田长政、毛利秀元进攻天安。清州距离汉城100公里出头，天安更近，只有六七十公里。

九月十七日，解生率部抵达稷山素沙坪，与日军先头部队发生了遭遇。

日军所部是由黑田直之、栗山利安率领的数百人的先锋。黑田直之也是一个名气很大的大名，人称黑田八虎之一，是丰臣秀吉军师黑田孝高同父异母的弟弟。栗山利安是黑田氏第一家老，也是八虎之一，又位列黑田家臣第一，两人都以勇武著称。

解生有两千人，黑田直之只有几百人。正常思维是避敌锋芒，等大部队来了再做打算。但由于这一路杀来过于顺利，黑田直之、栗山利安自信满满，趁着己方地形有利，率领手下就向明军发起突袭。

战斗开始，局势竟然似乎朝着黑田直之和栗山利安预料的方向发展，明军准备不足，被日军铁炮轰了个七荤八素，马匹不听使唤到处乱跑，一时间阵形大乱。

黑田直之大喜，纵马来回驰骋，大喊道："这次明国李如松没有入朝，让我们一鼓作气，击溃这股敌人。"

确实，在日本人眼里连麻贵也称不上名将，何况这个区区解生。

但是日本人没听说过，不代表解生就没有实力。解生不是辽东将领，他是麻贵嫡系，与杨登山、颇贵、摆赛合称"宣大四将"。这次麻贵一口气把解生、杨登山、颇贵三人派往稷山—水原一线，正是要利用麾下宣大骑兵的机动力，伺机组织机动防御，迟滞日军攻势。

短暂的混乱过后，解生迅速反应过来，本来就是来找日军拼命的，现在送上门来了。

那还等什么？打！

等到明军重整完队形，黑田家的部队就不行了。

解生安排火炮进行火力压制，他带着牛伯英、杨登山、颇贵等将官向日军发动突击。解生的宣大骑兵与辽东骑兵略有不同，辽东兵喜欢用刀砍人，宣大兵喜欢用钝器砸人，包括但不限于棍子、铁鞭、狼牙棒、三眼火铳等一切能抡起来的兵器。

要知道那个年代的火枪毕竟不是加特林，搞下偷袭，打个出其不意可以，在野外战场尚不足以成为制胜武器。以步兵为主的日军一旦被骑兵接近，那就没得玩了，一时间日军被砸得鬼哭狼嚎，黑田直之那几百人的部队很快就挡不住了，再砸下去，他们就得全军覆没。总算这时黑田直之的侄儿黑田长政率领 5000 人的援兵赶到了战场，力战之下才将黑田直之救出生天。解生见日军人多，也不敢再冒进，双方各自收兵。

是夜，解生向驻扎水原的麻贵求援，黑田长政向驻守天安的毛利秀元求救。麻贵派遣游击摆赛、千总李盆乔、把总刘遇节等，率领 2000 人前去援助。毛利秀元更加大方，亲自率领 25000 人大军前往支援黑田军。

还没等毛利秀元赶到，黑田直之又有了个大胆的想法。

白天那一战让他败得很不服气，黑田直之认为，是他人少才吃了亏。现在我有了 5000 人，明军只有 2000 人，何必要等什么援军？光靠我们黑田叔侄俩找回面子岂不更好？

黑田直之说服黑田长政，拂晓，黑田军全军出击，想要报昨天的仇。

黑田直之不知道的是，水原近于天安，明军又以骑兵为主。在毛利秀元还没抵达的时候，摆赛率领的 2000 名骑兵已经抵达了稷山。

兵力对比变成了 4000 人对 5000 人，黑田直之还有没有胜算呢？

答案是没有。

几百人打 2000 人打不动，5000 人打 4000 人还是打不动。

在人数差别不大的情况下，缺少骑兵的日本足轻几乎无法在野战中战胜明军骑兵。不管是辽东骑兵还是宣大骑兵，这个道理已经被多次证明。

战斗结果没有任何悬念，面对骑兵的冲锋，日本步兵完全无法抵挡。黑田直之的名将范彻底给打没了，黑田军再次败下阵来，不得不向清州方向撤退。

解生见好就收，他已得到情报，毛利秀元大军即将抵达。解生情知不能敌，便向水原方向主动退却，毛利秀元随后占领了稷山这座毫无防备的城市。

稷山之战规模不大，表面看来是解生退却，日军占领了稷山。奇怪的是，毛利秀元却停下了脚步，他们不但没有发动向汉城方向的攻势，右翼的毛利秀元、加藤清正、黑田长政等军团反而从忠清道南撤，远远地离开了汉城。

从此日军再也没有威胁到汉城，下次日本人再越过稷山杀向汉城，要等到几百年之后的甲午战争了。

这是什么原因？

根据战后日本人自己所说，第一个原因是他们在第一次战争中平壤之战后，就对明军的战斗力有了很深的顾忌。稷山之战，优秀的骑兵指挥官“宣大四将”再次给他们留下深刻的印象，宣大骑兵疾风迅雷般的狂暴冲击，似乎比李如松的辽东骑兵更勇猛。

“宣大四将”解生、杨登山、颇贵、摆赛并不是汉人，他们都是蒙古人，麾下带着不少蒙古家丁。骑射是蒙古人天生的本领，这是日军第一次直面蒙古骑兵的冲击。李如松的辽东系上次让他们吃了苦头，这次再见识到宣大系这帮不要命的蒙古人，日本人害怕了。

稷山之战，头铁的黑田军再次为他们敲响了警钟，稷山到汉城是朝鲜山区中一段少有的开阔坦途，能让大明骑兵的机动力发挥到极限。毛利秀元想来想去，总觉得太冒险，没有十足的把握，他不敢北上。

第二个原因来自日军内部。

首次出兵闹了个灰头土脸，秀吉的牛皮事实上已经吹破。第二次出兵，不赞成秀吉的大名更多了。登陆以后，日军又面临兵力分散、粮草供应难以为继的老问题。许多人主张收缩防线，筑城防守，他们更愿意在驻地大搞基建，修建城池。比如著名的筑城大师加藤清正，就正在加班加点修建蔚山倭城。这些人的意思，是先消化掉已吞下的地盘，而不愿意冒险与明军决战。

总之，一场规模不大的稷山之战打出了不小的意义，对中朝联军的鼓舞是巨大的，杨镐也从此让朝鲜君臣刮目相看。

转攻为守

邢玠开始并不相信日军在占优势的情况下会全面退却，整个九月，他一边调兵，一边命部下试探性前进，探明日军的真实意图。整整一个月，日军愣是缩在沿海的堡垒里，一动也没动弹。

邢玠确信了，日军不是在耍心眼，他们确实是转攻为守了。

十月中旬，邢玠下令主动出击，明军在数路展开攻势。李如梅部5000人进攻星州谷城，被日本援兵击退；彭友德率兵包抄正在攻打青山的日军加藤清正部，战果颇丰，可惜最后被蔚山城内派出的援军搅了局。

一来二去，双方的目标都集中到了一个地方：蔚山。几次进攻都被来自蔚山的日军搅局，不攻下蔚山，难以取得大的突破。

邢玠正在策动更大的攻势，国内的万历皇帝也不耐烦了。播州土司杨应龙，就是第一次出兵没来成那位，在国内公然发动了叛乱，朝廷将用兵重心放在朝鲜，没有足够的兵力去对付他。万历皇帝催促邢玠，赶紧把那群人赶回老家，数万大军每日需要大量补给，朝鲜人供不起，只能从国内运去，耗费资金巨大。户部也屡次催促，再旷日持久地拖下去，日军没垮，我们先被拖垮了。

邢玠不敢怠慢，十一月，他下令准备反攻，二十九日，邢总督亲自抵达汉城，部署杨镐和麻贵向蔚山前进。

蔚山是朝鲜距日本最近的城市，仅有 160 公里，是日军重要的据点和中转地，这里由实力大名加藤清正驻守，他手下的兵力有 16000 多人。

加藤清正，初代熊本藩主，外号虎加藤，日本赫赫有名的“贱岳七本枪”之一。他也是朝鲜人的克星，明军的老对手，此人进攻善于猛进，手段凶狠残暴，朝鲜军队一大半是被他打垮的。在朝鲜人中还流传着一个传说，说加藤清正不光杀人，老虎也敢杀，当时朝鲜半岛所有老虎，几乎都被他的军团杀光了。

朝鲜人如此害怕加藤清正不是没有缘由的，加藤军团是日军中纪律最坏、最爱杀人屠城的军队。日军在朝鲜的屠城暴行，少说有一半是加藤军团干出来的。

因此，朝鲜人对加藤清正切齿痛恨。

说归说，朝鲜人却不是加藤对手，加藤不光会进攻，更会防守。历史上，他以筑城名家为世人所知，曾参与建筑的包括熊本城、名古屋城、江户城、名护屋等。

加藤在朝鲜也修筑了一座著名城池——蔚山倭城，这座城朝鲜人叫作西生浦倭城，遗迹位于今日韩国蔚州郡蔚山湾附近海拔两百米的山顶，往下中间的是第二城（二丸），紧接着在最底下的是第三城（三丸），城墙高 6 米，斜度是 15 度，整体呈直角三角形。

明军要攻打的就是这座城。

万历二十五年（1597 年）十二月二十三日，邢玠以杨镐为前线总指挥，麻贵为提督，统率明军 44000 人，朝鲜军 15000 人，发动了第一次蔚山之战。

为了这次战役，邢玠调动了大量资源，他将部下分为三部分，副将高策将中军，李如梅将左军，李芳春、解生将右军。杨镐、麻贵亦亲自披甲上阵，督军进逼加藤清正所在的蔚山。

两军的初次接触来自一场偷袭。二十三日拂晓，李如梅率 300 名辽东精锐“衔枚摘铃，偃旗息鼓”，悄悄摸到日军外围营地。日军还在休息，猝不及防，当场被斩杀 140 余人，李如梅见好就收，全军撤退。看明军人少，守将加藤安政当即带领浅野幸长、太田一吉等倾巢而出尾追不舍，据记载，日军共有万余人“倭兵突出，纵万余徒，各披戴鲜明盔甲，铳炮齐发”。

万把人狂追 300 人，实在是有点小题大做，不过这个决定却让日军避免了被全歼。加藤安政带着人兴冲冲追到百年岩附近，遇到的是早已埋伏在此的杨登山和摆赛率领的 3000 名宣大骑兵杀出。这些骑兵多半是蒙古人，冲出来劈头盖脸对日军就是一顿乱砸，其凶狠程度，让观战的朝鲜尚庆道节度使李时言大受震撼。“麻贵所率鞑子二百余名，皆持环鞭，乱打如雨疾雷。（日本兵）不及掩耳，铳筒亦不暇放。”

李时言最后总结，原来日本兵也不可怕，打不过的时候，他们跑得比我们朝鲜兵还快。以此看来，火枪对阵骑兵，还是不行啊（铳筒于马战，亦末耳）。

诱敌之计成功，明军乘胜反攻，变成了 3000 多人追着万余人乱赶。当时蔚山外城还没完全修好，日本溃兵顾不得再守外城，撒丫子跑进内城岛山城据守。战后统计，第一次接触日军就被收割了 600 多个人头，要不是加藤安政误打误撞带出了 10000 人，中计的日军被全歼都有可能。

旗开得胜，明军稍作休整，到未时（下午 1 点到 3 点），三路人马全部赶到，杨镐召开作战会议，商定明日攻城。

战场形势瞬息万变，晚半天，就大不相同。明军不知道，日军主将加藤清正此时并不在城里，而在西生浦。得知明军进攻蔚山城，加藤清正非常震惊，急忙带着 50 多人匆匆从海上进太和江入城。他们在路上遭到明军大炮轰击，被击毙 20 余人，但还是让加藤清正成功逃入城内。

这就有点麻烦了。

血战蔚山

加藤清正筑城确实是很厉害的，根据现代复原图，蔚山城是由双重石垣和多重木栅所构成的大型工事，也可以称之为一个要塞群，拥有三个独立工事和一个附属工事。以今天的眼光来看，也是绝对的易守难攻。加藤筑城的顺序是由内而外，外城还没竣工，内城已经城高墙厚、固若金汤。而且这个要塞群筑于山区丘陵之上，地势陡峭，明军的攻城火器无用武之地。

二十四日，攻城开始，此城仰攻难克。攻坚过程中，东面的茅国器，西面的李芳春所部都取得了一些进展，但都无法深入。加藤清正亲自督战，日军仗着地形险要，不断使用铁炮与弓箭射击。接连几天的糟糕天气也给作战带来很多麻烦，对攻城方极为不利。

经过两天围攻，斩获不少（明军 1240 余级，朝鲜军 300 余级），也付出了一定伤亡。如真定营中军张应元冲锋在前，连发五箭、射杀三人，却被日军铁炮合击，枪弹入脑当场阵亡。朝军庆尚左道兵马虞侯权应心、庆州义将金应泽、安东义将边仲一、青松义将沈清船亦皆被铁炮射杀。

强攻伤亡太大，从抓获的日军俘虏口中，杨镐得知城中缺水少粮，难以为继，便决定改为围困战术。

这一招确实够狠，内城陡而小，加藤这一万几千人塞得满满当当，根本没有足够物资支撑。根据亲历此役的大河内秀元（守将太田一吉部下）事后所记，当时的岛山城成了一座人间地狱，每天都有大批士兵因为饥渴倒毙。城中干涸的蓄水池里堆满了尸体，原本不食畜肉的日军因为饥饿难忍，将城中为数不多的牛马全部吃光。牛马吃光了还是饿，日军就在半夜冒险摸出城外，摸战死者腰间的粮食带回城分着吃。

加藤清正也慌了，被包围在城内的十天，是他军旅生涯中最严酷的十天。那些日子里，加藤清正真是到了山穷水尽的边缘，因城中粮食耗尽，他不愿做俘虏，已经做好了自杀的准备。

然而这个“美好的愿望”终于没能实现，因为援军来了。

对于可能来援助的日军，杨镐不是没有考虑过。明军中路的高策、吴惟忠的任务就是堵截彦阳、梁山方向的日军，防止他们增援。

想法很好，可是日军很滑头。他们没有从陆路来援助，参与支援蔚山的众大名在西生浦乘船，从海上出发赴援。

岛山城临海，从西生浦走水路，能直抵岛山南面。虽说这条路要兜个大圈子，可总比被明军打的好。

围城第十天，杨镐收到情报，小早川秀秋、毛利秀元、黑田长政等亲自率领大军渡海而来，日军接近岛山城。

杨镐要如何应对？

从海上阻击日军是不可能的，明朝水师没有入朝，朝鲜水军又在之前被打得全军覆没，海上是日军的天下。

一旦让援军登陆，谁也不能肯定会发生什么变数。想到这里，杨镐下令：攻城！

杨镐决定赌一把，在援军登陆之前拿下岛山城。只要把加藤清正击毙，到时就算退兵，也是大功一件！

万历二十六年（1598年）正月初四，杨镐、麻贵亲自督战，全力对岛山城发动攻击。这一次双方都没有任何保留，血腥的战斗持续一天一夜，打到初五上午方才停止。进展最快的南兵已经突击到了城北二之丸城头。可惜领头冲锋的参将陈愚衷和游击杨万金先后被日军铁炮击中，身受重伤被抬下火线，这次冲锋惜败。

杨镐还想继续进攻，形势已不允许他这么做。黑田长政军团在彦阳后方提前登陆，剩下的由小西行长统率，乘坐百来条战船浩浩荡荡从水上杀来，与陆军形成水陆夹攻之势。

此时明军比较被动，但不能说，已经到了失败的边缘。日军援军各部共分为三队，第一队，岛锅直茂1600人、毛利吉成150人、蜂须贺家政2200人、黑田长政600人；第二队，山口永宗3000人、生驹一正600人；第三队，毛利秀元5000人。总共13150人。

再加上岛山城里饿了十来天，人不人鬼不鬼的加藤军团，满打满算两万几千人。中朝联军收拢兵力，还有5万多人，完全可以一战。

但是这次，杨镐中计了，日军不断放出假情报，说加德、安骨、竹岛、釜山、梁山等地军队全都出动了，60000名日军倾巢来救。杨镐不辨真假，一算日军超过70000人，我们已是强弩之末，岛山城打不下了，还是撤吧。

日军到底有多少援军呢？确实不止13000人，即将抵达的是第一拨，他们还有松浦镇信、藤堂高吉、吉川广家、岛津义弘陆续派出的第二、第三拨援军。等几拨到齐，总数估计在20000人—25000人。

日本人很狡猾，那些地方确实出了援兵，但由于是海路进军，明军的情报系统很难准确判断出具体人数。我们不用去苛责杨镐误信假情报，天公不作美，将士疲惫，且敌军援兵已至，撤兵是可以接受的选择。

可是在如何撤法上，杨镐这次大失水准。他没有能通盘考虑，制订出一个徐徐撤退的计划，只是简单吩咐道："全军撤围，由摆赛和杨登山两军殿后，其他部队拔营撤退。"

这个命令太突然了，大家都没有反应过来。几万人撤退不是小事，在战争中，撤退要比进攻更难，杨镐没有具体的撤退方案，又没安排人统一调度，现场顿时产生了混乱。

此时正是中午，援军黑田长政部前锋已经前进到明军大营数里之外的地方，黑田派出侦察的家将毛屋主水回来报告：正是部队举炊的时候，敌人营地没有一缕炊烟，情况有点反常。

黑田长政一想，是这个道理，几万人中午不做饭，他们吃什么？只有一个可能，他们要撤了。

黑田长政赶紧派人通知其他援军，亲自带着诸将杀向明军阵前。

这时杨镐、麻贵等军事主官已经带着亲信先行离开，联军指挥系统失灵，听说日军杀来，各营诸将都已无心恋战，个个拔腿就走，唯恐走晚了遭到围歼。原本应该是秩序井然地撤退变成了溃退，日军欣喜若狂，发疯一样在后面追击，联军为了逃脱，沿路将军械辎重全部丢弃，绵延达数十里。

更惨的还有部署在箭滩、西江口的吴惟忠、茅国器、卢继忠、祖承训四部，他们离大营较远，等收到撤退命令，黑压压的日军已经攻了上来。不过还好有这数千明军在箭滩附近坚持抵抗，使得主力部队未受到太大损失，代价是卢继忠所部 2500 余人被日军团团包围，几乎全军覆没。

轰轰烈烈的蔚山之战就这么窝囊地结束了，明军伤亡 5000 多人，朝军伤亡三四千人，还丢失无数辎重器械。

日军的损失主要是加藤清正的守军，战前第一军团有满编 16000 人。战后统计，活着的还剩万余人，除了作战阵亡的，大部分都饿死了。如果援军晚到一天的话，清正也许真要在蔚山“玉碎”了。

蔚山之战，明军确实是失败了，没有达成战略目标，反而损兵折将，战死的将领就有游击杨万金、千总麻来、李洞宾、周道继、王子和、张应元、陈观策、钱应太、把总郭安民、哨总汤文瓒等。

但同样，此战对日军的心理打击相当大。蔚山之战结束后，日军诸大名害怕明军再度大举袭来，对保持朝鲜最前线的日据城池已经彻底丧失了信心。连最残暴的加藤清正军团，此后也不敢再出动，他们一直龟缩在蔚山城里，待到了回国那天。

在蔚山战役依旧是“获胜”的前提下，在朝的诸大名已经清醒地认识到关白大人的梦想永远不可能实现了。正月初九，由毛利秀元带头，十多个大名联名写信给丰臣秀吉，请求将最前线的日据城池集体撤守，进行战线收缩，直接撤到朝鲜最沿海的地带。

丰臣秀吉接到信后非常不满，直斥毛利秀元胆小、怯懦。但是关白的痛骂并不能改变在朝大名收缩的意愿，正月二十六日，总大将宇喜多秀家牵头，联合十三位大名再次写信陈述，说我们当前的形势非常不乐观，蔚山、梁山、顺天城都位于战线突出部，下次明军再来，可能就没那么好运气了。

手下一而再再而三的请求，秀吉不能不认真考虑，于是他同意了放弃梁山城，几个月后又下令放弃加德岛，将战线再次往沿海收缩。

第四章 万历朝鲜战争

邢玠的动作

蔚山之战结束，明军军心不稳，需要休整。日军也有所忌惮，收缩防线，不敢轻易出击。一月到六月，双方有一些小规模的战事，没有发生大的战役。

邢玠可是说过“必破倭，有死无二”，日本人不动，咱不能不动。趁着这段时间，邢玠干了几件大事。

一、增兵。

蔚山之战结束后，邢玠认识到光靠他带来朝鲜的四万多人，很难彻底击败十几万的日军。麻贵也不是李如松，不具备进退自如的实力。于是奏请朝廷增派刘綎以四川之兵，邓子龙以浙江、南京之兵赶至增援。

至万历二十六年（1598 年）年中，明军在朝鲜的兵力达到了 11 万人左右。

二、换人。

杨镐因蔚山之败被免官问罪，经略换人，换上了万世德。

万世德，字伯修，山西偏关县人，隆庆五年（1571 年）进士。虽是文士，万世德却是将门之子，喜好骑射，人称“三晋奇才”。万世德曾在西北镇守十年，屡立功勋，声望隆重。彼时他正任右佥都御史，巡抚天津、登莱、旅顺等地，以精通兵事韬略闻名朝野。

万世德有与游牧民族作战的经验，在平息西部鞑靼进犯中屡建战功，朝廷相信他的军事素养和军事实力。并且朝鲜战争中不仅需要陆战，还需更大规模的海战，而万世德在天津巡抚任上治兵、治海的成绩显著，更能够适应海战。

三、调水军。

蔚山之战，正是由于联军没有制海权，导致日军援兵从海上绕开明军的堵截，使得战事转胜为败。

邢玠早就意识到了这个问题，还没进朝鲜他就一直在打报告，说自己要调个人过来，有他在，我们才能掌握制海权。

报告打了几次，朝廷一直不批。不是说这个人能力不足，而是他的名声不太好。

此人名叫陈璘，精通水战，屡平广东贼兵，确实是最合适的人选。但是陈璘的毛病和优点同样突出，他与殷正茂一样，是个典型的循吏——能办事，贪得也不少。

为此陈璘屡受弹劾，万历二十一年（1593 年）还因行贿受贿被罢官，在老家坐了四年多冷板凳。

蔚山之战后邢玠再一次提起这件事，万历皇帝和内阁商量了一下，说不行了，只能起用陈璘，贪就贪点吧，谁叫他能打仗呢！

陈璘就此被重新起用，任命为水军提督，率领 13000 名广东水陆军队，战船 550 余艘驰援朝鲜，统辖联军水军。

讲到水军，不能不提李舜臣，他等于朝鲜水军的代名词。

李舜臣之前白衣从军，改行当了陆军。朝鲜水军覆灭后，李氏朝廷判断水师已不可能振兴，打算放弃重建的念头。李舜臣坚决反对，他自己跑到南海岸收集到残船 12 艘，残兵 100 余人，然后上书道：“臣还有 12 艘战船，出死力拒战，还有胜算。如果完全撤废水师，那么就是倭贼的庆幸了。虽然战船不多，但只要微臣不死，倭贼就不敢欺侮我国！”

李昖被感动了，乃收回成命，令李舜臣重建水师。

日本人得知李舜臣复出，顿时不淡定了。为了对付他那十几条破船，万历二十五年（1597 年）九月十六日，曾经击杀朝鲜水军统帅元均的藤堂高虎派出 330 余艘战船，趁涨潮时攻进朝鲜水师驻扎的鸣梁海峡，欲将这支部队消灭在摇篮之中。

李舜臣获知日军即将进攻的消息，没有逃跑，也没有退缩。他将仅剩的家当十二艘板屋船改装为山寨龟船，又动员避难民的小船一百余艘作为疑兵，将主战场选择在一个狭窄的海峡——鸣梁峡。

鸣梁海战就此打响，李舜臣一仗打出生涯巅峰，他就以如此绝对劣势的兵力完胜日本舰队。不光是打了胜仗，此战还击毙日军主将来岛通总，算是替元均报了仇。

这份战绩相当剽悍，来岛通总是日军在朝鲜战场上阵亡的唯一大名，日军水师受到重创。这是一场以少胜多的经典战役，在世界海战史上也值得一书。三个多月后，陈璘赶到朝鲜，从此李舜臣就在陈璘指挥下作战，他们不断出击破坏日军海上补给线，让联军逐渐掌握了制海权。

历史不断证明，在海上失去主动权的岛国日本，就是瓮中之鳖。战争的天平，终于开始向中朝联军倾斜。

丰臣秀吉之死

从一开始的势如破竹，到在稷山小挫，随后遭遇蔚山惊魂，再到海上失机，日军的优势在不断丢失，他们有啥想法呢？

这时众大名所想的，还是如何尽快结束战争，回国当土财主去。

从稷山之战后就能看出，这次跨海作战，一众大名完全没有了第一次那种劲头。就连最好战的加藤清正也只知道窝在蔚山筑城，全无当初赶着朝军满世界跑的风采。

这种心理被新任经略万世德捕捉到了。

虽然朝廷明面上的态度是坚持通过战争将日军击溃，但战争多拖一天，就是白花花的银子撒出去，户部那帮大人请求撤兵，嘴皮子都快磨烂了。战事久悬不决，朝堂上撤兵回国的声音已经成为主流意见。

万世德入朝，制定的战略是主战为形式，战抚结合。他先是写了一篇恐吓的檄文造势，恫吓道我已率兵二十万抵达汉城，要一举消灭你们（领二十万众，已到王京。一举尽剿），给日军强大的心理压力。随后派出议和的间使，用计说服，让兵饷匮乏、士气低迷的日军产生更多厌战情绪（多方用间，说的是萨摩倭酋义弘、忠恒等）。

对于坚持不退的主战派，万世德用计烧毁其军营，使他们提心吊胆，达到不战而屈人之兵之效（令正成暗将营寨焚毁，是以各路倭兵俱不敢留）。

越来越多的大名认为这场战争打下去必败无疑，他们除了修碉堡就是给秀吉写信，强调困难很大，希望很小，关白大人，您还是赶紧召回军队为好。

丰臣秀吉从一开始的暴跳如雷、破口大骂到三缄其口、婉转同意。

原因很实际，他并不是天皇，毕竟只是个关白，不能不考虑这些诸侯的想法。许多人是迫于他的兵威，不得不服从，万一忠于秀吉的大名在朝鲜实力大损，他时时有受到反攻倒算的可能。

另一个原因，日军内部也是有派系的，众大名之间谈不上相亲相爱，比如小西行长就与加藤清正矛盾极深，加藤清正又和黑田长政互相看不顺眼。战事不利，时间越长，这些人出问题的可能性就越大。

为了统治的稳固，就算他是丰臣秀吉，也不能不考虑这种种因素。

万历二十六年（1598 年）初，第一批日军开始撤出，小早川秀秋等带着部下主力，以回国休整的名义离开了朝鲜。朝鲜还剩下加藤清正、岛津义弘等部 65000 余人。

实际上，自从蔚山之战加藤清正侥幸逃生，明军功亏一篑后，两方面并没有停火，大大小小的战斗始终在进行。比如生陕川、三嘉之战；居昌、憨八之战；山阴、咸阳之战；再到长水之战、龙头之战、草岘之战、光阳知分川之战、竹岛之战、茂朱之战、泗川之战等至少二十多次大大小小的战斗。

这些战斗双方互有胜负，从大势来看，还是明军占据优势，已经一路将日军压缩到了沿海一带，以蔚山、泗川为中心的主要区域内。

这种心理的日军，还怎么敢进攻。各大名纷纷收缩防守当起了包工头，每天的任务就是筑城、筑城、再筑城。原来趾高气扬的侵略军，现在成了一支困守城池，只想回国的思乡部队。

然而决定战场最终走向的不是战争本身，而是一个人。

1598 年 8 月，丰臣秀吉病死于京都伏见城，时年 61 岁。

这是个征战一生的人，从 17 岁投到织田信长麾下，到 61 岁去世，一生都在战斗。

从最低级的足轻，一步步成为名将，最后成为关白，统一日本。这样的逆袭之路，用传奇来形容毫不过分。

这是个野心勃勃的人，小小日本已满足不了他的胃口，他发动的朝鲜之役，可不是心血来潮，而是经过长期准备，精心策划后才加以执行。

在他统治之下，日本第一次把爪牙伸到了岛国之外。在他之后，一代又一代的日本军人不断谋求对外扩张，并在数百年后差点得以成功。

如果丰臣秀吉还活着，战争还不会很快结束，这对大明来说，将是不能承受的重负。

幸好他死了，很及时地死了。

露梁海战

丰臣秀吉病死的消息传来，本就无心作战的侵朝日军更加人心思动。一个多月后，日本国内五大佬正式宣布撤兵决议，日军的全面撤退立即开始。

其实到这个时候，所有人都知道日本人马上就要撤退了。许多明军将领认为，反正结局注定了，犯不着再拿部下的命去替朝鲜人拼命。他们乐得睁一只眼闭一只眼，看着日本人打包行李，有些头脑精明的，还跟日本人做起了生意。

但邢玠、万世德和中朝水军并不打算这么做。

陈璘来自广东，祖上就跟倭寇有血海深仇。李舜臣更不用提了，说他跟侵略者不共戴天都是轻的。

万历二十六年（1598 年）十一月中旬，小西行长军团开始撤离。十九日凌晨，他的第二军团船只行驶到猫岛附近海面时，雾蒙蒙的海面出现了另一支舰队的身影。他们正是埋伏在此，打算送日军上路的中朝联合舰队。

联军统帅正是陈璘，麾下指挥邓子龙、马文焕、李舜臣等中朝将领。他们收到万世德提供的情报，已率舰队于半路设伏，小西行长毫无防备，拼命抵抗仍无法避免船队被切为两截的命运。他们一部分被消灭在外海，小西行长带领着另一部分龟缩在光阳湾，陷入进退无门的窘境。

小西行长与加藤清正不和，但他有个好哥们儿岛津义弘。岛津的第五军团本来坐的是另一批船稍后从泗川出发，路上收到小西行长陷入绝境的消息。岛津义弘很讲义气，他立即下令全军转向，并呼朋喝友邀来了立花宗茂、小早川秀包等人合兵一处，试图突入光阳湾为小西行长解围。

这条路线会经过一条狭长的海峡——露梁海峡。陈璘、李舜臣获悉日援军西进的情报，决定将计就计，以小西行长为诱饵，在露梁海峡伏击日军，打一场歼灭战。

双方最后一场大决战，就在露梁海上爆发了。

此战日军阵容是立花宗茂、高桥统增、岛津义弘、小早川秀包等统率的庞大舰队。中朝联军以老将邓子龙为先锋，陈璘率明朝水师作为左军，李舜臣率朝鲜水师作为右军。

联军的兵力是明军战舰 65 艘，朝军战舰 85 艘，兵力共计 15600 余人。日军有战船 500 余艘，兵力 20000 余人。日军的战船大部分是小船，联军中有许多大船和龟船。

二十日丑时，石曼子（即岛津义弘）率舰队进入露梁海峡明军预伏地，遭陈璘部阻击，掉头南下。天亮，日军发现前有伏兵，又向北回师，遭到北岸邓子龙部截击。联军三面合围，在露梁海峡与日军展开激战。邓子龙驾船逼近日舰，跃上敌船，短兵肉搏。由于众寡悬殊，邓子龙部旋即被日船包围，邓子龙壮烈牺牲。

邓子龙是明朝老将，当时已年过七十，古稀之年仍披挂上阵，奋勇争先，为国捐躯，后追赠都督佥事。

日军同样损失不轻，立花部将池边贞政被明军斩杀，主将岛津义弘的旗舰也被击沉。

战至中午，陈璘派水师副将陈蚕、游击季金率部来援。联军水师左右两路分别从南北两个方向，向大岛以东海面之日船队主力，展开了猛烈的攻击。《朝鲜李忠武公行述》对这场战斗做了生动的描述："两军突发，左右掩击，炮鼓齐鸣，矢石交下，柴火乱投，杀喊之声，山海同撼。许多倭船，大半延燃，贼兵殊死血战，势不能支，乃进入观音浦，日已明矣。"

陈璘率主力与李舜臣夹击日舰，施放喷火筒，焚毁日军大部分战船。岛津义弘拚命反击，仍不支败退，率数百只战船溃逃。李舜臣率朝鲜水师跟踪追击，进入观音浦，再度与日军血战。陈璘也率中国水师赶来支援，用虎蹲炮连续轰击，日船纷纷起火。

在一片混乱之中，日军仍垂死挣扎。李舜臣趁势追击，但在乱军中被火绳枪射中胸口，不幸阵亡。临终前，李舜臣命令麾下将士秘不发丧，继续追击日军。

李舜臣是被朝鲜大捧特捧为战神级别的人物，他的战绩也足够剽悍，是整个朝鲜之役中朝军不多的亮点，堪称朝鲜军界旗帜性人物，阵亡时 54 岁。

日军也不是没有勇将，此战表现突出的是立花宗茂。该将虽为敌国将领，胆气却着实令人佩服，他本来已先行出发撤回日本本土，为了救援小西行长又折返回来参加战斗，最后又为逃窜的日军担当殿后的重任。

得到立花宗茂的掩护，岛津义弘得以遁入外海。战斗结果联军大获全胜，歼灭日军战船 300 余艘。日军损失 1 万多人，明朝联军阵亡约 700 人，不过趁两军海上大战的时候，陆地的小西行长等部被救走，日军最终基本得以撤回本土。

至此，日本对朝鲜的侵略暂时告一段落。

到底谁赢了

明朝留万世德在朝鲜善后，万历二十七年（1599年）五月，大军陆续班师回朝，万历皇帝非常难得地升座午门，接受都督邢玠等献上的日本俘虏61人，都“付所司正法”，枭首示众。次月，万历皇帝颁布著名的平倭诏，此诏堪称霸气，为后人所传：

> 于戏，我国家仁恩浩荡，恭顺者无困不援；义武奋扬，跳梁者虽强必戮。兹用布告天下，昭示四夷，明予非得已之心，识与不敢赦之意。毋越厥志而干显罚，各守分义以享太平。

其中，“我国家仁恩浩荡，恭顺者无困不援；义武奋扬，跳梁者虽强必戮”一句与“明犯强汉者，虽远必诛”一样，铿锵无比，今天读来仍然心潮澎湃。

谁赢了？

日本两次发大军兴师动众跨海而来，最后狼狈逃回本土，所以他们没有赢。

中国两次被迫援朝抗倭，数万将士死伤，靡费军饷无数，也很难说得上是赢家。

朝鲜就更不用提了，战争在他们本土展开，光百姓就被杀死无数，城市更是被破坏得一塌糊涂，他们更谈不上赢家。

那么到底是谁赢了？

参战各方没有人赢，这其实是一场中、日、朝都不是赢家的战争，或许，只有旁观者得到了最大利益。

这个旁观者，叫作努尔哈赤。

最后，笔者想再提几句那些阵亡的将士们。

这场战争，许多大明将士倒在了朝鲜的冰天雪地，再也没能回到家乡。他们中的绝大多数在后人的记述中只是一堆冷冰冰的数字，连姓名都没有被记载。

但是我们要记得，400 多年前，有过这样一批人，在凶悍的对手面前，他们以自己尸骨不存的代价捍卫了祖国的安全。

一边是父母妻儿对亲人望眼欲穿的归来期盼，一边是为抗外敌而永不归乡。

遥想 350 年后，面对更加强大的敌人，更多不屈的志士再次赴汤蹈火，他们知难而进，面对屠杀誓死不愿低头。这是我们这个民族，这个国家，能传承数千年，至今屹立于世界之林的宝贵财富，并值得我们后人所铭记。

无论如何，无名英雄也是中华民族的脊梁。

第五章 播州之乱

西南不倒翁

万历二十六年（1598 年），壬辰之役结束，宣告前后两次，跨度长达六年半的万历平倭援朝之战结束。

出国作战的将士们陆续被调回，等待他们的并不是刀枪入库，马放南山。他们中的许多人，将马不停蹄踏上新的征程。

这些军队要转战 5000 余里，从白山黑水的朝鲜半岛，来到位于大娄山脉与乌江中段的播州（今贵州遵义），进行一场艰苦的平叛战争。

他们的对手是杨应龙。

杨应龙，播州世袭土司。通常我们讲到世袭这个词，只会想到是伴随大明立国开始。然而杨氏土司大不相同，他们的世袭说出来相当吓人——最早一代播州宣慰司宣慰使杨端，得到这个职务的时间是公元 873 年，当时在位的皇帝还是唐僖宗李儇。

也就是说，播州杨氏历经唐、五代、两宋、元、明而依旧兴盛，传到杨应龙这一代已经是第二十九代，名副其实的西南不倒翁。

需要澄清一点，偏处西南的杨氏可不是什么蛮夷。他们祖籍山西曲阳，传说是杨家将后人（不知真假），总之他们不是汉化程度高，而是根本就是汉人。

播州杨氏之所以能维持到惊人的700多年之久，关键在于他们识时务。翻遍史料，别说找不到播州对抗中央朝廷，就连句放狠话的记录都没有。杨氏历来表现得相当恭顺，与各个政府的关系都特好，往往都是皇帝作为土司界优秀代表进行表彰的对象。

识时务的另一个意思是认得清大势，绝不抗拒历史潮流。

从唐到明，历经多次改朝换代，杨氏既不当带路党，也不做钉子户，眼力极准。到了元末，看到大元大势已去，播州是第一批去南京表示效忠的土司。明朝前中期，播州与北京的关系也是好得不行，跟朝廷达官做生意，他们往往是半卖半送，来换个好人缘。因此，播州杨氏在政治、经济、文化方面都与内地联系得非常紧密。

你说这样一个听话又会做人的土司，朝廷很难找到理由去动他。加之播州山高地险，用起兵来，花钱就跟流水一样。这种收益很低的事，历代王朝都懒得去做。

播州之乱

既然如此，杨应龙又为何会反叛呢？

首先要说杨应龙这个人，他本身就不是什么好人。万历年间，杨应龙已多次受到弹劾，罪名包括嗜杀好利、凶恶不道、与地方官狼狈为奸等十二条。播州杨氏传到他这一代，算是选错了一个接班人。

但要说杨应龙一开始就有谋反之心，借他十个胆也不敢。事情是在一步一步的阴差阳错中，从量变走向质变的。

起因是当时杨应龙纳了一个妾，根据记载，这个女人是国色天香，仙女下凡那种，不过她的心机也不是白给的，老是想着搞掉大房让自己转正。杨应龙偏听偏信，一次醉酒后听信小妾恶言，怀疑妻子张氏给他戴了绿帽子。一气之下，杨应龙借着酒劲竟将结发妻子与丈母娘一并杀害！

这下犯了重罪，按律当斩。万历二十年（1592 年），朝廷将杨应龙召到重庆接受调查。

杨应龙的认罪态度还是比较好的，他主动表示：我错了，要痛改前非，求朝廷给我个机会。我愿意亲率 5000 名土司兵戴罪立功，远征朝鲜。

万历皇帝起初答应，后来想想不妥，又说你别去朝鲜了，你给四川方面送四万两银子当作补偿，以观后效。

杨应龙答应下来，可是当时的播州不比鼎盛时期，万历皇帝清算张居正后，整个国家的经济形势都在下坡路上加速行驶，生意远远没以前好做了。出兵朝鲜，能抢当地人和战利品，经济上稳赚不赔，要从他兜里掏出这几万两真金白银，杨应龙非常心疼，给钱给得磨磨蹭蹭，拖了一年多，一半都没给够。

万历二十一年（1593 年），新任四川巡抚王继光到任，账上没钱，就开始催讨前任欠款。杨应龙很不满意，置之不理，惹毛了王继光，就将此事连同杨应龙的胡作非为一纸捅到了朝廷。眼看杨应龙民愤极大，万历皇帝下诏命王继光发兵征讨，但还是给杨氏留了面子，说只擒首恶，不及无辜。

四川明军兵分三路进入播州，杨应龙再度将他的狡诈发挥到淋漓尽致，他一面同意投降，一面派人偷袭，王继光大败，死伤过半。

杀伤官军等同于谋反了，即使事情闹到这个地步，万历皇帝还没有打算消灭杨氏。处理意见是只要你听勘认罪，保证不治你死罪。

对于这个方案，杨应龙表示接受，重庆知府王士琦前来招抚时，杨应龙很诚恳地面缚自首于道旁，泣请死罪。

这种影帝级别的表演再次迷惑了朝廷，万历皇帝批准赦免杨应龙罪过，准其罚款、辞职，由长子杨朝栋接任，送一子到重庆为人质，以观后效。

这本来是个双方可以和解的机会，杨应龙遵守承诺，将次子杨可栋送到重庆当人质。谁知这个杨可栋到重庆不久就死了，死因不明。

杨应龙倒是没有计较死因，只是说想要回尸首。这本是人之常情，但是上次他答应的钱还没全部给到位，四川方面就说了，你得把钱给足，钱不到位，不给尸首。

这下杨应龙气炸了，说给钱和讨回尸首是两码事，不带你们这样玩的！他放出狠话："吾子活，银且至矣！"

所以这就是一摊烂事，两方面都有问题。杨应龙的性格是决计不肯吃亏的，儿子肯定是没法活过来了，这个钱他也不想给了。

杨应龙开始破罐子破摔，大肆劫掠播州周边，尤其是重庆、湖南与播州接壤地区。五司七姓的诉状告到北京，万历皇帝这次真正愤怒了，"杨应龙前蒙朝廷宽处，如何尚敢负恩肆劫？"

可是这个时间节点很无奈，此时正是万历二十六年（1598 年），一干精兵猛将还在朝鲜。万历皇帝只得调贵州区区 3000 名兵力剿杀杨应龙，这点兵进入播州，毫无悬念地再次全军覆没。

这种情况被杨应龙看在眼里，就成了朝廷虚弱的表现，于是他不但没有收敛，还分头进犯各处，不断开足马力拔大明王朝的老虎须子。

事情至此无可调和，播州和朝廷的最终决裂已经不可避免。

别看杨应龙穷凶极恶，在朝廷眼里，他这是放着好日子不过，跳上跳下，自寻死路而已。

没错，自寻死路，就是对杨应龙叛乱的最好概括。

原因很简单，贵州之地作为连接滇楚两省以至中原的重要通道，对中央王朝维持西南地区的统治，具有重要的战略地位。贵州一失，整个西南都会动摇。因此公元前 25 年夜郎灭国后，贵州就永远失去了再次独立于中原以外的可能。

不管几大土司再怎么折腾，有条底线是不能触碰的，即土司们必须承认有且只有一个中国，你是朝廷的臣子。你们可以在领地当土皇帝，但务必要保证，大方向上不能跟朝廷唱对台戏。

谁要是跨过这条红线，灭你没商量！

贵州地瘠民贫，财政收入始终依赖四川、湖广两省协济，拿什么对抗中央？

杨应龙覆灭只是时间问题，问题并不是办不办杨应龙，而是什么时候办。

什么时候办，取决于朝鲜战争什么时候结束。

万历二十七年（1599年）初，朝鲜明军班师回国。六月，万历皇帝下诏，任命都御史李化龙兼兵部侍郎，总督四川、湖广、贵州三省军务，征浙江、福建、云南、广东诸省将士，围剿杨应龙。

刘綎、麻贵、陈璘，一大拨很会打仗的猛将现在有空了。

杨应龙，你的作乱日子该结束了！

杨应龙的对策

经过半年多调兵、准备，征讨播州的军队集结完毕，数量高达24万，可以说是相当看得起杨应龙了。那么杨土司有多少兵力呢？

决裂以来，杨应龙知道早晚会等来那一棒，这几年里他没闲着，不断在贵州、四川等处主动出击，到处强拉壮丁，也凑起了一支号称十万的军队。

可是十万和二十四万，差距还是相当大的。更别说，杨应龙的部队大多是乌合之众，中央派来的是半个大明的精锐。

万历二十八年（1600年）二月十二日，李化龙在重庆誓师，兵分八路，每路各三万人，克期出发，目标是杀到杨应龙的老巢海龙屯会师，一举荡平杨氏。

杨应龙听说朝廷居然调来24万大军讨伐自己，很是慌张。他一面收缩防线，一面加紧整备老巢海龙屯的工事，打算严防死守，耗死中央。

虽说这个方案到头来还是死路一条，可在当时来看，算是杨应龙垂死挣扎的最佳方案。他的谋士孙时泰却不这么认为，孙时泰进言道："我们不能轻易调回军队，这么办，会让将领们觉得您认㞞了，只会加速士兵的逃亡。

为今之计，上策是聚拢精锐，寻找明军主力进行决战，只要打垮他们，其余敌军不足为惧。”

杨应龙想了想，觉得有点道理，便问道：“依你之见，应该挑谁打呢？”

孙时泰胸有成竹地回答：“各路明军最勇者，无过刘綎。只要击败刘綎，他军自溃。”

杨应龙点点头：那就这样办！

三月初一，杨应龙之子杨朝栋带着老爹的两万精锐，兵分三路，气势汹汹扑向播州以北，那里正是刘綎进军的方向綦江（今重庆市綦江区）。

隔天，杨应龙就收到了快马传回的战报，杨大公子三路皆败，折损人马大半。

杨应龙暴怒：刘綎呢？刘綎损失如何？人现在何处？

传令兵吞吞吐吐：刘綎那路似乎没受多大损失，他正加速往播州杀来……

杨应龙呆若木鸡：怎么会这样……

杨应龙还不知道，他无比重视的这场阻击战，在后来的官方史料中只有轻描淡写十七个字：杨应龙子朝栋等分三道拒我，刘綎击走之。

刘綎，江西新建人，他老爹刘显也是抗倭名将之一，官至都督同知、左军府都督，授太子太保，专治西南各种不服。刘綎是正儿八经的将门虎子，自幼嗜武如命，人称武痴。

刘显看这个儿子有培养潜力，便在出征时带他在身边增加阅历。万历元年（1573 年），刘綎就干了件轰动的事。当时他跟着父亲讨伐九丝蛮，围城之时旁人还在吆五喝六，大喊缴枪不杀的时候，15 岁的刘綎便第一个登上城楼，将蛮人首领阿大生擒活捉。

后来，刘綎高中武状元，被授予指挥使一职，正式踏入军界。

25 岁，刘綎已成游击将军，负责腾冲一带的防务。

26 岁，刘綎讨缅有功，提升为副总兵。

虽说父亲刘显是大都督，刘綎的军职可都是实打实靠战功挣来的，没有一点水分。

万历二十年（1592 年），刘綎本来已奉命率五千川兵入朝，就是因为杨应龙开始闹腾，这支兵耽搁了入朝时间。等到刘綎以副总兵身份赶到朝鲜，平壤之战、碧蹄馆之战都已结束，刘綎没有表现的机会，留守一段时间后回国。

壬辰之役，刘綎在蔚山之战后入朝，又没捞到打大仗的机会，不过也给了小西行长一点教训。因援朝有功，刘綎升为都督同知。

讨伐杨应龙，久镇西南的刘綎当仁不让，以四川总兵官的身份指挥八路明军中的一路。彼时川东分为两路，其中以綦江道最为重要，李化龙将这个任务交给刘綎。刘綎率部长驱直入，所向无敌，一路攻破滴泪、三坡、瓦窑坪、石虎各关隘，直抵娄山关。

孙时泰说得没错，杨应龙若能击败刘綎，那就代表八路明军里没一路是他对手。

但这可能吗？

刘綎善用大刀，其所用镔铁刀重一百二十多斤，马上抡转如飞，世称“刘大刀”，被誉为“晚明第一猛将”，是杨朝栋这种无名之辈对付得了的？

自己那点家底被刘綎打成残废，杨应龙开始一把一把吃后悔药。想来想去，他决定在其他明军那里找回点自信，结果三万大军又在副总兵曹希彬那里被打得满头是包……

到这时杨应龙才发现，祖上 700 年的荣耀，留给他的是一个坐井观天的虚幻，他一直鄙视的大明军队其实是个巨无霸，八路明军里没有一路是他啃得动的。

他和儿子杨朝栋只能抱头痛哭，眼睁睁看着各路明军挺进到海龙屯附近扎营，将他团团围困起来。

围攻海龙屯

杨应龙陷入绝望。

可惜，李化龙不会再理他了。

明军在正面纵火，焚毁了杨应龙的营寨。李化龙又派人从后山夹击，对海龙屯发起猛烈的进攻。

优势尽在官军这方，只不过这一仗打得还是比较艰苦。

贵州多山，地势险要，杨应龙老巢海龙屯，位于今天遵义市老城西北约 28 千米的龙岩山顶，更是自唐乾符三年（876 年）起就开始经营的要塞。此处位居群山之巅，三面全是绝壁，仅东南面一条小道通往山顶老王宫。杨家在屯上共建有九关，屯前六关，屯后三关，都是依山而建，以天然石壕、天梯、吊桥等作为关门和通道，端的是一夫当关、万夫莫开。

事到如今，杨应龙只有死守一条路。八路明军会师于海龙屯下，李化龙亲自坐镇指挥，杨应龙亦挥舞战刀亲自上关督战死守。

当时阴雨绵绵，持续不晴，明军火器发挥大受影响。将士整日在泥淖中奔波苦战，双方相持达四十余日，仍不能攻破险要的海龙屯。其间李化龙父亲去世，申请回家守制，万历皇帝不准，命“夺情”视师。

直到六月初四，天始放晴，明军用火炮轰开关口。初五，刘綎身先士卒，进克内城第一道瓮城土城，杨应龙退守最后的堡垒月城（石城）。李化龙又用三千两银子收买当地土司袁切为向导，带领明将吴广从屯前左侧水巷攀入城内，只待号炮声起，里应外合。

五更时分，哐哐哐三声炮响，明军按计划发起进攻。多数播州士兵还在休息，听到炮声，他们反应过来刚要作战，后面吴广所部已掩杀而至，前面明军开始登城。播州军大骇，四处蜂拥逃窜，月城失守。

杨应龙看到四面火光冲天，明白大势已去，带着两名爱妾奔到三台星自焚而死。吴广率先杀进老王宫，生擒杨朝栋、杨兆龙，从火中抢出杨应龙尸首。明军进城，秋风扫落叶般将残余抵抗力量剿灭殆尽。

至此，播州之役结束。此战持续一百四十多天，先后击斩 22600 级，杀戮极为惨烈。

六月二十八日，平播告捷上报朝廷。万历皇帝亲自登上午门，举行播州战俘受俘仪式，将杨应龙尸体剐碎，将杨朝栋、杨兆龙肢解于市。

本来杨应龙只要和先祖们一样，对中央王朝做到服从，就可以在其荫庇下继续家族的繁华，可是他偏偏骄纵异常，活生生地把一手好牌打烂，真可谓自寻死路。

“天欲其亡，并令其狂”，这话用在杨应龙身上，真是太合适不过了。

延续 725 年的播州杨氏，至此彻底灰飞烟灭。

万历二十九年（1601 年）正月，平播诏令广发天下。两年后，杨应龙残部吴洪、卢文秀再叛，总兵李应祥率兵讨平，万历皇帝乘势决定，将播州一分为二，设遵义府、平越府，分属四川和贵州管辖。这块长期以来颇为棘手的地区，真正实现了改土归流。

只是播州之役虽然结束，西南土司们却并没安分下来，后来明朝的灭亡，也有他们添上的一把火。

第六章 万历皇帝的荒唐事

修建定陵

从宁夏之役、抗倭援朝到播州之役，是为万历年间著名的“三大征”。这些军事行动中，万历皇帝表现出了他的军迷素养，政策上有力支持，用人大体得当，“三大征”全部胜利，有他的一份大功。

可惜除此以外，他就没干什么正经事了。相反，不正经的事，倒是干了很多。

在他执政的第二段时期，即清算张居正不久的万历十四年（1586 年）开始，万历皇帝便不以国事为念，自称“静摄”，实际是在宫中鬼混。大体概括一下，主要是广采民女充掖后宫，推说圣躬违和，长期不接见大臣，不亲行时享太庙，长期不搞经筵日讲，不及时处理大臣奏疏等。

除了这些烂事，还有两件事他是比较上心的。

一是给自己修陵墓。

在北京昌平以北十公里的地方，有一片连绵的青山，山麓下，是一片约四十平方公里的广袤盆地。这里三面环山，南向华北大平原，与京师遥遥相望。南面有龙山、虎山左右对峙，形成一座天然的门阙。清澈碧绿的温榆河支流奔腾不息，恰似一条美丽的玉带缠绕其间。

这里就是万历皇帝朱翊钧的陵墓所在。

万历十一年（1583 年）起，年方二十一的“精神小伙”朱翊钧，便开始了给自己修坟的准备工作。这年他去天寿山谒陵的同时，亲自考察了未来寿宫的候选地址。经过一番比较讨论，最后确定大峪山下这块风水宝地。

万历十一年（1583 年）十月，寿宫建设指挥部成立，配置相当豪华，包括定国公徐文壁、首辅申时行、兵部尚书张学颜、工部尚书杨兆等文武大臣，以及几部侍郎、几科给事中和许多太监组成的管理团队，实行外官与内臣的双重管理体制。

在此期间，万历皇帝不顾舟车劳顿，牙疼腿瘸，不惜亲力亲为，数次前往实地，亲自考察指导自己陵墓的百年工程。

倒不是他小题大做，确实是这项工程规模之大，历时之长，非如此阵仗不可。

这座陵墓从万历十二年（1584 年）初破土动工，一直修到万历十八年（1590 年）六月才大工告竣，命名为“定陵”。其各项指标在历代皇帝中都算少有，远超他父亲隆庆皇帝的昭陵、爷爷嘉靖皇帝的永陵等帝陵，明代只有朱棣的长陵可与之媲美。

当然，耗费也是惊人的，定陵修建共计花费白银八百万两之多，为明代皇帝之冠。

定陵修完，朱翊钧 28 岁，这座宏大的陵墓就此闲置下来，直到 30 多年后它的主人入住。

二是确定继承人问题，此事可以从一顶凤冠说起。

一顶凤冠

1958 年 7 月，北京定陵打开了神秘的地宫大门，在后殿宝床上的梓宫旁边，出土了一顶三龙二凤凤冠。

凤冠高 27 厘米，口径 23.7 厘米，重 2320 克。

冠框用细竹丝编制，然后髹漆。冠通体嵌各色珠宝点翠如意云片。前部饰三条金龙，其下为点翠双凤，口衔珠滴。

全冠共镶大小红蓝宝石 100 多粒，珍珠 5000 余粒。整个凤冠的龙、凤、云、花，形象飞舞，色泽瑰丽。

精美绝伦的凤冠被放在孝靖皇后棺椁旁的随葬品箱子里，打开孝靖皇后的棺椁本身，里面却不见什么值钱的随葬品，还能看一看的，只有一把残破的银壶和一个满是缺口的银盘。

这顶凤冠和几件银器的主人，正是明神宗万历皇帝朱翊钧的皇贵妃——王恭妃，到她孙子明熹宗朱由校登基后，才被追封为孝靖皇后。

这些霄壤之别的陪葬品，背后是一个苦命女子的不幸故事。

凤冠很漂亮，孝靖皇后却很苦。她的儿子、孙子都当上了皇帝，她的一生，却是明朝皇帝生母里最凄惨的一个。

王氏原本只是个宫女，万历九年（1581 年），朱翊钧年方 19，气血正盛，在一次去慈宁宫向生母李太后请安的路上，偶遇时年 16 岁的王宫女，一时兴起就把她给临幸了。

皇上临幸一个宫女，不是什么大不了的事，但事后得讲规矩。按宫中典制，皇帝要留下赏赐以做凭证，他日如果宫女有孕在身，依照记载和赏赐的信物，便可验明正身。

可是朱翊钧宠幸完了人家就走了，什么信物也没留下。倒不是他忘了，全是虚荣心作祟，他嫌王宫女出身太低，配不上自己。

这就有点不负责任的意思了，万历皇帝想图一时之快，让一切悄悄过去。天不遂他愿，不久王氏怀孕了。在宫里挺着个大肚子瞒不了人，此事很快被李太后知晓。

没有信物？没关系，还有起居注。

皇帝临幸任何一位女子，文书房的内侍官都要负责记录发生关系的年份，月份，以及具体时间，这些内容都被如实记录在起居注中。李太后拿来一对照，除了自个的好儿子，谁还能干这种事儿。

铁证如山，万历皇帝臊得面色涨红，也只好承认。

十月怀胎后王氏产下一子，起名朱常洛。

这是朱翊钧的长子，照理说，母以子贵，王宫女怎么也得有好日子过了。

但对朱翊钧来说，这却是个烦恼，因为他心里早就有了别人。

这个人就是郑氏。

郑氏，本名郑梦境。万历九年（1581 年）朝廷备选九嫔。万历十年（1582 年）三月，朱翊钧册封九嫔，郑氏被封为淑嫔，位居九嫔第二位；万历十一年（1583 年），郑淑嫔晋封郑德妃，为九嫔第一位封妃之人。

这一年，已生下皇长子的王宫女刚刚被封为恭妃，这还是万历皇帝不情不愿封的，毕竟王恭妃为皇家生下了儿子，总得给个名分。

到万历十四年（1586 年），郑德妃的肚子终于争了气，为朱翊钧生下一子，起名朱常洵。两个月后，德妃就晋封为皇贵妃，仅位于皇后之下。

郑氏进宫四年，就完成了后宫绝大多数人一辈子都难以企及的三级跳。这时，王恭妃还是王恭妃。

郑皇贵妃趁热打铁，接连又生下了皇四子朱常治、皇七女朱轩媁。随着皇子们年龄渐大，问题来了，皇上该立太子了。

朱翊钧的皇长子是朱常洛，但这个儿子就跟捡来的一样，他的母亲王恭妃不受宠，朱常洛也不得父亲欢心。

万历皇帝专宠郑皇贵妃，这是所有人都知道的事情，爱屋及乌，郑皇贵妃的儿子朱常洵也很受宠，万历皇帝想立朱常洵为太子。

小心思很好，大臣们不答应。大明宗法“有嫡立嫡，无嫡立长”，万历正宫皇后无子，他所有儿子都是庶出，庶长子朱常洛是皇位唯一合法继承人。

皇上对郑皇贵妃爱疯了，爱傻了，这都不关大臣们事。可皇上想要废长立幼，连祖宗留下的成法都敢忤逆，那是绝对不行的。

连李太后也极力反对万历皇帝的念头，可还是挡不住他一意孤行。究竟是立朱常洛还是朱常洵，这是晚明非常折磨人的一道题，万历皇帝和大臣们各执一词，相互争斗了长达 15 年的时间。

自古以来，储君之争就是十分敏感的政治事件，万历一朝的储君争端则更为复杂。其间，四位首辅迫于压力下台，十余位正部级官员遭到罢黜，因储位而涉及的中央和地方官员更是多达三百多位。

中国古代历来有“太子者，国之根本”之说，所以这一事件被称为“国本之争”。

争国本事件又臭又长，皇帝和大臣们争论的重点都在太子上，王恭妃还是那个王恭妃，还是不受待见，自从万历十年（1582 年）被封为恭妃后，她的待遇就一直没提高过。外面吵得轰轰烈烈，王恭妃还是在宫内默默无闻，苦熬日子。

万历二十九年（1601 年），争国本终于尘埃落定，朱常洛被立为太子。

儿子终于当上储君，王恭妃的好日子，怎么看也应该到了。

可惜还是没有，王恭妃已被长期幽禁在景阳宫内，整整十年没有和儿子见过面。她被受宠的郑皇贵妃视为眼中钉，待遇极差，还不如普通宫女。

直到万历三十四年（1606 年），太子朱常洛已经生下长子朱由校，万历皇帝有了孙子，才将王氏晋封为皇贵妃。

别人看起来的人生之跳跃，境遇之变化，对王氏来说，日子却是大致相同的。她被封为恭妃时没有得到优待，被封为皇贵妃之后更是没有被重视起来。由于立储争端的问题，万历皇帝对王氏和朱常洛这对母子十分厌恶，朱常洛有大臣帮忙，境况稍好一些。王氏住在幽闭的深宫之中，连儿子也不能见上一面，每天只能以泪洗面，日子过得很凄惨。

长期见不到儿子，王氏心情压抑，身体变差，五年后就生了重病，这时她已十几年没见到儿子。

万历三十九年（1611 年），王氏病情加重，万历皇帝一次也没去看望她。九月，景阳宫中传出王氏水米不进，已经病危的消息。

朱常洛实在忍不住了，这位太子性格软弱，非常害怕万历皇帝。但母亲旦夕将死，人伦之情战胜了恐惧之心，他跑到父皇面前双膝跪地，一顿哭天抢地地恳请，万历皇帝才勉强同意他去看望母亲。

当朱常洛气喘吁吁地跑到景阳宫时才发现，宫门是锁着的，自己没有钥匙，根本打不开。

也就是说，这么多年里，母亲王氏一直处于被监禁的状态。

朱常洛又折返回中宫，找管事儿的太监讨来钥匙，这才进入景阳宫见到母亲。

这对可怜的母子终于团聚了。

王氏已双目失明（失宠目眚，比疾笃），她摸摸索索拉住了跪倒在床前的太子衣服，抚摩儿子的脸庞。这一刻，王氏那一直愁云惨淡的脸上终于露出了一丝血色，她百感交集，潸然泪下，抱着儿子轻轻地说了这么一句话："儿长大如此，我死何恨！"

这句话的意思就和原文一样，就是这简简单单的九个字：

儿长大如此，我死何恨！

王氏在去世前想见儿子一面的愿望，终于实现。她总算得以与儿子抱头痛哭一场后平静辞世，终年不过 46 岁。

这个女子在宫中苦熬 30 多年，最后以这样的方式告别，周围所有人莫不流泪痛哭（太子恸，左右皆泣，莫能仰视）。

生前身心受到摧残，身后万历皇帝更不想为王氏多费心，在大臣进言后，也不过将她草草葬在十三陵内一块平岗地。随葬更没有什么珍宝，陪伴王恭妃入葬的，多是她生前使用过的一些器物，其中就包括了一把银壶。

这把银壶，底部的铭文是"大明万历壬午年（1582 年）制"，也就是万历十年（1582 年）所造，经过数十年使用，已经坑坑洼洼，破破烂烂，却在她死后仍然被带入棺椁。

除此之外，椁内还有一件银盘，外层的镀金早已磨损，满是破洞和缺口，更是让人心酸。想必是她下葬时，没有任何赏赐，左右只得把她生前所用值钱一些的东西给她陪葬。

直到王氏孙子朱由校登基，才将奶奶追尊为“孝靖温懿敬让贞慈参天胤圣皇太后”，把她棺椁迁到定陵与神宗合葬，并补上了不少随葬品，里面不乏精美器物，比如一顶三龙二凤凤冠。

但这些在王氏生前都是无法企及的。

王氏还曾生下一位公主——云梦公主朱轩媁，那是在万历十二年（1584 年），朱常洛刚刚 2 岁，郑皇贵妃还未独得圣宠之时，可惜公主在 4 岁时夭折。

作为母亲，王氏受到的打击可想而知。

一起在定陵出土的随葬器物箱里，还保存有三件小姑娘穿过的衣服，可见做母亲的心，永远都在孩子身上，在这个世界上，唯有儿女是她们永远割舍不下的。

怠政皇帝

除了打仗、修坟、立储，万历皇帝就没干啥正事了，自从万历十四年（1586 年）他一头窝进西六宫以来，就开启了“宅男”模式，再也不肯上朝。

宅在宫里不新鲜，嘉靖皇帝就创造了连续 25 年不上朝的纪录。这个纪录被他的孙子打破了，万历皇帝不上朝的时间是 28 年。

其实皇上上不上朝，倒也没那么要紧。比如嘉靖皇帝不上朝，不代表他不管国事，四十多年下来，嘉靖皇帝只有三十几封奏折没有回复，他只是不想见那帮大臣。用今天的话说，嘉靖皇帝算得上是居家办公，只是没去办公室而已。万历皇帝就不是居家办公了，应当说是怠政。

万历皇帝的不上朝，不光是不到办公地点，他还不工作，不处理文件。在《明神宗实录》里，翻看万历皇帝对待群臣奏疏的处理方式，看到最多的字眼就是“不报”（不批复，不答复）和“留中”（将奏疏扣下，根本不给内阁“票拟”处理）。

他怠政以来三十多年，前后两千多份奏折石沉大海，严重影响国家行政效率。

再退一步说，皇上真的铁心怠政了，倒也未必是坏事。只要内阁正常运转，司礼监正常运转，六部三司正常运转，大不了，奏疏你不看就不看，文武百官照样能把工作干得风生水起。

可惜明朝的制度不是这样的，皇帝兼任宰相，什么事情都需要批复，万历皇帝怠政不交权，内阁也只能“参与决策”。导致整个政府在很多事情上只能处于瘫痪状态，或者说，只能按“惯例”维持最低限度的运转。

但即便所有的工作，大臣们都能按老规矩办，有一项工作却必须由万历皇帝本人亲自完成，那就是官员的任免工作。

官员们会老会死会生病，每年大明政坛都需要补充新鲜血液。然而每次大家把推荐人选报上去，发现皇上总是想尽办法百般推托，死活不肯补充新人。

请注意，万历皇帝不是不知道，他就是明确反对补充官员。

比如内阁的人数，从万历十年（1582 年）的四人（正常人数）一路下降到三人、二人。到最后，内阁已经没有首辅次辅之分了，因为只有方从哲一个人干活。方从哲力不从心，一再请求增加内阁人手，万历皇帝一概不准。

内阁尚且如此，其他部门就不用细说了。不给补充官员，不可避免造成大面积的官位空缺。严重时地方上少了 22 个巡抚、44 个布政使、25 个按察使；两京 12 个部缺 3 个尚书、10 个侍郎、10 个寺监主官、94 个科道官。

万历皇帝还是不肯补充官员。

方从哲向皇上汇报，刑部堂官缺额已久，这样是不行的。

万历皇帝批复，那让户部尚书张问达把刑部的活儿也兼了吧（命户部尚书张问达署掌刑部印信）。

方从哲又向皇上汇报，詹事府的活儿也没人干，经筵日讲官也没人当，能不能让礼部左侍郎何宗彦、右侍郎孙如游也给兼了？

——不报。我没看见。

那就退而求其次吧，内阁我一个人干不了，皇上给我补充个把工作人员，行不？

——不报。想都别想！（大学士方从哲屡疏请补阁员。不报。）

大概到万历四十七年（1619 年）左右，放眼朝廷六部之中，只有户部有部长，刑部和工部的部长由户部兼任。这几个部门情况已经相当理想，你要到吏部、礼部去办事儿，会发现这几个衙门从里到外找不到一个正式员工，办事用的公章就放在桌子上，谁想用，直接拿起来盖章就行了。

只有公章不见人的情况已然十分凄惨，而更惨的是，都察院和大理寺不仅没有人，连公章也弄丢了，整个部门形同虚设，所辖政务更是全盘瘫痪。

搞到最后，在任官员都急眼了，他们轮番上疏，每人十几疏、数十疏地上。又使出浑身解数，声泪俱下，一把鼻涕一把泪地恳请皇上补充缺额。

万历皇帝就像是一颗锤不碎、煮不烂、蒸不熟的豌豆一样，绝不妥协，也绝对不会有任何变化。

方从哲实在没办法，前后辞职六次，说皇上我干不动了，您就行行好，放过我这把老骨头吧。

——不报！看朕理你不。

方从哲就寻思了，看来上辞职书没用啊，那我干脆旷工等开除吧，方阁老自顾自就歇了。

未几，鸿胪寺官员果然来宣谕了，不是开除，而是催他赶紧出来工作（遣鸿胪寺堂上官宣谕辅臣方从哲速出视事）。

——方从哲想撂挑子不干？不可能！

对于实在干不动，想要辞职退休的官员，万历皇帝基本没有批准过，有时候还敷衍回复一下，大部分时间都不回复。

万历皇帝最恶心人的不是自己不干活，而是逼着不让手下干活。官员出现缺额，朕就是不批，不增补，你能怎么样？

可你要说他对国家大事完全不闻不问，那又是不对的，他基本上只关心两类事，一是涉及军事的，二是涉及钱粮的。

从“万历三大征”我们能看出，军事上万历皇帝不是糊涂蛋。他不光果断决策，亲自过问，还时时关心战事进展，就连细节也要问得一清二楚。

除此以外，他就只剩下搞钱了。

万历皇帝非常喜欢钱，又不喜欢治国理政。还好，张居正给他留下了丰厚的家底。

张居正改革前，朝廷每年赤字达三百万两白银，财政困难，官员的俸禄都发不出；到张居正去世那年，财政库存已高达一千二百五十万两白银。

让我们给万历皇帝算笔账，几场大仗打下来，他的家底还剩多少呢？

万历二十八年（1600 年），工科都给事中王德完的奏疏中是这么说的：

> 近岁宁夏用兵，费百八十余万；朝鲜之役，七百八十余万；播州之役，二百余万。

这么一加，就是一千一百六十余万两白银，库存还没见底。

王德完的奏疏还有下半句：

> 今皇长子及诸王子册封、冠婚至九百三十四万，而袍服之费复二百 七十余万，冗费如此，国何以支？

原来万历皇帝的弟弟潞王、妹妹瑞安公主、儿子福王等皇亲的册封、嫁娶前后费银一千二百余万两，甚至超过了“三大征”的军费。

王德完的最后一句是：冗费如此，国何以支？

这些全都要国库出钱，钱哪里来？

我们知道，钱不会自己冒出来，你必须要励精图治，开源节流，才能换来经济发展。可是万历皇帝废除了新政，自己不上朝，还不让大臣干活。钱又不会生钱，钱从哪来？

国家经济如何，万历皇帝不关心，不过他自己的钱，倒是非常上心，他的对策叫作矿监税使。

矿税之祸

万历三十年（1602年）春天，万历皇帝病了，病得有点严重。

万历皇帝才40岁，可他觉得这回恐怕不行了。

为此他非常悲伤，躺在床上水米不进，开始反思他这不到半个世纪的人生。

想着想着，万历皇帝就想起件事来，他挣扎着起身吩咐内官：召沈一贯来。

沈一贯，时任内阁首辅，接到圣谕，沈阁老相当意外。虽然贵为首辅，自己可有多少年没见到皇上了，今天突然宣召，该不会有什么大事吧？

沈一贯不知何事，忐忑地来到西暖阁，进来赶紧跪下叩头。

万历皇帝上气不接下气，说："沈一贯你靠近点，朕病得很重，体虚心烦，登基多年，已无遗憾。今天我把佳儿佳妇托付与先生，先生辅佐他做个好皇帝……"

这番突如其来的临终嘱托，把沈一贯吓得哭了出来，他连声劝道："圣寿无疆，皇上宽心静养，圣体自会万安……"

万历皇帝却不理他，顿一顿，喘口气，他接着说道："矿税之事，朕因三宫两殿未完，只是权宜采取，如今宜传谕及各处织造、烧造一并停止……"

看得出来，万历皇帝作了一辈子的妖，他并不是没有意识到。所谓"人之将死，其言也善"，临终之前，到底也想干点好事。

消息很快传开，对于皇上病危如此严重之问题，表现悲伤的人倒是不多；得悉为害多年的矿税之祸就要终止，大臣们就像过年一样，如释重负，互相传告。

沈一贯当晚没有回家，径直召集其他阁臣和六部九卿们留在朝房，他们加班加点拟好了谕旨，就等着皇上一断气，立即把这个好消息昭告天下。

但谁也没想到，万历皇帝昏昏沉沉地睡了一觉，醒来发觉精神焕发，胃口大开，吃下一点东西后，更是气色红润，步态从容起来，已与平时无异了。

看起来，我是一年半载还死不了了。万历皇帝便又开始反思，反思自己昨晚浑浑噩噩之时，都做了点啥。

想着想着又想到了对沈一贯说的那番话，万历皇帝顿时后悔起来，停罢矿税？那怎么行！罢了矿税钱从哪里来！

可是君无戏言，诏谕早就许下了，不管万历皇帝驾崩与否，沈一贯一定会发出去。

万历皇帝看看天色，好在天光还没放亮，沈一贯他们一定拟好了停罢矿税的谕旨，就等着各部门走个流程了。

想到这里，万历皇帝再也顾不得什么面子，他一狠心，派出二十多个小宦官赶到内阁，要求讨回昨天的谕旨。

沈一贯当然不想给，皇上活了未必是大好事，停罢矿税绝对是大好事。不管你是活着还是死了，不能连这点信誉都不讲吧？

小宦官们不敢动手强夺，便团团围住沈阁老，以头扑地，咚咚有声，竟至鲜血四溅，口里高喊着："阁老饶命，阁老饶命！要不回谕旨，皇上就要我们的命啊！"

沈一贯被这个阵势吓坏了，只得将谕旨奉还。

从此之后，朝廷大臣们再上疏建议有关废除矿税之事，万历皇帝都不再理会，终万历一朝，矿税也未能终止。

让大臣们如此痛恨，让万历皇帝如此重视的矿税，究竟是什么呢？

简言之，矿税，是"开矿"和"榷税"两项政策的合称。

万历二十四年（1596年）三月初九，坤宁宫起火，迅速波及乾清宫，令大内损失惨重。为重修两宫，万历皇帝于六月二十二日下诏，允开矿以助大工。

这项任务，他交给了信任的宦官。在朱翊钧亲自安排下，从此大明矿监四出，流毒海内，成为万历一朝独有的一个标签。

本意上，万历皇帝派宦官出去监督开采矿场，是希望以这种方式增加国库的收入，同时填补自己日趋庞大的个人开支。

但在实际操作中，这很快被证明是行不通的。

开矿是个专业性相当强的业务，万历皇帝只是听到奏报，说哪里可能有矿，就想当然地把矿监派往那里。可是到底有没有矿，有什么矿，如何开采，都是一本糊涂账。千里江山，万里锦绣，走走容易，想要找到矿脉，还要顺利开采出来，是几个宦官干得来的？

这难不倒矿监们，宦官干别的不行，揣摩上意这门功夫是很有几分火候的。

皇上派我们出来的本意，是叫我们带银子回去，不是带矿石回去。皇上只要结果，不要过程，那我们替他搞到钱，不就行了？

既然如此，那就好办了。矿监宦官仗着有皇上谕旨，便求矿不必穴，榷税不必商。他们衔命而出，虎噬狼吞，穷搜远猎，非刑拷讯，目的只有一个：要钱。

起初，他们的对象是地方上的富庶人家，到了后来，一般的殷实之家也不能幸免。所谓的矿监，再加上后来增设的税使，实际上就是打着皇帝的旗号在地方上公然劫夺的敲诈勒索分子。矿监税使和他们的爪牙无恶不作，激起了许多城镇百姓的反抗，万历皇帝对此置之不理，依然行其所素。矿监税使们成百上千倍地向民众勒索财物，老百姓深受其害，导致民怨冲天，社会矛盾空前尖锐。

有人给朱翊钧算过一笔账，仅矿税一项，从万历二十五年（1597 年）至万历三十三年（1605 年）这九年间，各地矿监税使解到京师的银两为三百万两。

这笔钱进的不是国库，是万历皇帝的私人小金库（内帑）。

三百万两不是个小数目，我们不要忘了，宦官们可没那么老实，搜刮到多少就上交多少，他们上报的数字必定是狠狠掺过水分的。根据保守估计，进入万历皇帝内帑的仅有十分之一，剩下十分之二被中官私吞，十分之三被参与者瓜分，十分之四用于打点各路牛鬼蛇神。

也就是说，万历皇帝乐呵呵地吃进三百万两，民间被搜刮的财产至少为三千万两。

显然，矿税除了能替万历皇帝搜刮老百姓的血汗钱之外，百害而无一利。故此万历年间政坛上几乎所有有头有脸的人物，都曾经恳请废除矿税制度。

如漕运总督李三才曾上疏说："陛下您不能这么搞下去了，此事事关宗社存亡，一旦民心向背，百姓都成了您的敌人。到天下烟尘四起的时候，陛下您就算黄金盈箱、明珠填屋，又有谁来帮您守住江山呢？"

万历皇帝不管这么多，反正只要自己有钱了就行。至于国事怎么样，民间苦不苦，他是不太介意的。

没过多少年，李三才的话果真应验了。

万历十四年（1586 年）开始，朱翊钧从间歇性的罢朝免讲，到万历十八年（1590 年）开始不朝不讲不郊不庙，从万历二十年（1592 年）开始大量"留中"，到万历三十年（1602 年）前后缺官不补，去官不留。最后，连言官都没人了。与此同时，他却还在压榨百姓的路上越走越远。

总之，除了在几次献俘时，万历皇帝会难得地出现在公众场合，大臣们能远远地一睹天颜。其余时间，臣子们几乎看不见这个国家的主人了。就连辅政十三年的内阁首辅沈一贯，前后也只见过他四次，其中两次是因为万历皇帝出席午门献俘仪式，君臣才得以近距离见上一面。

帝国的危机在加剧，尤其是在那片叫作辽东的地方。

第七章 努尔哈赤的崛起

十五岁的少年

嘉靖三十八年（1559 年），距京师 3000 余里外，女真斡朵里部一个觉罗家族，一个男婴呱呱坠地。家人给他起名为努尔哈赤，意为野猪皮。

这是个好名字，在古代东北亚许多民族中，野猪被视为勇敢的象征，是永不退缩的战士。给孩子起这个名字，就和汉人叫阿虎、阿彪一样，是希望孩子能成长为一个强壮勇敢的人。

努尔哈赤后来果然和他名字一样，成长为一个强壮勇敢的人。甚至，是过于强壮勇敢了。

在人教版历史书七年级下册里，对努尔哈赤是这么描述的：

努尔哈赤 25 岁的时候，他的祖父和父亲在一次战乱中，被明朝的军队杀死。努尔哈赤继承了父亲遗留下来的十三副铠甲，开始招兵买马，发展自己的力量。他作战非常勇敢，也很有谋略，不久就征服了邻近的几个部族，并且吞并了女真族的其他部落，在明朝万历四十四年（1616 年）建立国家，定国号为“大金”，历史上称为后金。从此，他就公开与明朝为敌了。

这么讲大体没错，但细节语焉不详。

笔者请大家思考几个问题。明军为何要杀死努尔哈赤的祖父和父亲？招兵买马需要大量经费，十三副铠甲够吗？明朝又为何坐视他吞并其他部落不管？

了解这些问题，才能明白事情的真相。

其中一位关键人物是李成梁。

万历二年（1574 年），由内阁首辅张居正谋划，万历皇帝饬令辽东总兵李成梁发起一场军事行动。李成梁率六万大军横扫建州右卫首领王杲的老巢古勒城。往昔建州右卫的兵强马壮，在李总兵手下好似个笑话，“三面壁立，壕寨深设”的古勒城在明军攻击下，迅速土崩瓦解、灰飞烟灭。

兵败之时，王杲眼睁睁地看着城寨冒着浓烟，战马在烟尘中悲鸣，垂死的部落民众血流成河，他的心情是绝望的。

不过这一切，只能说是他咎由自取。

这位王杲绝非善类，其为人“黠慧剽悍”，有才辨，屡犯明边。从嘉靖三十六年（1557 年）到隆庆年间，死在他手里的明将就有抚顺守备彭文珠、辽阳副总兵黑春、指挥王国柱、开原守备裴承祖及把总刘承奕等。

那段时间，建州右卫女真联合蒙古各部，在辽东抢得昏天黑地，史载“扰边无日月”。

好日子终于到头了，他们等来的却是李成梁的铁拳。

攻破王杲城寨，明军从他家中搜出一名少年。这孩子虽然年幼却很有骨气，抱着李成梁马腿大喊：杀了我吧！

李成梁是个杀人不眨眼的主，看着这个一心求死的少年，本想一刀挥下。不过转念一想，心中又不由得一动，他叫来手下问道：“这人怎么会在王杲家？他是什么身份？”

此人就是时年 15 岁的努尔哈赤。

李成梁的算盘

努尔哈赤的家族是建州左卫指挥猛哥帖木儿一脉，他的五世祖就是在成化犁庭中丧命的那个董山。努尔哈赤生母是王杲之子阿台之女，名叫额穆齐，喜塔喇氏，生三子（努尔哈赤、舒尔哈齐、雅尔哈赤）一女。

不幸的是努尔哈赤 10 岁丧母，继母是海西女真哈达部王台所养族女，名叫恳哲，纳喇氏。这位继母很不待见努尔哈赤，父亲塔克世又爱听枕边风，少年努尔哈赤活得就比较憋屈。他不得不出没在长白山深山老林中，采集人参、木耳、松子等，送到抚顺等地马市出售以维持生活。

后来，无所依靠的努尔哈赤和舒尔哈齐兄弟二人，干脆就寄居到了外祖王杲、外公阿台那里。

李成梁并非只知道杀人，上任以来，他一手举着大棒，另一手拿着胡萝卜。大棒打的是桀骜不驯的蒙古土蛮（即察哈尔图们汗）、建州右卫王杲部、海西女真叶赫部；胡萝卜喂给女真中恭顺的部落，比如海西女真哈达部，建州左卫各部等。

这招叫作“以夷制夷”，是大明长久以来的基本国策。

论身份，努尔哈赤其实并不尊贵。他祖父觉昌安共有兄弟六人，觉昌安排名第四，父亲塔克世又是觉昌安第四子。塔克世和觉昌安都是非嫡非长非幼，家产分不着，明朝册封的官职更是落不到他们头上，这个家也就有顶破落女真贵族帽子，身份实在没什么好吹的。

不过对于李成梁而言，背景不深意味着好控制，家里穷意味着不能自立，刚好努尔哈赤还是建州右卫酋长的直系亲属，又和海西女真哈达部能扯上点关系。

如果把当时的女真分为反明派和亲明派，努尔哈赤的祖父和父亲都属于亲明派，努尔哈赤也就是祖传的亲明派。这类人，正是李成梁要高调宣传，树立为遵纪守法模范典型的人物。

这个人不能杀，非但不能杀，还要养起来，留着他牵制那些不听话的女真部落。

李成梁吩咐将这少年收入帐下，充任侍卫，当作义子来培养（留帐下卵翼如养子）。

其实在李成梁这时看来，努尔哈赤也只是将来树立典型的备选人之一，与他有同样资格的，至少还有建州左卫图伦城主佟佳布库、哈达部王台之子扈尔干等人。但不是多个备胎多条路吗，何况努尔哈赤兄弟俩年纪小，资历浅，人生阅历更少，不靠我李某人，靠谁？

努尔哈赤就在李成梁麾下当起了兵，他倒天生是个打仗的料，数年间无师自通，成长飞快，“每战必先登，屡立功”。他还很喜欢读《三国演义》《水浒传》，经常对人说：“我要的谋略，就在这两本书里啊！”

这段时间，努尔哈赤被称为李成梁的“雏畜”。这个词并非贬义，李成梁非常信任努尔哈赤，不但任用他当亲信，就连去京师打点人脉拜会各位大人，也带着努尔哈赤，并不顾忌。因此许多史料中记载，李成梁与努尔哈赤“谊同父子”。

努尔哈赤在李成梁军营度过了四年军旅生活。万历七年（1579 年），19 岁的努尔哈赤回到建州。结婚并与父亲分门立户，由于继母从中作梗，基本没分到什么家产（家产所予独薄）。他从此独立生活，但仍经常出入李成梁幕府，赞划军务，有战事听从调遣。

努尔哈赤的第一桶金

李成梁对建州的打击并没结束。

女真这帮人一旦拧成一股绳，一定会对大明产生威胁。明朝对他们的政策向来是分而治之，以夷制夷，确保女真内部不能出现一个统一的强权。

这个政策可以分为几个阶段。

用孙子兵法来解释，第一个阶段叫作上兵伐谋。大明不用出兵，下几道旨意，你就不敢不听。那时的大明威慑力足够，女真本身实力也不行，没有人敢冒头。

这个时期大致是在永乐至宣德年间。

第二个阶段叫其次伐交。

随着时间的推移，明朝对女真的统治成本增加，控制力减弱，不可避免会有女真强人冒头。这时伐谋不太管用了，要保证统治的稳固，就需要出兵敲打一下，敲完还是以外交手段为主。

所以当初的李满柱死了，董山死了……

这个时期大致从宣德晚期至正德年间。

150 多年过去了，又冒出了个王杲，号称“控弦之士凡万余人”“建州诸夷悉听杲调度”。

这个阶段大明实力进一步下降，“伐谋”“伐交”都行不通了，进入第三个阶段“伐兵”。

既然你敢出头，就要你命。

当年城堡被攻破，王杲乘夜色带家眷 27 人逃走。万历三年（1575 年）二月，王杲再次纠众入边，被副总兵曹簠击溃。王杲逃脱追捕，投奔海西女真哈达部首领王台。只可惜，失去力量的王杲就是王台一封投名状而已，七月，王台献出王杲，他被押到北京，凌迟处死。

王杲败死，其子阿台、阿海修复了古勒寨。为报父仇，他们招兵买马，很快又壮大起来，经常骚扰明边。

这家人是野火烧不尽，李成梁被恶心得不行，深感“此逆雏在，辽祸未怠”，便决心斩草除根。万历十一年（1583 年）二月，他兵分两路，亲自带兵直捣阿台老巢古勒寨，以别将攻阿海的沙济城。

为求万无一失，李成梁还动用了他的女真资源。这一战，他安排佟佳布库与其配合，并派塔克世和觉昌安作为大军向导。

这两人身份特别，塔克世是阿台女婿，觉昌安的孙女又是阿台的妻子。

此战过程不是太轻松，阿台防守极严，官军急切不能攻下。觉昌安和塔克世便自告奋勇，进城劝降阿台。劝降还未见效果，另一路明军秦得倚部已攻破沙济城杀死阿海，前来与李成梁会合。

两路明军合兵一处，李成梁挥师猛攻，城内人心浮动，佟佳布库趁机在城下大喊："大帅有令，杀死城主归降的，任命他做本城城主。"闻得此言，城内一个女真军官私心大起，从背后一刀刺死了阿台，率部下开门以降。

谁知投降后，事情反往意想不到的方向发展。图伦城主佟佳布库在接收过程中，未能约束手下，纵兵大掠。李成梁手下的辽军军纪也是向来不佳，看到女真人抢女真人，他们不甘落后，发一声喊，加入劫掠行列。

纳降变成了杀戮，场面一片混乱，没人想到前两天入城的觉昌安和塔克世人在哪里。

等到一切结束，才找到这两个人，他们已是死人。觉昌安在营救孙女时死于火焚，塔克世被官军误杀，父子均死于战祸。

这个结果大出李成梁意料，觉昌安、塔克世，那都是友军啊，何况他们子孙努尔哈赤、舒尔哈齐都还在我身边，这叫人情何以堪？

李总兵也觉得十分不好意思，可是人死不能复生，只能加大抚恤力度，以安抚努尔哈赤那受伤的心灵。他送还觉昌安、塔克世遗体，大方地送给了努尔哈赤三十匹马、三十道敕书，随后又奏明朝廷，为努尔哈赤讨得一个龙虎将军的头衔，以及相应的都督任命状。

后来人们常说，努尔哈赤统一女真，靠的是祖传的十三副铠甲。但是我们知道，招兵买马是要花大钱的，铠甲这东西只能穿，不能吃更不能花。努尔哈赤本身又没什么背景，靠这十三副破铜烂铁，能有几个人肯跟他干？就想统一强者林立的女真各部？

真实答案就在这笔抚恤金里，其中三十匹马可以无视，关键是那三十道敕书，以及申请到的都督头衔。

所谓敕书，其实就是贸易许可证。女真是个渔猎民族，农业和手工业落后，极度依赖与明朝的朝贡贸易。而边贸历来是朝廷控制各部落的一个重要手段，生意不是人人都能做的，许可证只颁发给那些官方认定有资格的女真人。

这叫经济战，对蒙古、对女真，大明历来都是用军事加经济双重手段来制约。

敕书归敕书，敕书之间还有等级。

李成梁替努尔哈赤申请到的，就是都督一级的许可证，级别要远高于都指挥使、指挥使等。那些级别只能在辽东马市做做生意，都督级别是有资格到北京去做生意的。

都是做生意，区别可就大了。举个例子，东北出产的上好人参，在开原、抚顺的马市（贸易市场）能卖到十六两银子一匣（一斤）。到了北京，就能卖三十两银子，利润相差接近一倍。

所以，不要想象着努尔哈赤的开局是那十三副铠甲，这三十道敕书才是他的第一桶金。

李成梁应该是内心有愧，朝廷方面也承认是误杀，事后给努尔哈赤的物质补偿是非常丰厚的。不过努尔哈赤毕竟有数位亲人在战乱中无辜丧命，这件事对他影响很大，数十年后，他在反明的“七大恨”檄文中，写的第一条就是：我祖宗与南朝看边进贡，忠顺已久，忽于万历年间，将我二祖无罪加诛。其恨一也。

努尔哈赤时年 25 岁，有了这笔钱，他就有了启动资金。努尔哈赤不敢向大明报复，迁怒于佟佳布库，出兵攻克图伦城。此后数年他一直在与佟佳布库的哲陈部作战，直到万历十四年（1586 年）攻克鹅尔浑城（今抚顺市东浑河畔）。

佟佳布库被努尔哈赤杀死，清朝完成统一后，为了贬低他的历史形象，给他改名为尼堪外兰，意思是“勾结汉人”，所以我们在后来史料中看到的都是“尼堪外兰”这个名字。

按努尔哈赤的说法，尼堪外兰是害死他亲人的凶手，尼堪外兰死了，努尔哈赤是不是该收手了？

没有，他并没有停止征伐的脚步。

第八章 辽东大帅李成梁

努尔哈赤征服女真

万历十五年（1587年），努尔哈赤吞并哲陈部；

万历十六年（1588年）九月，苏完部长索尔果、董鄂部长何和礼、雅尔古部长扈尔汉率三部军民归附努尔哈赤；

同年，努尔哈赤吞并完颜部，统一建州南五部。

在长达五年的时间里，努尔哈赤逐步崛起为女真新一代强势力量。在此期间，明朝非但没有阻止，反而成为他的靠山，比如尼堪外兰就是逃到明朝寻求庇护后，再被遣返处死的。

明朝为什么这么做呢?

万历年间，明朝与女真的关系已进入第三个阶段“其次伐兵”。要保持这种状态是非常困难的，最理想的是回到过去。

回到过去，意思是回到第二个阶段，甚至第一个阶段。

以如今大明的实力，显然不可能再保持永乐时代的威慑力。退而求其次，只要能回到第二个阶段，就已经相当不错了。

大明处于衰退期，女真各部落中出现强人是必然的事。王杲没了，再来个王杲怎么办？李成梁不可能一直自己上，成本太高。理想的办法是扶持一个温顺、听话的代理人。但凡谁敢不听话，不用大明动手，这个代理人就会过去教训他。

当时的女真各部很不太平，朝廷册封的建州三卫格局早已荡然无存。女真大致演化为建州五部和长白山三部、海西女真扈伦四部，在更北的地方，还有更强悍也更原始的野人女真。

王杲也曾经是明朝扶持的对象，后来他叛变了。明朝需要扶持一个新的代理人，依靠这个人来镇住其他部落。

这个人选，李成梁推荐的是努尔哈赤。

应该说，李成梁的眼光很不错，在征战过程中，努尔哈赤随时不忘保持恭顺的态度，他懂得约束部下不得犯边，与明朝保持着良好的关系。在李成梁看来，努尔哈赤是在帮他维护辽东社会的秩序，这些功劳最后都是记到他的头上。这是李成梁所鼓励和肯定的，因此明朝非但没有干涉，还成了努尔哈赤的靠山。

在这个过程中，努尔哈赤因“忠明”“斩逆酋”有功，一再得到朝廷的加封，并在万历十七年（1589 年）被特批允许到北京面圣谢恩，连做三天生意（开市三天）。

时间来到万历十九年（1591 年），这一年前后，发生了三件大事。

一、这年秋天，纵横辽东二十一年的大帅李成梁被罢官了。

二、次年春天，国内发生哱拜之乱。

三、还是次年春天，日本有个叫丰臣秀吉的关白，指挥着十几万日军，在朝鲜登陆了。

而此时，随着努尔哈赤征服建州女真大部分，他的势力扩展到了长白山鸭绿江一带，威胁到了海西诸部女真。

当时最强大的女真不是建州，是海西四部老大叶赫部。为了教训努尔哈赤，叶赫部于万历二十一年（1593 年）九月，集结哈达、乌拉、辉发、科尔沁、锡伯、瓜尔佳、朱舍里、呐殷等满蒙九部兵马，三万多人，号称“九姓之师”，征讨努尔哈赤。

这是努尔哈赤创业道路第一次巨大的考验，他经受住了。在古勒山，努尔哈赤表现出他诡异的用兵之道，凭弱势兵力以少胜多。叶赫贝勒布寨被杀，乌拉贝勒满泰之弟布占泰被俘，“九姓之师”损失惨重。

此战史称“古勒山之战”，九部联军的惨败改变了建州和海西之间的力量对比，努尔哈赤一战成名，“军威大震，远迩慑服”。

明朝没有干涉这场战争，此战过后，努尔哈赤进一步得到朝廷封赏，万历二十三年（1595 年），朝廷再次加封努尔哈赤为龙虎将军，散阶正二品，达到了昔日哈达王台的政治地位。

你要问为什么，还是那句话，努尔哈赤仍旧是替朝廷在打工。

叶赫部实力强大又向来桀骜不驯，一直是大明要遏制的对象。“古勒山之战”是叶赫部带头挑起的，明朝将它理解为，叶赫部打算趁着明军援朝战事紧张之时，跳出来惹是生非，制造边祸。

既然如此，努尔哈赤的胜利就是值得夸奖的，他再次维护了大明辽东边疆的局势稳定，发挥了模范带头作用。

那还不该嘉奖吗?

拥兵数万的海西女真和蒙古诸部才是主要威胁，明朝依靠一纸命令就能阻止努尔哈赤的行动，努尔哈赤对朝廷忠顺有加，没有对他用兵的借口。

可是努尔哈赤击败叶赫部后并没收手，他使用远交近攻的手段，对海西扈伦四部进行分化瓦解。直到万历二十七年（1599 年），他以背盟为由，出兵灭掉哈达部。

至此，努尔哈赤起兵十年，除叶赫部外，“各部环满洲而居者，皆为削平”。

注意，这个时间“万历三大征”还没结束，征讨播州的大军正在集结还没出发。努尔哈赤闹得再凶，也不过是建州一个部落酋长而已。这种事，以前出现得多了，优先级根本排不上号。

朝廷的警觉

话虽如此，朝廷不是没人担忧，有人对努尔哈赤的扩张有所警觉，但是这种小事报上去，以万历皇帝“不朝、不见、不批、不讲”的一贯风格，照例是得不到皇上回应的。

再者说，当时政府缺编现象已极其严重，事关国防的事，国防部两个副部长都是缺额状态。政府仅维持最低限度的运转，不该办的不办，该办的没人办。连首辅沈一贯都很清闲，整天以数太阳影子长短来打发值班时间。

怎么管？没法管！

后来还是有人建议，说得管一下啊，是不是辽东方面的问题啊。奈何此时朝鲜战事激战正酣，连辽东总兵官董一元都出征朝鲜去了，不是不想遏制，实在是力不从心。

又有人说，要不还是让李家人去吧，有他们在，想必情况会好很多。

这次万历皇帝批了，万历二十五年（1597 年），朱翊钧爱将李如松出任辽东总兵。考虑到李家在辽东的影响力和李如松的能力，这招看起来还算靠谱。哪知李如松实在不争气，上任仅四个月，他就在一次出塞活动中中了蒙古人的埋伏，力战阵亡。

这真是“江山易改，本性难移”，李如松就是这么个脾气，有大将之才，也改不了轻敌冒进的老毛病。纵观其一生用兵，可说是深谙兵法，奇正相辅，悍勇有貔虎之威，狡计有枭狐之谋，可惜终究落了个战死沙场，年仅 49 岁。

万历皇帝痛失爱将，闻讯“痛悼”，追赠为少保、宁远伯，赐谥号“忠烈”，为其立祠纪念。首辅赵志皋亲笔写下墓志铭：古大将毕命戎事者绝少，然主遇亦不薄，乃蝉联阀阅，不及忠烈之半，嗟乎忠烈，君恩不朽，足死矣，足死矣。

将军百战死，李如松身后足够哀荣，可惜无论君恩再怎么浩荡，也掩盖不了一个要命的事实：李如松没了，辽东咋办？没辙了，无人可用，就又有人想起闲居京师的李成梁，说让他顶一顶吧。于是在万历二十九年（1601 年），李成梁走马上任，再次成为辽东总兵。

问题是李如松正当壮年，李成梁可是 75 岁的高龄老人了，英雄迟暮，早已失去当年的进取精神，沦为一根官场老油条。而当年跟随他金戈铁马，纵横辽东的那批部下，都已成了富甲一方的地主、富豪，再也没了那种一往无前的气概。

从主将到家丁如此，辽东铁骑再也不复当年之勇，李成梁纵有心回天，要进剿努尔哈赤，也是无能为力。

李大帅“伐”不动了，他所能做的，只是稳住努尔哈赤，尝试用其他手段遏制建州。

为此他也做了一番努力，比如将宽甸六堡的百姓内迁，留出八百里之地，作为与建州的缓冲区域。李成梁的想法是坚壁清野，辟出一片利于攻防的缓冲区，但百姓难免恋家，李成梁以大军胁迫，招致无数人逃亡。此举是对是错，争议极大，招致言官弹劾无数，好在李成梁有万历皇帝撑腰，未受责罚。

另外，他还试图分化建州，李成梁扶持努尔哈赤的弟弟舒尔哈齐，不仅让他当上建州右卫指挥使，还让儿子李如柏迎娶舒尔哈齐之女，以联姻的方式巩固彼此的关系。

在此期间，舒尔哈齐取代了努尔哈赤往日的地位，成了朝廷红人。李成梁不失时机地对他吹风，说既然一山不容二虎，你何不干脆分家，带着自己的部属迁到远离努尔哈赤的黑扯木（今辽东铁岭市东南）？我给你资源，你另建城寨可好？

这个计划没能实现，努尔哈赤意识到部落有分裂的危险，他以果断残酷的手法，囚禁舒尔哈齐，杀掉他的心腹和几个儿子（长子阿尔通阿，三子扎萨克图），平息了这次可能发生的动荡。

总而言之，李成梁二次镇守辽东，没能遏制建州的扩张。努尔哈赤也给他面子，将近九年的时间，辽东安定无战事。直到万历三十六年（1608 年），李成梁再次被弹劾罢官，这次是永久退休了。

内忧与外患

“万历三大征”断断续续持续八年，官军疲于奔命，这个百年难遇的历史机遇，努尔哈赤抓住了，还是以这种不露痕迹的方式。这个人确实是个枭雄，军事能力与政治手段兼备。

然而要说他这时就想反明，还是没边的事。

无论是后来清朝的史书还是明人的指责，都将努尔哈赤描绘为一个素怀大志、久蓄反意之人，他反明完全就是必然性事件，不管有没有机会，他都必然会造反。

笔者认为，这种表述是错误的。这样想，是把人脸谱化了。

努尔哈赤反明是一个长期、复杂、各方力量参与在内，慢慢形成的过程。不能简单归纳为努尔哈赤生来就有异志，从小就想推翻明朝之类的宏大叙事。

在李成梁二度出任辽东总兵之时，朝廷遏制建州的动作已经十分明显，按照阴谋论来理解，努尔哈赤是不是该有什么想法和动作了。

没有。

你说这全是李成梁的功劳，也不尽然，就在李大帅退休后，建州还和明朝达成了一项和平协议，约定双方各守各地，“敢有窃逾者，无论满洲、汉人，见之杀之；若见而不杀，殃及不杀之人”，若负此盟，必受其殃。

李成梁退休，努尔哈赤又两次出兵，灭掉了辉发部和乌拉部，扈伦四部已去其三，只剩叶赫一部苟延残喘，他已成为女真实际上的盟主。

努尔哈赤的力量远远超过了当初的王杲，他依然对明朝俯首帖耳。

叶赫求救于明，明朝致书令努尔哈赤退兵，他立刻照办；明朝另遣游击马时楠、周大歧领兵千人筑城协防叶赫，将两者从中分开，他也没说什么。

努尔哈赤是傻瓜吗？当然不是。现实是无情的，与历史上强大的契丹、蒙古相比，女真人口最少。根据统计，直到后金天命六年（明熹宗天启元年，1621 年）八旗的牛录数量也只有 231 个，以每牛录 300 丁计算，八旗总丁数为 69300 丁。

当时明朝的人口约为 2 亿人，账面兵力高达百万人以上。拿几万人和上百万人去死磕，努尔哈赤还没有不清醒到这种地步。

那他最后为何还是走上与明朝公开决裂这条道路呢？

主要有内忧与外患两个原因。

所谓内忧，是指朝廷这一系列遏制建州的举动，让努尔哈赤认识到了自己与大明之间，存在着根本矛盾。

他的政治目标是统一女真诸部，几次尝试都因明朝干涉作罢，在不对大明开战的情况下，灭掉叶赫部这个梦想几乎无达成可能。而不灭掉叶赫，海西诸部就有死灰复燃的可能。

他的经济目标是垄断辽东的人参、貂皮交易，自主掌握定价权。但是女真是乙方，明朝是甲方，在交易过程中，明朝政府和商人赚走了大部分利润。为此，万历二十八年（1600 年）起，努尔哈赤就以各种手段抬高人参、貂皮价格，与大明展开贸易战。

同时期，随着他吞并的部落越来越多，收拢了很多外来人口，其中还有很多是来自原来敌方的人口。为了加强控制，努尔哈赤不得不把大量人口迁移到苏克素浒河（今辽宁苏子河）谷居住，这导致人口在短时期内暴增，超过了当地自然资源的承受能力。

还有常被人忽视的一点，晚明开始，中国遭遇了历史上著名的小冰河时期，各种天灾不断。随着万历四十四年（1616 年）前后，一场山洪水灾席卷长白山流域，这种经济和人口压力以饥荒的形式爆发，史载“胡地尤甚，饥寒已极，老弱填壑”，女真面对极其严重的经济危机。

努尔哈赤陷入一个很尴尬的境地，要生存就要扩张，要扩张就要得罪大明。不过他很快发现，自己很可能无法扩张了，非但不能扩张，好不容易抢来的地盘也很可能保不住。

因为外患来了。

万历二十年（1592 年），图们汗（土蛮）去世，蒙古汗位传其子卜言台周（布延彻辰汗），再传其孙林丹巴图尔（呼图克图汗）。

林丹汗继位时，蒙古汗权不振已经很久，漠南的科尔沁、内喀尔喀、土默特、鄂尔多斯诸部各自为政，蒙古大汗只能支配辽河套的察哈尔部（分为浩齐特、乃蛮、克什克腾、乌珠穆沁、苏尼特、敖汉、阿喇克卓特和主锡惕八个鄂托克）。大汗仅被奉为名义上的共主，漠西卫拉特（瓦剌）仍然与鞑靼为敌。另外，东面的女真正在努尔哈赤的带领下逐渐走上统一与强盛之路。

林丹汗早年的处境非常艰难，但他矢志中兴，即位 10 年后，其威望与实力逐渐攀升。万历四十年（1612 年）起，林丹汗频繁率军入侵明朝，并不断兼并其他部落。到万历四十三年（1615 年），内喀尔喀已臣服于林丹汗，察哈尔部已与建州接壤。

林丹汗的尊号为“神中之神全智成吉思隆盛汗”，这不是随便说说。他的理想，不仅要加强察哈尔部的势力，更要恢复成吉思汗的霸业。

女真算什么？历史上一直是给蒙古打工的，林丹汗也不客气，他致书努尔哈赤，称自己为“滨海三万女真之主”，意思相当明显。同时他又派人联络叶赫部，打算东西夹攻建州。叶赫部死而不僵，一心想恢复当初的荣光，趁着这个大好机会，叶赫部欲尽起精兵，收复扈伦四部。

林丹汗拥兵十万之众，努尔哈赤兵力处于绝对劣势。但有“古勒山之战”的经验，努尔哈赤并不虚林丹汗。他一面加紧备战，一面通过挖墙脚的方式，以古老的联姻方法与科尔沁、内喀尔喀等部建立进一步的联系。

两个具有同样野心的人，最终是免不了兵戎相见的。

为对抗“神中之神全智成吉思隆盛汗”，万历四十四年（1616 年）春，努尔哈赤在赫图阿拉（今抚顺市新宾满族自治县永陵镇）称“覆育列国英明汗”，国号“大金”（史称后金），成为后金大汗，年号天命。

有人觉得称汗就是反明了，其实不然。女真酋长称不称汗，实际是件可大可小的事。远在嘉靖年间，辽东不宁，女真各部争为雄长，就已出现了“海（海西）建（建州）诸部日强，皆建国称汗”的局面。

这些酋长称汗，只是为了聚拢人心。他们仍用原来受封的卫所名义到北京称臣朝贡，形成“其通于明皆以所领卫，令于其部则曰国”的半独立局面。

努尔哈赤亦是如此，面对林丹汗的威胁，以大汗对大汗，意在提升内部凝聚力，做好战争准备。

这招确实管用，数月之内，建州以后金大汗名义对蒙古展开攻势，降服科尔沁与内喀尔喀蒙古，稳定西方局面，将林丹汗势力逐出科尔沁草原。

在此期间，明朝一直保持着观望。这两三年里，朝堂上对建州用兵的呼声不小，但这时出兵未必是最佳选择。

历史上，蒙古的威胁比女真大得多得多，李成梁镇守辽东时，防御重点就是“北虏”蒙古而非“东夷”女真。故此明朝的辽东总兵府一直设在辽河西的广宁，而不是设在辽河东的辽阳。

随着林丹汗的崛起，察哈尔部重新活跃起来。就在努尔哈赤称汗前一年，万历四十三年（1615 年）秋，林丹汗亲率数万军队三次抄掠明边，在广宁至锦州长达数百里的战线上频繁出击，声势浩大。

明朝方面惊呼“虎墩兔憨（林丹汗）为虏中名王，尤称桀骜”。

以女真制衡女真是以夷制夷，以女真制衡蒙古也是以夷制夷。倘若努尔哈赤能与林丹汗拼个两败俱伤，朝廷不就坐收渔翁之利？就算不行，让他们陷入长期争斗也好，那大明在东西两个方向的压力都能大大减轻。

没想到骄傲的林丹汗败得如此之快，到这时，再迟钝的人也能看出，辽东的防御重点应该由蒙古转向女真。

反明还是不反明

万历四十五年（1617 年）起，讨伐女真终于被提上议事日程。但是朝廷是个什么情况呢？

准备一场战争，不说鸿胪寺、光禄寺这些部门，内阁、兵部、吏部、户部人员你得给配齐吧。

内阁依然只有方从哲一人，老病缠身，还在不断请辞（臣精力既衰，神识昏眊，皇上奈何以安危大计付一病夫之手）。六部中吏部无尚书、侍郎；礼部尚书由戎政尚书（专理京营戎政）薛三才代署，无侍郎；户部只有尚书李汝华一人，无左右侍郎。

兵部呢，最重要的部门情况如何？

万历四十五年（1617 年）二月，以兵部左侍郎身份管理兵部大印的崔景荣屡次请求退休，皇上还是老一套，不批也不理。崔大人倒也实在，皇上不回复，我就当默认了，他便自己封还部印回长坦老家去了。

兵部没有主持工作的主官，近乎瘫痪，万历皇帝说那薛三才你也别闲着了，暂理兵部事务吧……

据时任礼科给事中亓诗教所言，“此时朝中见在之人，内阁止一人，尚书止四人，侍郎止四人，科臣止七人，台臣领差在京者亦止十人，总之则不满三十人也”。

万历皇帝怠政，导致国家各部门只维持最低限度的运转，很多事情都无法办理，一遇到突发事件就不能够应对。比如万历皇帝不批准发内帑，户部就没银子打仗，万历皇帝不批准修缮制造兵器，下面的人也无法自己去办。

拖拖拉拉直到万历四十五年（1617 年）底，明朝终于完成伐金准备。林丹汗同时起兵十万兵压科尔沁，叶赫部也尽起全国精兵讨伐扈伦三部，三面包夹，欲一举荡平后金。

形势比两年前更凶险百倍，努尔哈赤作何选择？

在这种近乎绝境的情况下，努尔哈赤于万历四十六年（1618 年）四月发表告天七大恨，举旗反明。

没啥好说的了，反也是死，不反也是死，把头别在裤腰带上，干吧！

同月，努尔哈赤大败辽东明军，袭占抚顺、清河，大肆劫掠后弃城回师赫图阿拉；五月，亲率大军击破叶赫部；六月渡过辽河击败林丹汗部，彻底撕碎对后金的包围网。

从此后金取得了在内线作战的相对战略优势，只需要集中精神对付一个方向的敌人，类似多面包夹的困境再也没有出现过。

纵观努尔哈赤几十年来的行动，不能说是他一开始装，打定主意要反叛，而是在长达二十几年的扩张中，他的扩张与明朝的态度形成了不可调和的矛盾。加之内部的生存压力，外部蒙古、叶赫要他命的态度，最后发展成了反也是死，不反也是死的局面。

故而，他的整个反明行动，并不是谋划几十年的必然之举。只能说，是生死存亡下的亡命一搏，能不能成功，还是很大的未知数。

这条道路是非常危险的，明朝的体量与后金的体量，就像是巨人与婴儿的差别。努尔哈赤的反明，更大意义上只是个打鸡血的口号。他不是要推翻明朝，更不是想入主中原。他的反明不过是和蒙古一样，想要求得一个独立生存的地位，不再对大明俯首称臣。

再说具体点，努尔哈赤的梦想，撑死也就是占领东北，当个东北王。要是每年能从明朝捞点就更好了，至于推翻大明？皇太极也不敢想。

以上大致是努尔哈赤从顺明到逆明，再到反明的一个变化过程。努尔哈赤的崛起，其实是个失败版本的以夷制夷，出发点是好的，结果是失败的。

后来，许多人把努尔哈赤的崛起怪罪到李成梁头上，说是他养寇自重，才导致了努尔哈赤的强大。要是从阴谋论来解释，当然是李成梁愚蠢，努尔哈赤阴险。实际李成梁也只是个执行者，抚恤、扶植努尔哈赤是为朝廷的“以夷制夷”政策服务的，是利用而不是重用。李成梁给努尔哈赤的所有好处和册封，都是一级一级上报上司和朝廷，经过批准才加以执行的。

在这个阶段，朝廷只能依靠努尔哈赤这样的人来维持女真的秩序。不扶持努尔哈赤，也得扶持别人。李成梁原本的备胎还有佟佳布库和哈达部王台之子扈尔干，佟佳布库没有努尔哈赤优秀，扈尔干更是烂泥扶不上墙，只好选努尔哈赤。

李成梁与努尔哈赤私人关系不错，但是他仍然以维护辽东地方利益为前提条件，在大是大非问题上还是公事公办的。这一点努尔哈赤也是心知肚明，李成梁在世时，对这位不管是出于什么目的栽培自己的老上司，他还不至于撕破脸皮。不过李成梁的面子也仅限于此，甚至保护不了他的后代，万历四十三年（1615 年）李成梁卒于北京，享年 90 岁。万历四十七年（1619 年）七月，努尔哈赤攻陷李成梁的家乡铁岭城，城陷屠城时，李氏家族共有近二十人殉难。

努尔哈赤后来还是失控了，但明朝没办法，只能赌一把。因为他挑选的时间太好了，全国的军队都在集结，先是奔往宁夏，接着赶赴朝鲜，回来还要去揍杨应龙，无论是安抚还是进剿，将士们都分不出精力来。

更为深刻的理由是，明朝正处于由盛转衰时期，政治腐败，社会危机日益加深。比如矿税使高淮奉万历皇帝之命来到辽东，借开矿征税为名，大肆干预军政事务，狐假虎威，骚扰地方，致使边备尽弛，居民外流。当地的百姓生活在水深火热之中，“非死而徙，非徙而贫，无一家如故矣”。有不少人主动逃到努尔哈赤那里，有所谓“生于辽不如走于胡”之说。

总之，后金崛起是各种复杂因素的结果，既有努尔哈赤自身的努力，又有明朝的失策，还有“三大征”接连发生的历史机遇，不是简单的一句李成梁养寇自重就能概括的。

第九章 萨尔浒之战

万历皇帝的应对

万历四十六年（1618 年），朱翊钧 56 岁，这位壮年时便已怠政的皇上如今年过半百，再称病不朝，群臣也不能指责什么。实际上，他的臣民早就已经对他彻底失望了。

即便如此，拖拉近一年的征辽准备工作，还是完成了。

如此慢的原因，除了政府班子缺额严重，还有钱的问题。

大军出征军费不是小数目，代理兵部尚书薛三才说，粮饷还有十五万四千九百两的缺口，国库早已空虚，皇上您能不能先拿内帑出来应应急？

万历皇帝最头痛的事就是往外拿钱，当即以内帑空虚为由驳回，说这笔钱还是抚镇自筹吧。

抚镇自筹，拿什么筹？事情就这样拖着。拖到四月底，率部救援抚顺的总兵张承胤全军覆没的消息传来，万历皇帝才如梦初醒，真的要打大仗了！

那钱呢？万历皇帝开口说，还是得苦一苦老百姓。于是以向辽东用兵为由向民间征收军饷，起初是“每亩权加三厘五毫”，很快一增再增，到万历四十八年（1620 年），全国除贵州等少数地区外，平均每亩土地加征银九厘，计五百二十万零六十二两。

这笔钱称为辽饷，此后又不断提高，与崇祯时期的剿饷、练饷一起并称为明末三饷。明亡以后，又被清朝所继承。

军费不军费的，万历皇帝不关心，他对打仗绝对上心。

一下子大臣们发现，皇上几十年不见的兴奋劲儿又上来了。每有关于辽东方面的奏章，他第一时间批复；大臣奏请征讨事宜，万历皇帝一一照准；兵部的缺额，也给主动补足了；甚至于，他还亲自批示，悬赏通缉努尔哈赤一家。

具体赏格为：凡有擒斩努尔哈赤的，赏银一万两，升都指挥，世袭；擒斩八大贝勒的，赏银二千两，升指挥同知，世袭。

赏格刊示不久，辽东传来消息，努尔哈赤也发布了悬赏令，悬赏熊廷弼（前辽东巡按）的人头，赏银一钱。

万历皇帝哭笑不得。十月十一日，委任状出炉，以杨镐为兵部左侍郎经略辽东，到辽阳会集各路援辽兵马，誓师征讨努尔哈赤。大军未发，誓师大会上便暴露出了不少问题：祭祀时杀牛，本该一刀砍下牛头，刀竟是钝的，连砍三次才将牛项砍断；将领刘招孙在教场骑马试槊，结果木柄腐朽，槊头坠地。

这些似乎都预示着，这次征讨不是那么轻松的事。

誓师结束，杨镐将兵马分为四路：

西路军，以杜松为主将，率兵 2 万名，由沈阳出抚顺关，沿浑河右岸，入苏克素浒河谷，从西面进攻赫图阿拉。

南路军，以李如柏为主将，率兵 2 万名，由清河出鸦鹘关，从南面进攻赫图阿拉。

北路军，以马林为主将，统率 2 万名明军和两千名叶赫军，趋开原、铁岭，从北面进攻赫图阿拉。

东路军，以刘綎为主将，率 10000 名明军和 13000 名朝鲜军，由东进军。

杨镐自己坐镇沈阳居中调度，各路人马总计 85000 余人，号称 47 万大军，以张声势。

后来有很多人疑惑，这么重要的一场战役，为何要起用当初在朝鲜失败被免、已下野多年的败军之将杨镐？

原因很简单，没人可用了。

此次任命走的是吏部会推程序，一般至少会推出两三个人给皇上选择。但此时已到万历末期，长期没有补充官员，也就没有新鲜血液，朝廷的情况，恐怕当真只能用“无人”来形容了。

邢玠、万世德等都已去世，论资历［万历八年（1580 年）进士］，论履历（巡抚之资亦十余年），论对敌人的熟悉（熟谙虏情），有资格经略辽东的，确实只有杨镐最合适。

杨镐也早在万历三十八年（1610 年）便请求离职（时任辽东巡抚），万历皇帝一直不批准，杨镐也就不理皇上，自顾自回乡去了。

可以说，杨镐也是被赶鸭子上架逼出来的，不是他主动报名的。

吏部硬推杨镐，还有很重要的一点：杨镐和朝鲜关系很好。

抗倭援朝战争中，杨镐几乎是受到朝鲜上下好评最多的大明官员。主要是当初南原、全州失守后，汉城屏障尽失，人心浮动。总兵麻贵消极应付，已打算放弃汉城撤守平壤，是书生杨镐急入汉城，拿出经略的威风慑服麻贵，重整军心，才有了后来战线的稳定。

汉城几乎就要迎来日军的第二次屠刀，很难形容，杨镐带给朝鲜君臣怎样的惊喜和感动。在他们心中，杨镐就符合明朝的“天朝上国”形象，举止谦虚随和，有担当有谋略的“天使”。

换句话说，朝鲜欠杨镐人情。

刘綎的东路军超过半数是朝鲜军队，这是杨镐争取来的。当时的朝鲜国王是光海君李珲，万历皇帝叫他出兵配合，李珲讨价还价。万历皇帝几次申斥，他打死只肯出 10000 人，还拖拖拉拉行动迟缓。后来得知杨镐为经略，终于增加到 13000 人，这多出来的 3000 人，就是杨镐的面子。

光海君和朝鲜这方面的事很重要，我们后面再说。总而言之，朝廷任用杨镐为经略的决定，在当时来看既是合情合理，也是无奈之举，他们很难找到一个比杨镐更合适的人选。

杨镐如此，四路明军主将如何？

南路军主将李如柏不用多介绍，李成梁第二子，自小从军。你要说他不会打仗，那是假的；你要说他很会打仗，那也是假的。

李成梁九子皆在军中，称得上名将的只有李如松一个，其他李如柏、李如梅、李如梧这些儿子，最多算绿叶，当不了红花。李如松已经牺牲二十多年，再要从辽东系统中矮子里拔将军，也就只有时任辽东总兵官李如柏了。

北路军主将马林，此人出名的是"雅好文学，能诗，工书，交游多名士"。他能当上总兵官不是因为能打，而是继承父辈的恩荫。

他父亲就很出名了，正是嘉靖年间名将，马芳"马太师"。

万历元年（1573 年），马芳被革职后，万历三年（1575 年）又被起用，出任前军都督府佥书管事，并在万历六年（1578 年）挂印再次充任宣府总兵官。

马芳到任后，整治兵马，在宣府郊外率领骑兵举行了数次军事演习（游猎），蒙古各部闻讯大惊道，"马太师归也"，急忙向朝廷"奉表谢罪，痛悔前过"。

万历七年（1579 年），马芳因病请辞，次年四月解甲归乡。万历九年（1581 年）二月，马芳这位打造铁血军团，奠定明朝北境数十年和平的忠勇战将闭上了疲劳的眼睛，享年 64 岁。

临终前，他的唯一愿望是把他葬在大同北面的新平堡，那是他逃归明朝后第一次当兵的地方。

"威名万里马将军，白发丹心天下闻"，这是一位老军人对自己一生戎马生涯的最后挂念。

马芳毕生，披坚执锐，大小百余战，胜多败少，尤善以少胜多。在他镇守边塞期间，蒙古军队如惊弓之鸟，一听他的旗号，便开始打退堂鼓。

《明史》赞曰："大小百十接，身被数十创，以少击众，未尝不大捷。擒部长数十人，斩馘无算，威名震边陲，为一时将帅冠。”

但是有个很能打的老子，不代表儿子一样厉害。马林喜好文学，交游士林，文艺范很足。他当过短期的辽东总兵官，后被弹劾，夺职戍边，久之罢免。这次辽东用兵，马林被起以故官从征，不为别的，朝廷看中的是马家在宣大军区的影响力。他的北路军，以宣府军队为主力。

南路和北路主将都不算善战的将领，东西两路却大不相同。

东路军主将刘綎“刘大刀”的生猛大家都比较清楚，不再赘述。不过四路总兵里最猛的还不是刘綎，而是西路军主将杜松。

马芳被蒙古人称为“马太师”，杜松也有个绰号“杜太师”，光看这个名号，就能想象杜松是个什么样的人物。

此人以舍人从军，累功升为宁夏守备。交锋时喜欢撸起两臂，持着金刀乱砍，因皮肤乌黑如漆，又被称“杜黑子”。杜松常年打仗，与蒙古大小百余战，战无不胜，也受了很多创伤，据说其身上脸上到处都是伤疤，面目极其狰狞，令人望而生畏。

杜松勇武过人，脾气更是火暴。在接替李成梁镇守辽东期间，因作战不利，一气之下把部队粮草付之一炬，说属下打不赢，就不许吃饭！这种出格行为引来弹劾，杜松被下狱论处。

万历四十三年（1615 年），河套的蒙古人入侵，延绥官军不敌，廷议说还是得杜松，允其戴罪起复。杜松到任二话没说，率领轻骑捣火落赤营，斩敌二百余，将敌人赶出防区。

这次征辽，杜松顶着山海关总兵职务，依旧是罪人之身。他正急着立功，活捉努尔哈赤，既能拿赏银又能免罪，故此态度极为积极，唯恐被别人抢了功劳。

表面来看，即便李如柏、马林差了点意思，刘綎、杜松这两路还是足够强悍。但这掩盖不了一个问题——万历四十七年（1619 年），四大总兵都不年轻了。

不光是不年轻，他们完全称得上是老将。

刘綎 61 岁，李如柏 66 岁，马林和杜松也都是 60 岁出头的老人。说得不好听点，万历皇帝就是让一群理应在胡同口遛弯下棋的老头儿，带着士兵去辽东的冰天雪地里跋涉。

一个老头尚可理解，老当益壮嘛，每路指挥官都是老头，这事就有点不太正常。

万历皇帝为啥要组这么个老将战队？

原因同总指挥的任命：时年 64 岁的前退休官员杨镐——新鲜血液没顶上，没人了呗。

当然，他们的对手努尔哈赤也不年轻了，努尔哈赤是 1559 年生人，当时整 60 岁。不过他的手下都特别年轻。四大贝勒中，代善 36 岁，阿敏 33 岁，莽古尔泰 32 岁，皇太极 27 岁。著名的“五大臣”也都是骁勇善战之人，还在当打之年。

杨镐的方案

得知明朝出动大军征剿，努尔哈赤自然不敢怠慢，后金迅速进行全国总动员，倾巢而出。

人数有多少？

战前，辽东巡抚周永春的奏疏中说：“闻奴兵骁勇惯战者约有五六万，掳掠中国民兵亦有二三万，总之不下八九万。”

后金的组织形式是八旗制度，这是种军事和生产合二为一的组织制度，一旦有需要，可做到全民皆兵。哪怕是最低级的八旗兵卒也是奴隶主，手下各有包衣（家奴），这些人也是军事力量，“如军卒家有奴四五人，皆争偕赴，专为抢掠财物故也。”

以八旗精兵为基础，加上兵将的包衣以及其他所有可以动员的力量。比如，原本在界藩筑城运石的人夫一万五千人也被编入作战序列，直接参加了战斗。基本上除了妇女、幼童，能拿兵器的男性几乎全都抄家伙上了，总数达到八九万人。

你说后金军八九万人，许多是凑数的。要看到明军也不都是精锐，未必就强于这些后金的包衣、人夫。比如辽东额定的兵力原有六万，能用的机动兵力只有两万多人，其他都有防守或其他任务。为这次出征特地新招了两万多名士兵，这些人刚换上制服，连手里的三眼火铳怎么用，还没整明白，能有多少战斗力。

如此一来，明军人数已不占优势。杨镐坐镇辽阳，实无取胜把握，于是天天召集幕僚开会，想要研究出个稳妥方案。

但朝廷不会允许他拖下去，从万历皇帝到首辅方从哲都非常着急，接连发出红旗，天天催促杨镐进兵，说你赶紧打啊，快点打啊，天天催促。

说到底还是不肯出钱，大军多待一天就是数万两银子，军费花光了还不打，万历皇帝能不着急嘛！

末了，杨镐实在没办法了，再不出兵，恐怕他杨某人就要先去北镇抚司报到。研究来研究去，杨镐研究出个四路进兵，分进合击的战术。

从兵法上说，这个战术很常规，没什么亮点，也没啥大问题。

赫图阿拉，又称兴京，周边群山环绕，山谷之间河流蜿蜒，一路展开不了太多军队。四路人马还有不少仆从军，他们的出发地和补给线路都不一样，合兵一路不现实。

“分进合击”是明军出塞捣巢的传统战术，杨镐的方案有两种考虑：一是如果后金主力不出，就由杜松西路军和马林北路军进抵二道关（即建州三关中的代珉关，位于苏子河谷的五岭——马尔墩岭）合营，杀人放火一路烧到赫图阿拉。南路的李如柏，东路的刘綎，也将一同进逼后金都城。

二是后金出战，二道关的两路人马加起来有四万余人，他们未必要击败敌军，只要扎营死守拖住后金主力，另外两路明军直捣赫图阿拉，努尔哈赤也会失败。

杨镐最终确定的出兵时间为万历四十七年（1619 年）二月二十五日，约定三月初二于二道关合营前进。

努尔哈赤的战术

万历四十七年（1619年），后金天命四年。元旦刚过，这个新兴的政权已全力投入紧张的战斗之中。

努尔哈赤对明朝的进攻一直保持高度警惕，通过各方面收集的情报，他对这次战争有了清醒的认识。

不管杨镐兵分几路，目的只有两个：围歼我的主力，或是攻下我的都城。

这确实是很现实的目标，以后金的体量，没有办法承受一场大败。甚至，努尔哈赤连一场惨胜都无法接受。

打败这八九万敌军，自己损失三四万人？

万万不可！林丹汗还虎视眈眈，叶赫部暗中窥伺，哪怕只是损失一两万人，都足以动摇后金的根基。

杨镐的分进合击并不出努尔哈赤意料，他仔细思考了一下，召集诸贝勒大臣，宣布了抵抗策略：凭尔几路来，我只一路去！

分进合击，建立在明军能拖住后金主力的基础上。假使明军没有这个战斗力呢？假使我能迅速分头击破各路人马呢？

那不就变成了分别送人头？

以努尔哈赤对敌人的了解，集中主力，全力以赴击破西路军和北路军，剩下两路便不足虑。

三月初一，杜松出抚顺关，越五岭，抵达浑河。看天色将晚，部下说大军最好扎营，明日渡河。

杜松亲自骑马下水试了试水深，一看“不及马腹”，杜太师连甲胄都不穿，单骑径直冲上对岸。部将赶紧渡河，请将军披甲，杜松豪气大发，仰天大笑：“入阵被坚，不是大丈夫。我从小当兵，现在都老了，尚不知甲重多少斤（老夫束发从军，不知甲重几许）！”说罢根本不理这一套，挥兵直进。

骑兵和步兵可以渡河，携带战车、火器等大量重装备的车营无法泅渡，他们只得由参将龚念遂率领，被阻隔在浑河对岸。

后人因此常说杜松是贪功冒进，但也要看到整体战略。杨镐的命令是三月初二合营，杜松的西路军因为天降大雪跋涉困难，抵达浑河已经是三月初一，而决定分进合击战术胜败的关键，是能否在准确的时间到达准确的地点。

杜松也许有贪功的心理，可他面对最主要的问题，还是军令难违——克期不进，贻误战机，轻则夺职充军，重则军法从事。杜松一个戴罪之人，他承受不起。

渡过浑河，杜松率领一万几千人长驱直入，击破后金二寨，生擒十四人后又遇到苏子河阻挡。为了赶上计划中的合营时间，杜松再次决定轻装上阵，他分出几千人于萨尔浒（今抚顺东大伙房水库附近）山上立营，亲率一万多人渡河围攻界藩城。这座城是出入建州的关口，只要攻下界藩城，赫图阿拉便门户大开。

杜松部事实上被一分为三：杜松自领的主力，龚念遂的车营，萨尔浒山头的大营，彼此间相隔数公里。

努尔哈赤驻马高处，时刻观察着明军的动向。

大贝勒代善说："我们应该用主力攻打杜松主力，击溃杜松，这路明军自败。"

努尔哈赤摇摇头，"如此虽好，未必能竟全功，传我命令，代善领右翼二旗兵监视界藩山，皇太极领六旗兵，仰攻萨尔浒。"

代善愤愤："为何不让我出击？"

皇太极抢答："萨尔浒兵败走后，其界藩之兵自必动摇。"

努尔哈赤赞赏地看他一眼，告诉代善："到时你再出战。"

后金六个旗，兵力达到了45000余人，缺少重装备的萨尔浒大营明军迅速被击败，总兵王宣、赵梦麟战死。围攻界藩城的明军回头看见大营被攻破，军心大动。努尔哈赤再命代善带领右翼二旗，会同界藩城上守军自山头掩杀而下，山下已经得胜的皇太极，亦率军从下而上倒卷而来。

此时天色已晚，咫尺难辨，明军点燃火炬照明以便进行炮击。后金军利用明军点燃的火炬，由暗击明，集矢而射，杀伤甚众。然后乘着大雾，越过堑壕，拔掉栅寨，攻占明军营垒。

杜松虽竭力奋战，但事已至此，个人的勇猛已无济于事。努尔哈赤叫人劝降，杜松全然不理，鏖战许久，猛将身被数创，终于不支落马。贝勒赖幕布看得真切，弯弓搭箭，一箭正中杜松心窝。

名震西北的杜太师，只是哼了一声，就此倒在了辽东的冰天雪地中。

隔了一夜（三月初二上午），努尔哈赤指挥渡河，击溃浑河另一边的车营，龚念遂战死，西路军宣告被整建制歼灭。

“铁背山前歼杜松”，此战明军死者漫山遍野，军器与尸体在浑河漂泊如解冰旋转而下。因为在萨尔浒这个地方打得最为激烈，历史上称这次整个战役为萨尔浒之战。

杜松部为何如此轻易被击溃？那就要问问马林了。

杜松率部奋勇争先，拼命想着克期并进。事先该在三月初二与杜松会合的马林，却很不地道地迟到了。

按照计划，马林的北路军先于西路军出发，他们本该走在杜松前面，最迟不超过三月初一先行抵达萨尔浒。结果马林姗姗来迟，迟至三月初二上午，北路前锋才抵达萨尔浒战场6公里处。在那里他们遇到了龚念遂派来报信的哨骑，说杜总兵战殁，西路军覆灭。

马林一听吓坏了，杜松的西路军中，不但有宣大、延绥的精锐，更有戚继光训练出来的车营，是四路明军中战斗力最强的一路。西路军没了，再按原计划进攻赫图阿拉，那不是找死？

可是没有主帅命令，不战而退，也是要军法从事的。马林想了又想，决定马上退回昨晚扎营处尚间崖固守，等待杨镐的撤兵命令，或是撑到其他部队赶来支援。

北路军遂退回尚间崖，环营挖掘三层堑壕，将车营和火器部队列于壕外，骑兵继后。马林又命部将各率一部人马，分屯大营数里之外以成掎角之势，并环列战车以阻挡敌骑兵驰突。

说马林只是个花花公子是不对的，从这个决定看来，马林还是从马芳身上学到了点真东西。扎营坚守的决定没有问题，防御手段也比较完备，只是马林的机会，在他迟到那一刻已经永远失去了。

最能打的西路军没了，后金军人数占优，士气正盛，马林纵然竭尽全力，也无法扭转失败的命运。

在八旗人马围攻之下，马林所部连一天也没撑过去。三月初二，北路军大营就被击破，自马林以下，包括他两个儿子在内，总兵麻岩、游击丁碧、葛世风等高级军官悉数阵亡，马林仅率数人逃走。

其实马林这一路还应有两千叶赫军助战，谁知这些女真人比马林走得更慢，还没和北路军会合，他们就收到马总兵战败的消息。叶赫军大为惊恐，遂不战而退，连战场的边都没摸到。

杜松跑得太快，马林却走得太慢，杜松刚刚战败身死，马林就送上了门，西、北两路明军连合兵的机会都没有，就这么被努尔哈赤打垮了。

两路明军失败的消息很快传到辽阳，杨镐明白完了，急忙传令南路李如柏、东路刘綎的部队停止进攻。李如柏是停下了，他在收兵撤退时被后金哨探发现，后金军将计就计，在山上鸣锣，大声鼓噪，假装发出冲击信号。南路军以为是后金主力发起进攻，惊恐溃逃，自相践踏，死伤 1000 余人。

受到一些损失，好歹李如柏算是拉回了主力，但是刘綎来不及了，他已深入后金地盘太远。

东路军的覆灭

刘綎于二月二十九日出发，他这条路最难走，山险道狭，荆棘丛生，马不成列。刘綎兵力最少，还有一半是朝鲜军，他们来得非常不情不愿，行军也是磨磨蹭蹭，严重拖慢速度。

东路军并不需要去合营，刘綎按计划直捣赫图阿拉，一路上相继与小规模后金部队发生了三次交战。三月初一，东路军抵达董鄂路（宽甸境内），三月初四进至深河，连克后金十余寨挺进到董鄂城下，围而攻之。这里由牛禄额真托保、厄里纳、厄黑乙三人率后金兵500人把守。刘綎大破敌军，厄里纳、厄黑乙二人战死军中，牛禄额真托保率残军逃到埋伏在山隘的扈尔汉的伏兵会合，以待刘綎军来。

此时刘綎已率部深入三百余里，连战连胜，军队士气很高。但是刘綎养子刘招孙感觉有点不对劲，说："怎么杜总兵、马总兵那两路全无消息？咱们孤军深入，粮饷匮乏，最好是往后退一退，以观虚实。"

刘綎不愿意听，说："我们进兵顺利，想必是赫图阿拉空虚，正好直捣黄龙，怎能无功而返呢？"

刘招孙苦谏道："哪怕不退，我们稍事休整一下，等等西路和北路的消息，总是有益无害。"

刘綎还在考虑，一名传令兵促使他下定了决心。

攻下董鄂城当天，一名明军手持杜松令箭来到刘綎大营，向刘綎禀告："杜将军已到建州，深入敌境，担心后援跟不上，请将军赶快进军会师对建州进行夹击。"

此人身穿明军服饰，其实是后金兵，手里拿的令箭却是货真价实缴获来的。

刘綎沉思半晌说："我和杜将军是一样的官职，他怎么能用令箭向我传达命令？这是把我当作偏裨将官，难道我是他的部下吗？"

假传令兵说："令箭虽是命令部下偏裨将官的，但现在军情紧急，用令箭不过是表示凭据罢了。"

刘綎大声叱骂："出兵时约定以烽火、传炮声为信号，现在兵既已达建州，为什么没看见烽火，没听见传炮声？"

假传令兵脑子很灵活："这地方没有烽火，用骑兵代替斥候，这里距离建州城五十里，跑三里传一炮声，不如骑马快速。"

刘綎有晚明第一猛将之称，用兵从来是有进无退。刘招孙的建议本就不为他所喜，得到这个假情报，刘綎信以为真，遂决定速战速决，誓不返旋。假传令兵跑回军营告知，后金军即命令传炮。刘綎听到炮声，唯恐杜松独得头功，便急命拔营东进。

后金四大贝勒早已设伏等候多时，他们勒兵在高处观察，看到刘綎进入包围圈，代善便要飞奔而下。皇太极拦住他说："哥哥统兵留在后方，相机而下，我先领兵从冈上居高临下冲击明兵。"

代善同意，说："我领左翼兵从西面攻打，你引右翼兵从上面冲下，不过你可在后面督阵，不要轻易冲进去。"

皇太极率右翼兵首先攻击，明军不停放枪放炮，皇太极并未占到便宜。急不可耐的代善亲自率左翼兵加入战团，明军两面受敌，开始动摇。刘綎亲自督军与后金殊死作战，明军且战且退。退到一个名叫洼子沟的地方，埋伏在这里的阿敏和扈尔汉率伏兵杀出，将东路军前后截为两段。

刘綎仓促迎战，左臂被流矢射中，裹创再战，又伤右臂，犹奋战不止。这场激战一直从白天杀到晚上，刘綎至死不降，厮杀中，面部中刀，被削去半边面颊，犹左冲右突，直到力竭倒在血泊中挣扎至死。

刘招孙前来救援，见刘綎已气绝，遂下马要背刘綎尸体，被一箭射中心脏而死。

刘綎之死还不是东路军的最后结局，除了刘綎率领的主力，还有参将康应乾率领的明军、朝鲜军一部，以及游击乔一琦的明军、朝鲜军。

三月初五在富察之野，代善击溃康应乾部，康应乾仅以身免；同日，阿敏进攻乔一琦部。

朝鲜军队高达 13000 多人，刘綎军中有 600 人，他们随刘綎败亡；还有一营跟着康应乾战死，和乔一琦一起作战的有两营 3000 多人。这 3000 多人表现得非常英勇，他们在乔一琦和朝鲜将领金应河带领下以火器轰击后金军，打得很有章法。乔部非常硬气，以弱势兵力死扛阿敏三天，就算在局势危急的时候，也没有出现大批倒戈、投降的官兵。

直到实在不支，乔一琦才率残部退入朝鲜军营，打算依靠朝鲜元帅姜弘立部继续作战。

但不是所有朝鲜人都如此英勇，姜弘立本就战意不坚，首鼠两端，眼看部下相继覆灭，姜元帅决定放下武器，叛明降金，并要捉拿乔一琦作为投名状献给后金。乔一琦不肯当战俘，跳崖殉国，乔一琦残部被执送后金，这些士兵全部都被杀死，姜弘立不战而降。

至此，东路军才宣告全军覆没。

乔一琦本有机会避免更大损失，却被姜弘立给卖了，此事实在令人气愤。要知道，就在二十多年前，大明刚刚出兵拯救了朝鲜，朝鲜人为何恩将仇报？

原因全在于一个人，时任朝鲜国王——光海君李珲。

光海君李珲

李珲，朝鲜宣祖李昖次子。万历三十六年（1608 年），宣祖薨逝，李珲即位，翌年获明朝册封为朝鲜国王。

李珲上任后，正遇上女真崛起，周边形势发生巨变。女真世代被朝鲜视为最大威胁，朝鲜又是大明宗藩，联明抗金是再正常不过的事。

但李珲是个很鸡贼的人，他既不愿得罪女真，也不愿得罪大明。他的外交政策叫“不背明，不怒金”。

后金与明朝交恶，按照古代宗藩关系，作为藩属国的朝鲜不允许与后金建立外交关系。光海君处心积虑，偷偷派人与后金来往，表示自己对大汗是十分尊敬的，但迫于祖宗传下来的规矩，不能跟大明翻脸，自己内心是支持大汗您的。

光海君真会数典忘祖地支持女真吗？那是胡说，这是他的自保策略，保持恭顺以免遭毒打。

明朝打算讨伐后金，多次派使者要求朝鲜支持。光海君能推就推，实在推不了就拖着不办。明朝已经通过情报得知他“忘恩背德”“阴怀二心”，徐光启等大臣建议，光海君这么不听话，干脆派个大臣去朝鲜“监国”，也就是当太上皇，把朝鲜置于明朝直接控制之下。

但这时大明国力衰退，正在筹备一场大战再来一次犁庭扫穴，光海君不尊敬宗主国的事，只能先留着，秋后再算账。

萨尔浒战前，万历皇帝说李珲你得出兵，光海君小脑瓜转得飞快，先是找各种理由，被拒绝后又讨价还价，说自己的兵不过鸭绿江，在江边给大明摇旗呐喊怎么样？

万历皇帝的态度很坚决，这次朝鲜必须出兵一起作战。

光海君无法推托，只得不情不愿派军参战，但在军队出发前，他给元帅姜弘立下了一道密令："毋徒从一天将之言，而唯以自立于不败之地为务。"

意思就是姜弘立你悠着点，别听明将瞎指挥当了炮灰，战场上机灵点，把人给我带回来才是最要紧的。

姜弘立心领神会，这才有了乔一琦的悲剧。

光海君如愿避免了刺激后金，他所不知道的是，身为明臣而首鼠两端，加上他的政治手段过于残酷，朝鲜国内上下对他早已一片不满。

说得直接一点，光海君的王位就是大明帮他抢回来的。没有中国抗倭援朝，李珲什么也不是。如此恩将仇报，光海君不光是寒了军人的心，也寒了大臣的心。

萨尔浒之战四年后的天启三年（1623 年），光海君被侄子绫阳君发动政变推翻，史称"仁祖反正"。光海君当夜被捕，很快被以废母杀弟、大兴土木和背叛明朝等罪行，废黜王位，流放到海岛，四年后病死。

光海君被废，在朝鲜是众望所归，他成为举国唾骂、千夫所指的对象。时人对他的评价都是千篇一律的否定，称其为"昏主""昏朝"。

"不背明，不怒金"，是朝鲜历史上破天荒的政策，这种对宗主国的背叛不可能真正让朝鲜置身事外，连朝鲜百姓本身也不支持。

公道自在人心，李珲成为李氏王朝历史上唯一一位既没有庙号，也没有谥号的国王，人们不愿意承认他当过国王，仍旧称呼他当王子时的封号：光海君。

乔一琦就这样被光海君坑死，这场决定后金命运之战以明朝完败结束。

没错，是决定后金命运之战，不是决定明朝命运之战。明朝实在太庞大，输了这一场，还有很多机会能翻本，后金是真正的一场都输不起。

确实打不过

复盘这场战役，杨镐的指挥没有根本性错误，各路明军有很多小错误，也不至于影响战局胜负，失败的主要原因，还是技不如人。

此战之前，明军的所有准备、推演，都是基于一个前提，即明军的战斗力强于后金，至少也要不相上下。

打个比方，后金战斗力为90，明军就算达不到95，至少也要有85。再不济，你80总要有吧，如此才能有一搏之力。

然而明军在战场实际反映出的战斗力，普遍只有60上下甚至更低。

杜松、刘綎乃至马林都使出了看家本领，确实扛不住，杜松主力半个晚上全灭，马林主力一天全灭，这还怎么打？

战斗力差距是明摆着的，就算让杜松和马林成功合兵，李如柏上去支援刘綎，我也不看好他们就能击败努尔哈赤的七八万人。

四路明军只有李如柏一路保存了下来，李总兵得以全身而退的原因也很惊人，是因为他行动迟缓，才逃过一劫。

更让人唏嘘的是萨尔浒之战李如柏始终未遇敌，但在战役之后数日即为言官弹劾。一年半后辽事更坏，此事再被提及，李如柏遂自杀以明志。

事实就是，大明帝国已垂垂老矣，不复当年之勇，女真也早非吴下阿蒙，实力此消彼长，再想实现成化年间的犁庭扫穴已无可能。

大家打得都很英勇，就是打不过，你有什么办法？

另一个问题，后金军损失多少。

杜松、刘綎、马林都是力战后失败，他们的抵抗非常顽强，但是战果非常之少。按杨镐的奏报，杜松一路“生擒活夷十四名”，马林一军在阵上“斩首六级”，刘綎一路稍多，也不过生擒加斩获共210名。

简单推断，打得如此激烈，杀伤断不止两百多名。战果极少的重要原因，还在于明军的惨败，没打胜仗，自然是没有机会生擒敌人乃至斩获首级的。

但可以断言的是，努尔哈赤元气未损。

看他接下去的行动就能知道：

三月初五，萨尔浒之战结束；

三月下旬，努尔哈赤派穆哈连带1000余人，攻取野人女真虎尔哈部扎库塔城（位于今珲春城西一百二十里），收该部人口；

同一时期，努尔哈赤又派出使者和朝鲜投降人员组成使团，以武力炫耀对朝鲜国王光海君进行宣威；

六月十六日，努尔哈赤亲率四万兵力进攻开原，援辽总兵官马林、副将于化龙、参将高贞战死，开原失守；

七月二十五日，后金攻打铁岭，辽东总兵官李如桢、贺世贤领兵救援。未至，城已失，守将喻成名、史凤鸣及士兵全部被杀。铁岭还是辽东名将李成梁祖居之地，城破之时，李家族人不愿投降，包括李成梁从侄李如梃、李如梓在内，李家二十多人遇害；

八月十九日，努尔哈赤率诸贝勒亲征叶赫，大军直逼叶赫东西二城。叶赫贝勒金台石被擒杀，布扬古投降，努尔哈赤完成统一女真大业；

十一月初，努尔哈赤挟胜战之威，擒获内喀尔喀五部领主宰赛（孛儿只斤氏，达延汗第六子阿勒楚博罗特裔孙）等一百五十余人。在后金软硬兼施之下，宰赛将妹妹哲哲嫁给努尔哈赤第八子皇太极，后金与内喀尔喀实现政治联姻。这位哲哲就是后来的大清第一后：孝端文皇后。

萨尔浒战役结束仅仅一个月后，后金就展开密集频繁的军事活动，既有对坚城要塞的进攻，也有讲和、宣威、结盟等外交性质的活动，对象有明朝、叶赫、朝鲜、蒙古、野人女真等，呈现出一副以武力为后盾，软硬兼施、四面出击的进攻姿态。

上述这些军事政治活动紧接着萨尔浒之战，整个春夏秋三季就没闲着。直到这年冬天，天气转寒，后金的活动才渐渐稀疏下来。

这些事件说明，萨尔浒之战并没让努尔哈赤伤筋动骨，这一系列行动下来，后金反而是越打越强了。

倒退的帝国

萨尔浒战败，万历皇帝顿时成了一只泄了气的皮球，奏疏大量留中的情况又出现了。

此后一年多，大臣们一再奏报辽事恶化，除派出熊廷弼经略辽东，以及增加辽饷以外，其余奏疏万历皇帝一概留中不报。

万历四十八年（1620 年）四月初一，方从哲奏请临朝召对时政，被拒绝；初九，方从哲到思善门外大哭一场，万历皇帝才勉强将他召入弘德殿叙话。

方阁老见到万历皇帝后，照例要求增补阁臣，继而谈到辽东的紧张局势。万历皇帝卧在榻上，缓缓地应了一句："知道了，国家多事，先生可尽心辅理。"

接着便双目紧闭，不再说话。

大约万历皇帝也是实在没有精力了，一个月前他已患病，病势逐渐沉重；七月，病情愈加恶化。万历四十八年（1620 年）七月二十一日，朱翊钧驾崩于弘德殿，终年 58 岁。二十二日发丧，二十三日颁布遗诏，命皇太子朱常洛嗣位。九月初十，尊谥号"范天合道哲肃敦简光文章武安仁止孝显皇帝"，庙号神宗。

十月初三，闲置三十年之久的定陵终于盼来了他的主人。持续长达四十八年之久的万历时代，结束了。

在我们现代人看来，万历年间似乎是非常久远的事情，其实未必有印象中遥远，我举几个例子大家或许能明白。

万历十年（1582 年），张居正、吴承恩去世；莎士比亚结婚；

万历十一年（1583 年），丹麦巴根游乐园开始运营，这是世界上最早的游乐园，至今仍在运营；

万历十六年（1588 年），英国大败西班牙无敌舰队；荷兰成为共和国；

万历二十一年（1593年），李时珍去世；1594年，法国国王亨利四世加冕，法国进入波旁王朝；

万历二十三年（1595年），英国议会通过了《终止长弓法令》，设计部队改用火绳枪或滑膛枪，这意味着冷兵器时代的结束，热兵器时代的到来；

万历二十八年（1600年），英国创立东印度公司；

万历三十年（1602年），《哈姆雷特》上演；

万历三十七年（1609年），开普勒第一定律和开普勒第二定律公布；

万历四十二年（1614年），荷兰人开始建设纽约；

万历四十四年（1616年），汤显祖去世；莎士比亚、塞万提斯去世；

万历四十八年（1620年），万历皇帝驾崩；英国“五月花号”登陆北美。

17世纪，西方正处于大航海时代末期。如果说在大航海时代之前，东方才是世界的中心，那么到大航海时代结束以后，世界的中心就开始向西方转移。大航海时代以后，西方开始进入全球化，正在为第一次工业革命（18世纪60年代到19世纪中期）积蓄力量。

世界正在日新月异，中国有什么改变吗？

很遗憾，没有。

非但没有，张居正的政治改革和戚继光的军事改革，还都被扼杀在了摇篮里。

这是一个倒退的帝国，这种情况下，即使工商业得到一定发展，资本主义萌芽也会被扼杀在摇篮之中。

不过要说当时中国的人全都没啥想法，那也不对，起码在思想界，也有一些士人意识到应该做出改变，比如一个叫李贽的人。

李贽的故事

李贽，福建泉州人，嘉靖三十一年（1552年）举人，不应会试。他曾当过教谕、国子监博士、北京礼部司务、南京刑部员外郎和郎中，最后当上了云南姚安知府。

一个举人能当上四品知府，已经算烧了高香。可等到第一届三年任期一满，李贽便执意辞官归隐，再也不肯出仕。

李贽这一生，活得很辛苦。

少年时，母亲去世，随父读书。他自幼倔强，善于独立思考。阅读四书五经对他而言是极痛苦的事。他总觉得，自己不能认同孔子说的话，对朱老夫子（朱熹）解读的儒家经典，他更加看不上眼。

为官时，他不愿同流合污，坚守内心孤傲。但养家的责任，又迫使他不得不收起棱角，摸黑前行，其孤独痛苦，难以言表。

李贽一直在思考一个问题：一个人到了什么时候，才能够为自己而活着？

辞官以后，他干脆一头躲到湖北黄安，寄居在朋友耿氏兄弟家里，一门心思考虑他的问题。

他已年过半百，经历过生活的贫穷，遭遇过丧子丧女的不幸，见识了官场的黑暗，目睹了皇上的不作为。

更关键的，他看了太多那些被战火、饥荒逼得“易子而食”的大明百姓。

李贽对这个社会，有了自己的理解。他的问题变成了：百姓们为谁活着？士大夫们为谁活着？

他喊出了自己的心声，什么“存天理，灭人欲”，穿衣吃饭即是人伦物理，有衣穿，有饭吃才是百姓的正常需求！

满嘴三纲五常、仁义道德，却不能让百姓过上好日子，不能让国家强大，那又有什么用呢？只有民富，才能国强！

可是万历皇帝是不管民富不富的，只要他自己富就可以了。

李贽很不满，公开宣称：天子和普通老百姓没什么区别。

不光如此，李贽还公然对孔夫子、朱老夫子开炮，说孔子只不过是一个普通人，没有必要如此神化；程朱理学的“存天理，灭人欲”是伪论，脱离物质生活，空谈伦理道德什么都不是！

李贽深受“阳明心学”泰州学派影响，但他的思想，远比祖师王守仁更加超前。这些言论如同一个个耳光扇在士大夫脸上，火辣辣地疼。于是上至王侯将相，下至乡间秀才，都开始对李贽进行口诛笔伐，他的书被视为“异端”，遭到禁毁。

其实李贽只是说出了当时底层百姓心底最真实的声音。

士大夫们的反对无效，越禁李贽就越受欢迎，著作屡焚屡刻。

随着在民间大受欢迎，李贽干脆开坛讲学，不分男女，一律都可入学，真正做到了有教无类。

他进一步提出男女平等的思想。说所谓的女人头发长见识短，是因为这个万恶的社会把女人关在家里，大门不出二门不迈，怎么让女人和经常出门闯荡的男人比见识?

他还反对固有的纲常，封建纲常把人伦顺序排列为君臣、父子、兄弟、夫妇、朋友。他认为夫妇才是第一等伦理，其他都在后面。

还有关于恋爱、婚姻问题，李贽的思想可谓惊天地泣鬼神。他提倡婚姻应当自由恋爱，丧偶妇女也可以再嫁，没有必要浪费青春枯守空房。

李贽绝不是随口说说，儿子去世后，他多次做儿媳的思想工作，劝其改嫁……这觉悟，今天许多人都做不到。

在那个年代，这样的思想太超前了，不能不被视为“异端邪说”。李贽因此不为官场和社会所容，也不被自己家族所容。面对群起围攻，李贽毫不退让，他旗帜鲜明地宣称他的著作是“离经叛道之作”，表示：“我可杀不可去，头可断而身不可辱。”

万历三十年（1602 年），对李贽的攻击达到最高峰，万历皇帝也实在受不了李贽了，于是下诏：李贽妖言惑众，立刻逮捕归案，所有写的书全部烧毁，不可留存!

等待李贽的是可怕的审判：此人必须严惩！否则天下哪还有读书人为国家尽忠（复安得节义忠孝之士为朝廷所用）!

李贽早有思想准备，除了他自己，没有人能审判他，皇上也不行。

时年 76 岁的李贽，以剃发为名，夺下剃头匠的剃刀自刎，但只割断气管，未能到动脉。

剃头匠问：和尚痛否？

他摇头表示不痛。

剃头匠：因何自杀？

李贽用手指蘸了自己的血写道：“七十老翁何所求？”

直到第二日，李贽才气绝身亡。

王阳明的“心学”，到底还有不少封建士大夫的历史局限性，李贽的思想在当时振聋发聩：提倡个性解放，鼓励商品经济和海洋贸易，反对个人崇拜，质疑权威。

李贽为底层百姓发声，将矛头指向了束缚人性的封建纲常伦理，不仅具有鲜明的反封建色彩以及战斗精神，也在一定程度上反映了资本主义萌芽时期的要求。

但是在那个倒退的帝国，怎能容得下李贽这般人，他不融于世，世也不能容他。

李贽的例子或许有点极端，但要看到，晚明提倡思想解放的人着实不少，他们著书宣传人人平等，反对权力集中，要重视百姓的物质需求。

此后四百年间，每位统治者都对李贽深恶痛绝，稍有风吹草动就颁布查禁李贽书籍的命令。乾隆皇帝在《四库全书》提要中特意写道：“李贽伤风败俗，不把孔子放在眼里，这样的人就是该杀，写的书也都该烧了。”

第十章 朱常洛：三十天皇帝

一个月皇帝

毋庸讳言，神宗留给儿孙的，是一个封疆残破、危机四伏的烂摊子。不过在万历四十七年（1619 年）那个悲伤的年份，朱翊钧还是留下了点东西。

这一年（1619 年）是会试之年，己未科共选出 345 名人才，其中第一甲赐进士及第共 3 名，第二甲赐进士出身共 67 名，第三甲赐同进士出身共 275 名。

第一甲有三人：庄际昌、孔贞运、陈子壮。

这三人里，庄际昌、孔贞运后来籍籍无名，陈子壮要到南明永历年间才有所发挥。

第二甲里除了马士英在清军入关后出名，也没出什么出色的人才。

真正著名的人物在第三甲，主要有两个：三甲第四十名袁崇焕，第四十一名孙传庭。

其余可称为人物的还有吴阿衡、邵捷春、樊一蘅等人。

这算是朱翊钧留下的最后财富，可惜，水浅者大鱼不游，后来的皇帝们缺少御下之能，这一科的取士成果，也就付诸东流。

1620年八月初一，皇太子朱常洛在文华殿即皇帝位，大赦天下。

1620年八月三十日，皇帝朱常洛驾崩于乾清宫，终年39岁。

做了十九年太子，当了三十天皇帝，用现在的话说，相当于充电十九年，开机三十天。

朱常洛实在有点对不起当年为他拼死拼活争国本的那帮大臣。他光荣地打破了明仁宗朱高炽在位九个月驾崩的纪录，牢牢占据大明王朝最短命皇帝宝座。

本来朱常洛宣布次年改元泰昌，这下好，他儿子朱由校即位，必须也在第二年改元。如此一来，朱常洛这个一月皇帝，就没有一个属于自己的年号了。

大家就争论了，后来没办法，将万历四十八年八月至十二月称为泰昌元年，次年为朱由校天启元年，这才有了泰昌皇帝的年号。

总结一下，朱常洛在位只来得及做了几件事：废除矿税，发内帑百万犒劳边防将士，补充长期缺额的官员。

这些都算是新帝登基的正常操作，除此以外，连母亲王氏都没来得及追封，他便撒手去了。

不过泰昌皇帝执政时间短，身上事儿倒不少，号称明末三大案的“梃击案”“红丸案”“移宫案”，每件都与他有关。

一件发生在他生前，一件发生在他病中，一件发生在他刚驾崩之后。

梃击案

“梃击案”发生在万历四十三年（1615年），五月初四这天，大内慈庆宫门外出现了一名陌生男子。此人手持木棍，行为癫狂，击伤守门宦官后径直闯入宫内，大呼小叫，见人就打，一直冲上前殿，才被闻讯赶到的太监韩本用带人制服。

慈庆宫不是寻常所在，那是太子朱常洛的寝宫，事发时朱常洛就在宫内，此疯汉有行刺太子的重大嫌疑。

可是大内禁地，一个外面的疯癫男子是怎么跑进来的？紫禁城内建筑上万，他又怎么能准确地找到太子？

万历皇帝很生气，严令三法司详加审讯，务必要问个水落石出。

事关重大，刑部哪敢怠慢，连打带吓几次套路下来，人犯就尿了裤子，一份供词从刑部送到了万历皇帝的书案上。

万历皇帝昏沉的眼光扫过供词，很快就愣住了。

据人犯供述，他名叫张差，蓟州人，从没来过北京。此次进宫，是先后有两个老太监承诺了他三十亩地的好处，带他入宫来的。经过厚载门到慈庆宫，然后塞给他一根枣木棍，嘱咐他说："你先冲进去，撞着一个，打杀一个，杀人也无妨。尤其见到穿黄袍者，这是奸人，打死他，重重有赏，如被人捉住，我们自会救你。"

这两个太监是谁，刑部员外郎陆梦龙也问了出来，名叫庞保、刘成。

案情至此已相当明确，只需抓捕庞保、刘成，严加审讯，不愁不水落石出。

万历皇帝却犹豫了。

庞保、刘成只是两个低级太监，身份很不一般，他们都是皇帝宠妃郑氏的亲信。

当年争国本事件，郑贵妃败下阵来，丝毫不影响万历皇帝对她的宠信。郑贵妃愿望落空，本来就怨怼不已，她和抢走她儿子储君之位的太子朱常洛有着十分直接的矛盾，而现在想要棒杀太子的幕后推手正是郑贵妃亲信，这说明什么？

万历皇帝不想再查了，再查下去，他心爱的郑贵妃成了买凶杀人的幕后黑手，怎么处理？

此案最后以太子与郑贵妃和解，张差处死结案。由于人证消失，庞保、刘成二犯有恃无恐，矢口否认涉案。六月初一，万历皇帝密令将庞保、刘成处死，全案遂无从查起。一场梃击案就此不了了之。

事情如此结案，多数人认为是万历皇帝和稀泥包庇郑贵妃，也有不少人有不同看法。

主要疑点有：

要行刺，也该找个练家子，至少也要头脑清醒，办事机警的人，把这种事交给一条浑汉，成功率接近于零。

再者说，找了张差，你好歹倒是给他把刀啥的吧，塞根棍子就冲进宫里，是不是太小看大内的保卫等级了？

郑贵妃熟知大内情况，不该犯这种低级错误啊。

还有庞保、刘成这两个太监出面，太直接，相当于郑贵妃直接在脑门贴了张纸条：我是幕后黑手。

这密谋的段位，太低级。

而太子朱常洛作为受害者，又为什么同意将此案不了了之？

表面证据都指向郑贵妃，但正因为一切都太理所当然，梃击案反而显得不那么正常。

另外一种说法，梃击案更像是朱常洛自导自演的一场苦肉计。

理由是，梃击案的最大受益者，还是太子朱常洛。

朱常洛在万历二十九年（1601年）终于被立为太子，但地位并不牢靠。万历三十一年（1603年）、万历四十一年（1613年），都传出皇上想要换太子的说法。

梃击案事发，朝野上下均把矛头指向郑贵妃，虽然在万历皇帝的力保下，郑贵妃没有被追责，但她从此势力大衰是不争的事实，万历皇帝也因此不敢重提国本之事，朱常洛的东宫之位就此稳固。

本着谁受益谁可疑的原则，不能说朱常洛没有动机策划这场闹剧。

至于到底是不是，不知道。万历皇帝很明显不想让案件扩大化，也就没人敢再追查，随着人证全部死亡，梃击案彻底成了一桩悬案。

红丸案

梃击案没闹出什么严重后果，第二件“红丸案”就比较大了，事关朱常洛的死亡原因。

泰昌元年（1620 年）八月二十日，内阁首辅方从哲接到太监传旨，说皇上大泻不止，龙体欠安，请方阁老前去说话。方阁老一听不妙，放下手头事情，火速奔到乾清宫。

朱常洛半躺在榻上，看见方从哲进来，他伸出有些颤抖的手，示意方首辅靠近一点。

方从哲趋步来到皇上榻前，泰昌皇帝有气无力地说道：“朕这几日，头晕目眩，身体虚弱，不能临朝，一切大事都烦先生操劳了。”

方从哲赶紧答道：“万岁天恩浩荡，臣必当竭尽全力报效国家！”

朱常洛又说：“朝中政事先生可代朕朱批，太子生性懦弱，也望先生扶持，后宫妻妾尚未来得及册封，先生可依旧例，拟定名分。”

方从哲一听大惊失色，皇上这是在交代后事了。

还没等他接话，朱常洛接下来才是语不惊人死不休：寿宫（皇帝陵寝）可曾齐备？

方从哲愣住了，心说你父亲的定陵地宫，前两天才刚开始复土，你的寿宫怎么可能准备好嘛！方阁老不敢回答，只得宽慰道：“陛下只是身体虚弱而已，哪里就到了天崩地裂的地步？”

朱常洛心里明白，也就点到为止，没有再说什么。

名分、寿宫，这都不是最重要的。最重要的是，朱常洛正式登基才二十来天，年方三十九，怎么说不行就不行了？

原因参见他爷爷隆庆皇帝朱载坖，还是那句话，色是刮骨钢刀。

从小到大，朱常洛都生活在巨大的压力之下，就连当太子时也是朝不保夕，时时需要收身敛性，保持毕恭毕敬的姿态。万历皇帝驾崩，没人能管朱常洛了，他被压抑了十九年的欲望来了个彻底大爆发。

按规矩说，先皇驾崩，新帝守孝期间，是不得亲近妃嫔的。朱常洛管不了这么多，他白天一下朝，就一头扎进后宫与女宠们交欢。第二天还要早朝，早朝完了又一头扎进后宫。如此十天下来，把自己搞得头昏眼花，萎靡不振，这就伤了元气。

得病了，老实请太医治呗。朱常洛是病急乱投医，嫌太医的方子见效太慢，擅自服用了司礼监秉笔太监崔文升的方子。这崔文升不谙医道，也不知道给鼓捣了什么药，朱常洛服下之后腹泻不止，一晚上拉稀三四十次，一度拉到昏迷不醒。

内廷急请御医，赶紧用药固住元气，大臣们着急了，围住为首的70多岁的御医，问皇上不到40岁，怎么会病成这个样子？

老太医摇摇头："皇上精损过重，我们这类药物本是慢工，岂能神仙一把抓？皇上埋怨服之无效，而滥用泻药，以致太医院调治之功毁于一旦。"

方从哲脱口而出："莫非不好办了？"

老太医摸摸胡子："回头我们开几剂补药，温润滋补，慢慢调埋，还是有望的。只怕他再信什么邪方术士，这可就难办了……"

回到当日乾清宫内，朱常洛感觉自己没多大活头了，方从哲不能顺着皇上说，他只能劝慰道："崔文升您不能再信了，您要是觉得太医的方子太慢，咱们再广招名医，总是有办法的。"

这句话倒好像给皇上提了个醒，朱常洛顿时想到，几天以前有位叫作李可灼的官员说过，他有灵丹妙药，可保药到病除。

想到这里，泰昌皇帝气喘吁吁地招呼方从哲："你赶紧把李可灼给我找来，叫他进仙丹。"

这位李可灼50岁出头，时任鸿胪寺丞，举止飘逸，确有点道骨仙风。据他讲，他的仙丹是年轻时在峨眉山采药时得遇一位仙长所赠，所用药料均采自神府仙境，能治百病。

对于李可灼这套理论，方从哲和大臣们都不相信。嘉靖皇帝迷信道教几十年，也没见炼出过什么仙丹，鬼知道李可灼哪来的药，如何敢给皇上服用？

故此他劝阻道："李可灼之言实不可信，皇上三思。"

朱常洛一听面露嗔色："是你说广招名医，太医无用，仙方又不可信，难道叫朕束手待毙？"

方从哲吓得连连磕头："待臣与六部九卿商议后，再来禀明皇上。"

朱常洛不耐烦地挥挥手："你赶紧把李可灼给我找来吧。"

方从哲退下，想来想去还是信不过，又找理由硬是拖了好几天。后宫不断来人，越催越急，方从哲拖不下去了，只好让李可灼进宫献药。

八月二十九日，朱常洛在乾清宫召见李可灼，命快快进药。诸臣再三叮嘱李可灼慎重用药，万万不可轻举。李可灼见大臣们面带疑虑，也不说话，先自服一丸，大臣们稍觉放心。

这时朱常洛更是气喘吁吁，一迭声地催促赶快喝药。李可灼便进"红丸"一丸，朱常洛坐起身来，气喘吁吁先喝了两口水，急匆匆把药吞了下去。

过了一会儿，朱常洛睁开双眼，呼吸顺畅了，气也不喘了，好像一下子健康了许多。他脸上露出笑容，连声称赞李可灼"忠臣，忠臣"。

大臣们心怀不安，站在宫门外静候消息。下午三点过后，一个太监满面笑容，连蹦带跳出来传令：皇上服了红丸仙药之后，微微出汗，全身上下"暖润舒畅，且思饮食"。

诸位大臣站了一天，又饿又累，听到皇上病情转好，如释重负，满脸忧愁一扫而光。这时已过了几个时辰，泰昌皇帝恐怕药力不支，命再进一丸。大臣们等了一会，看并无异状，便高兴地回家吃饭去了。他们心想：今天晚上可以踏踏实实睡个大好觉了。

没有想到，次日五更，天色未明，大内十万火急传令各位大臣入宫。当大家匆匆忙忙赶到宫门口时，朱常洛已于卯时殡天。

皇上突然驾崩，难免引发轩然大波。有人说他是服了"红丸"，被害身死；有人说他是久病难治，与"红丸"无关。双方各执一词，争论不休，成为轰动朝野的一个大案。

"红丸"，据说就是红铅，即以红铅为主，参茸为辅，再加上一些乱七八糟的成分（乃妇人经水，阴中之阳，纯火之精）。

类似的药丸，嘉靖皇帝以前经常服用，对身体肯定有毒副作用，但要说两粒就毙命，还不至于这么毒。

那为什么朱常洛初服一丸，病情见好；再服一丸，马上死去。他到底是死于“红丸”，还是另有原因？对此，大致有四种说法：

一是说他旧病未愈，又遇上丧事劳累，身体撑不住了；

二是他身体本就虚弱，再“兼误医药”，即寻医问药都有问题，导致病情恶化；

三是把原因全部归结在用药上——“全是用药差误所致”；

四是说他过于好色，被抽干了身体，“惑于女宠，促其大命”。

从朱常洛的生活习惯、心理因素等各方面来分析，以上四种都有理由，不过单独来看，哪一种都不能说一定是他的死因。

朱常洛当太子时长期压抑；即位前一连串丧事的打扰；即位后接过烂摊而产生的焦虑；崔文升、李可灼等人的药方或许不对症，这些都有可能加速他的死亡。

综合考虑，他本人的身体状况和即位后的纵欲无度，是导致他过早结束生命的一个主要原因。

此案名为“红丸案”，实际上包括李可灼的红丸和崔文升的通利药。因此，这个案件的定名本身就有点名实不符的问题。

朱常洛是在服用红丸以后死亡的，但决不能由此得出结论说，他就是被红丸害死的。这是一个最起码的常识问题。按照他当时的身体状况，即使不服红丸，也未必就能挺过来。红丸，实际上是起了掩盖他主要死因的作用，或者说，转移了人们对他真正死因的视线。

对于朱常洛的死，本来是没有什么好讨论的。它之所以会被认为是一个大案，引起如此激烈的争论，完全是人为制造出来的，是因为斗争的需要，事关当时以及后来朝廷的政治斗争。

“红丸案”还在发酵，另一起“移宫案”已在进行中。

移宫案

移宫案可以分为两个阶段："避宫"和"移宫"。

先说避宫。

大明帝国在一个多月里接连死了两位皇帝，朝廷上下都乱成一团，大臣们在争论朱常洛死因的同时，还得先忙件更重要的事。

国不可一日无君，没皇上可不行！

八月三十日，泰昌皇帝驾崩当日，一群大臣心急火燎地赶往乾清宫，准备入宫进行哀悼仪式。他们共有十三人，由内阁大学士、各部堂官、两位给事中和一位御史组成。等这个老的老、中的中的队伍气喘吁吁赶到宫门外，却发现门口的宦官们刀棍并举，凶相毕露，拦住他们不让进宫。

这可真是胆子不小，诸臣毫无心理准备，气得面色发紫，面面相觑，一时不知如何应付。

沉默只持续了片刻，兵科给事中杨涟冲了出来，厉声呵斥道："皇上召我等到此，今皇上崩逝，你等阻门不容入宫哀悼，居心何在？"

说完他便挥手挡开枪梃，宦官们自知理亏，不敢争辩，众朝臣一拥而入。

杨涟，湖广应山人，万历三十五年（1607 年）进士，授常熟知县，举全国廉吏第一，入朝任户科给事中、兵科给事中。

给事中这种言官，权力很大，品级却极低。没啥事，皇上一般不会召见他们。可是朱常洛生前最后一次召见大臣，就叫上了杨涟，不光叫上了，还"数以目顾涟"，意思好像是说，你好好努力，以后就看你了。

以小臣身份挤入顾命大臣之列，让杨涟深受感动，决心誓死报效皇上，辅佐幼主朱由校。从这时开始，杨涟表现得更加积极，凡事都敢于冲锋陷阵，从不计较个人安危。

杨涟一嗓子吓退把门宦官，大臣们进入乾清宫，见到了刚凉不久的泰昌皇帝。

接下去就是走流程了，大家呼啦啦跪倒开始号啕大哭，就在众人哭得撕心裂肺之际，杨涟发现有点不对劲，在场的似乎少了个人。

皇长子朱由校去哪儿了？

如果说是普通人家，临时有个事，缺席一会儿也就缺了，朱由校不同。他不在，下一道程序就没法进行，这孩子可是要继承皇位的啊！

这种场合，朱由校怎能缺席！

其他大臣也发现了这个棘手的情况，内阁学士刘一燝抬头问道："皇长子人呢？在哪里？"

鸦雀无声，没有人回答他。

刘一燝急了，提高音量喊道："快点请皇长子出来！"

依然无人回答。

就在刘学士还在尴尬的时候，一名太监快步走到他身边，低声说了两个字："暖阁。"

此人不是寻常太监，他是朱常洛东宫时的贴身太监王安，朱常洛即位后，已被提拔为司礼监秉笔太监。

听到暖阁两个字，再联系到堵门的宦官，刘一燝全明白了，这一定是西李在捣鬼！

朱常洛还是太子时，身边有两位选侍长期服侍，两人都姓李，为加以区分，后世分别称呼她们为东李选侍和西李选侍，简称东李、西李。

当时的太子东宫，妃嫔们的地位依次是太子妃郭氏、王才人（朱由校生母）、东李、西李。但在朱常洛所有女人里，最受宠的是西李。

郭氏病死后，王才人母凭子贵，成为东宫实际地位最高的女人。西李恃宠而骄，根本不把王才人放在眼里，经常欺负她。万历四十七年（1619 年），王才人为此忧愤成疾，郁郁而死，临终之前，她拉着朱由校的手说："我与西李有仇，负恨难伸！"

朱常洛鬼使神差，转手又把王才人之子朱由校交给了西李照顾。

暖阁，正是西李居住的地方。

在皇上殡天，国家急需皇长子即位来稳定局面之时，李选侍不让朱由校来面见大臣，她想干什么？

刘一燝大声喊起来：谁敢藏匿新天子？

等喊完了，刘学士发现，他们其实没什么好办法。后宫向来不许男人进入，这些大老爷们儿，总不见得冲到西李那儿去抢人吧？

眼看大臣犯难，王安又说："诸公在这稍等一会儿，千万别离开（公等慎勿退）。"

王安这个太监很忠心，也很正直。当初朱常洛朝不保夕，王安始终周旋保护；朱常洛即位，王安经常劝皇上多干正事。朝廷大臣都异口同声称赞他品德好，大学士刘一燝、给事中杨涟、御史左光斗等人都很尊重他。

一听王安说等一会儿，大家心想莫非有戏？那就等等再看。真没想到，王安转头离开没有多久，就把全手全脚的朱由校带了出来。

诸臣一见到皇长子，立即磕头，高呼万岁。朱由校有点害怕，连声说："不敢当！不敢当！"

王安是如何跟李选侍交锋的，史书没有明确记载，只说他是先礼后兵，用计哄骗西李，乘其不备，一口气把朱由校拉出来的。

李选侍为什么藏匿朱由校呢？

原因还是在朱常洛，当皇帝的时间太短了，短到连母亲都没来得及追封，别说他那一帮妃嫔了。按李选侍的受宠程度，待遇起码皇贵妃起步，假以时日，弄个皇后当当，也不是不可能。

在泰昌皇帝病危之际，李选侍也曾想设法坐上皇后宝座，但愿望还没来得及实现，泰昌皇帝就驾崩了。朱常洛这一驾崩，李选侍就慌了，她还只是个选侍啊，怎么可能甘心。可哪有皇帝死了，还册封皇后的道理？李选侍想来想去，只有打朱由校这张牌了，她想拿皇长子当筹码，以此和大臣们讨价还价，换来个皇后的待遇。

等王安忽悠走朱由校，李选侍也清醒了，我人质去哪了？她急忙派李进忠等太监猛追出来，要朱由校回宫。杨涟、王安等怎肯放人，他们奋力推开众太监，一干中老年官员连推带扶，拥着朱由校大步就往外跑。

李进忠带人箭步追了上来，紧紧拉着朱由校的衣服不肯放手，口中号叫着：你们拉少主去哪，他还小啊，怕生！

杨涟闻言大怒，大声斥骂道："殿下群臣之主，四海九州莫非臣子，复畏何人？"

李进忠到底心虚，气势为之一夺，手上也没那么有劲了。杨涟赶紧与诸臣一起把朱由校抱入轿内，一行人脚底生风，迅速绕过内左门，经崇楼、文楼、文华殿，把朱由校暂时安置在了慈庆宫。

慈庆宫是太后待的地方，乾清宫才是皇上的居所。李选侍不肯就此认输，还赖在乾清宫不肯走，理由是要照顾皇上，朱由校已经16岁了，根本不需要她照顾。大臣们强烈要求李选侍移居哕鸾宫，哕鸾宫在仁寿宫门内，为明代宫妃养老之地。

让朱由校尽快回到乾清宫，以定至尊，正名位，是为"移宫"。冲锋在前的还是杨涟和左光斗等人，杨涟联络诸大臣，请太子下诏驱李选侍移宫。左光斗再上奏疏，痛斥西李"借抚养之名，行专制之实，武后之祸将见于今"。

这封奏疏言辞相当激烈，把李选侍比作武则天一样的人物。西李固然人品不好，但她本意是为了自己的待遇，而不是垂帘听政。看了左光斗的奏疏，李选侍气不打一处来，多次派人召左光斗前去认罪。左光斗，字遗直，号浮丘，南直隶桐城县人，万历三十五年（1607年）进士。这年他刚刚46岁，年富又气盛，身居御史之职，左光斗根本不理李选侍，他理直气壮地说："我是天子的法官，非天子召我，决不去！西李是什么人，敢来召我！"

李选侍到底是个野心有余、能力不足的女人，王安连哄带吓就轻松搞定，她又怎能是那帮见过大风浪的大臣对手。僵持了几天，西李终于无可奈何，不得不怒气冲冲地离开乾清宫，移居哕鸾宫，自此退出历史舞台。不过她的生命力倒是很顽强，一直活到了清朝康熙年间。

司礼监秉笔太监

移宫尘埃落定，李选侍谢幕，但在这次事件中，有个叫李进忠的太监走进了人们视线。

移宫案中，李进忠站队西李，和大臣们正面争夺朱由校，结果他押错了宝，落了个一败涂地。

李进忠，本姓魏，北直隶肃宁（今沧州肃宁县）人，家贫混迹于街头，混着混着染上了赌博恶习，最后把裤衩都输光了，连女儿都给卖了。李进忠在家乡实在混不下去，后来跑来京城也混不下去，他干脆一狠心一咬牙把自己给阉了，混入宫中当了一名火者（最低级的宦官）。

长期在社会厮混的李进忠很会察言观色，他先是巴结上了甲字库（内府仓库）的太监孙暹，又走孙暹的路子，巴结到了地位更高的太监魏朝。有了魏朝这个大靠山，李进忠先做库管，再管御膳房，在宫内逐渐混得风生水起。

这段时间，李进忠的工作态度是认真负责的，他对自己要求很严格，对别人很大方（很啬于己而丰于人）。无论对方地位高低，他都热情服务，在后宫赢得了不错的口碑（众系颂之）。

李进忠负责膳食的那段日子里，主要服务对象中，就包括了李选侍。

朱常洛即位，李选侍地位大增，李进忠不失时机加倍讨好，又为她在移宫事件中鞍前马后忙个不停。

可惜这次，李进忠又赌输了。还好老上司魏朝向他伸出援手，替他向王安求情。王安对李进忠没什么坏印象，以为他只是一时糊涂，也就没有再对他追责。李进忠化险为夷后也表现得很乖巧，很快赢得了王安的信任，王安有时也会在皇上面前表扬李进忠一下，说他办事干练，为人可靠等。

假以时日，李进忠继续晋升，爬到二十四监首领的位置不是没有可能。

但是这样时间太长了，李进忠已经 50 岁出头，按照正常晋升顺序，还没轮到他，很可能他就老死了。

李进忠决定再赌一次，这次他把目光放在了另一个女人身上。

按照明朝规矩，皇家有了新生儿，生母不承担哺乳义务，孩子由从民间招来的女子哺育，通俗点说，这些女子就是皇家奶妈。

朱由校自然不能例外，他的奶妈叫客氏，河北定兴人，据说面容姣好，身材丰满，刚生完孩子，奶水很足。

客氏被选入宫中，光荣地成为朱由校的奶妈，这一奶不要紧，一直奶到朱由校即位，客氏还是他身边的红人。

按古代标准，朱由校算是成人了，很快就要大婚，这事无疑有点不正常。宫中早传出风言风语，说皇上和客氏关系暧昧，大臣们更觉得有失体统。几次有人上疏，说皇上已经成年，再把奶妈留在身边不合时宜，但是天启皇帝置之不理。

朱由校和客氏关系到底如何，不得而知。不过有一点可以确定，客氏在宫里确实干了有失体统的事。

客氏本就是不甘寂寞的人，她早就和太监魏朝结为“对食”。

所谓“对食”，在明代中后期的皇宫中是个比较普遍的现象，是指深宫中寂寞的太监和宫女结为挂名夫妻，一则生活有个照应，二则在别人面前也有点面子。问题是，太监和宫女“对食”不奇怪，客氏可是皇上的奶妈啊，找个太监“对食”，这让皇家的面子往哪搁。

直到天启元年（1621年），朱由校大婚，立张氏为皇后。群臣再次提起客氏这茬，御史毕佐周、刘兰上疏，说既然皇上已大婚，客氏就不能再留了，请皇上为声誉着想，让客氏马上离开皇宫。

这次天启皇帝答应了，风风光光地送客氏出宫。可群臣刚轻松没几天，宫内传来消息，皇上又把客氏召回去了。

原来天启皇帝十几年来习惯了有这么个人在身边，一天看不到客氏，整个人就像丢了魂一样，整天食不甘味，睡不安寝。这次召回客氏，天启皇帝说什么也不肯让她走了，还封客氏一个“奉圣夫人”的名号，赐给她四爪龙钮金印。

意思很明显，客氏不是奶妈了，是有封号的夫人，你们别想再赶她走。

李进忠旁观着这一切，他看到了客氏身上的巨大能量。

抱紧客氏这条大腿，比魏朝、王安都要稳固得多，强大得多，巴结上客氏，至少少奋斗十年！

可是客氏也不是那么好巴结的，她不缺人，不缺钱，也不缺权，简直是什么都不缺。

除了一样东西，她缺爱。

这方面，李进忠有优势。与魏朝早年入宫不一样，李进忠入宫之前已娶妻生女，他又长期浮沉于市井，颇通风月。与一众自小净身的宦官比起来，李进忠简直是个风月老手。

尽管魏朝对李进忠有恩，但在利益面前，这些算不了什么，李进忠决定横刀夺爱，把客氏从魏朝那里抢到自己手中。

这事魏朝确实不是对手，在李进忠的热烈追求之下，客氏很快就沦陷了，她一脚踢开魏朝，专心与李进忠厮混到一起。魏朝当然很生气，于是请求皇上为自己做主。听说手下太监争风吃醋，天启皇帝觉得很有趣，他也不便直接下决定，便问客氏自己属意于谁。

此时客氏早已不屑于魏朝，根本懒得再看他一眼。天启皇帝见状哈哈大笑，随后亲自为李进忠和客氏主持婚礼，宣布他们是合法“夫妻”。

顺便，他还命李进忠改回本姓，并赐名为“忠贤”。从此，李进忠成为魏忠贤。

魏忠贤，人不如其名，既不“忠”也不“贤”。抱上客氏大腿，魏忠贤地位迅速上升，他先后挤走魏朝，进谗言罢黜王安，自己升为司礼监秉笔太监。

虽说司礼监在秉笔太监之上，还有掌印太监这座大神，但魏忠贤有客氏加持，掌印太监王体乾空有上司之名，只得依附魏忠贤。因此在魏忠贤得势期间，司礼监的真正老大就是秉笔太监。

客氏和魏忠贤分工明确，一个主内，一个主外，相互协助，很快将令内外侧目。

第十一章 明朝最奇葩的皇帝

木匠皇帝

万历四十八年（1620 年）九月初六，朱由校在乾清宫即皇帝位，定次年改元天启。

朱由校 16 岁即位，比明武宗朱厚照大一点点，两人面对的问题也有些类似。

还记得朱厚照的三大问题吗？

太监和大臣们彼此严重看不顺眼。

内外都不太平。

政府没钱。

问题还是老问题，一个都没解决，天启皇帝是如何面对的？

先告诉大家一个不幸的消息，朱由校是明代所有皇帝中文化程度最低的一个。

说起来这还得怪他爷爷，万历皇帝大概是实在不喜欢朱常洛这个都人之子，连带着对长孙也非常冷淡。从朱由校出生到万历皇帝驾崩为止，长达16年的时间里，不论廷臣怎样奏请，万历皇帝都不同意让朱由校出阁读书，也不同意册立朱由校为皇长孙。

于是人们从朱由校身上看到一个奇特的现象：明朝十六个皇帝，只有朱由校一人在正式登基之前，是个既没有名位，又没有文化的皇子。

不能说朱由校是文盲，要说他在登基前没受过良好教育，文化水平不高，肯定是真的。

可他毕竟16岁了，既然这么些年都不能读书，那他整天在干点啥？

还是和朱厚照一样，一个字：玩。

虽然都是玩，区别还是很大的。

正德皇帝是朱祐樘夫妇独生子，皇家的宠儿，玩的都是骑马射箭、遛鹰斗犬等高端项目；朱由校就比较惨了，只能挑些廉价项目，比如掏鸟窝、逮蟋蟀、捉迷藏、养猫斗鸡等。但凡是能玩的东西，没有一样是他不喜欢的，是当时宫中有名的顽童。

而他另一大爱好，普通人玩不来——搞装修。

装修是门庞杂的学问，一般能精通其中一项就不错了。朱由校就有点厉害，他从小自学成才，不但是个泥瓦工，还是木工、雕刻工、油漆工，手艺都还很不错。

这么多门手艺里，朱由校最喜欢的还是木工。他在木器加工乃至工程制作方面，有着常人难以达到的天赋。无论镂空雕花，还是打磨上漆，朱师傅的木匠活都能干得美轮美奂，让观者惊叹。

比如据记载，他曾设计制作了一款床。明代木匠所造的床通常极其笨重，用料多，样式也极普通。朱由校就自己开动脑筋，改进制作工艺，亲自设计图样，动手制作。成品轻便、灵巧，可以很方便地拆卸折叠，样式也是极为精巧，远甚于民间大师傅的手艺。

说朱由校热爱木工，一旦工作热情激发出来，他可以不眠不休，抡起斧子、刨子，汗流浃背地干活，还常常把身边宦官们拉过来当助手，挑灯夜战，直到一件器物完工。有时候，朱由校会让人把他制作的器物拿到市场上去卖，一上市就被抢购一空，这让他很满足，很有成就感。

朱由校在童年得不到重视，又不能出阁读书，他就这么一直玩到了 16 岁。

再告诉大家另一个不幸的消息，16 岁以后的朱由校玩性不减。

随着年龄渐长，又当上皇帝，掏鸟窝、捉蟋蟀是不能干了。朱由校也有了些新的爱好，以前玩不了的骑马射箭、划船看戏都有了条件。不过他最喜欢的，还是当木匠。

朱由校非常痴迷木工活，他就整天待在后宫里捣鼓那些木头。记载中，他的木工作品有很多，比如他曾按比例制作出一座乾清宫的模型，梁柱、琉璃瓦、门窗都很特别，可以自由组装拆卸，就是专业设计师看完都自叹不如。

据说他还做过几个木头珠子放在喷泉水柱上，可以一直旋转而不落下。

有时候，天启皇帝就像一个爱恶作剧的孩子，花很长时间好不容易完成的模型，自行欣赏一番后就拆卸毁掉，然后重新开始做，如此反反复复，乐此不疲。

因此后人也称他为“木匠皇帝”。

木匠皇帝朱由校是如何治国理政的呢?

先来看第二个问题：内外都不太平。

奢安之乱

正德一朝暂时掩盖下去的流民问题，到万历年间已再次浮出水面。万历四十三年（1615 年）左右，陕西一带的农民造反事件开始在奏报中出现，官方文件中称其为“流寇”，他们的作战性质与当初的暨南群盗类似，不占城池，流动不定，抢一把就走。他们从陕西流动到山西、四川，活动范围已经相当大，但人数还不是太多，也就没有很大的声势。

这一时期的农民军只是次要问题，大明内部的主要问题在西南。

天启元年（1621 年）九月十七日，四川永宁（今叙永）宣抚司奢崇明起兵，杀死四川巡抚徐可求等军政官员二十余人，占据重庆，攻合江、破泸州、陷遵义，建国号“大梁”，设丞相、五府等官。

奢氏土司与贵州水西安氏土司长久以来有着姻亲关系，奢崇明在四川发动叛乱后，水西宣慰司安位叔父安邦彦很快就在贵州起兵响应。在他们的煽动下，“四十八支及他部目把安邦俊、陈其愚等，蜂起相应”，贵州、云南、四川乃至播州残余的土司势力纷纷响应，史称“奢安之乱”。

这次叛乱规模和时间远大于播州杨应龙，它不仅是奢氏和安氏两家土司的叛乱，而能够看作是西南众多土司的集体叛乱。

以往土司叛乱，最常用也是最管用的办法是调其他土司兵前往征讨。这次麻烦了，水西安氏家族兵力最强，地域最大，以往西南平叛，朝廷无不依靠水西。如早于奢安之乱二十多年的播州杨应龙之乱，那时要没有安氏帮助朝廷，贵阳早已陷落。

其他土司叛乱，可以调安氏土司兵征讨，安氏叛乱，哪家土司有安氏强大?

事实上，终天启一朝也未能平定奢安之乱。这场战争从天启元年（1621 年）一直持续至崇祯十年（1637 年），前后长达十七年，波及川、黔、云、桂四省，大规模交战持续九年，死伤百余万。

战乱中，四川巡抚徐可求、贵州巡抚王三善死难，被称作西南大将之冠的总理鲁钦兵败自刎，贵州总兵阵亡于贵阳城下，最后才被四川巡抚朱燮元、石柱总兵秦良玉、四川总兵杜文焕等平定。

坦白讲，西南土司再怎么折腾，也动摇不了大明的统治，它主要是给财政挖了个巨大的坑。长达十几年的用兵，战争耗费极其惊人，据事后统计如下：

“除去战争间隙，十年间应耗兵五百六十万人次，运夫四百五十万人次，日用银一万二千两，日用米七千二百石；集中大将、偏稗将、抚按司道印官上千员。”

按此计算，仅日用银两就花费三千九百余万两，够打三次“三大征”还有富余，给朝廷带来巨大的财政负担。

以上是内忧，天启朝舞台上真正的主角还是外患，即后金。

萨尔浒大败明军，努尔哈赤并没有得意忘形。这个人对明朝的实力有着清醒的认识，大明依然是个庞大的巨兽，不是他这点人啃得动的。

但是没有实力吞下大明，不代表不能从它身上咬下一块肉来，打完几天后，努尔哈赤就召集部下训话：

前几天打了个大胜仗，那是天意（前日之捷，天也），你们不要以为我们一直能打胜仗！下一步，我一定要夺取辽东，否则我们都会死！夺取辽东，我们才能生存下去，但是这场战争是非常危险的，你们都要做好战死在辽东城下的心理准备（你当以尽死于辽东城下为心云）。

萨尔浒之战结束三个月后，努尔哈赤亲率四万人马闪击开原，守军准备不足，防备松懈，总兵马林、副将于化龙、参将高贞战死，开原、铁岭相继失守。

攻下开原后，努尔哈赤又对部下说了这么一番话："我们都不要返回赫图阿拉了，就在界藩筑城造屋住下吧。骑兵都不要过浑河，可在边境放牧马匹。"

有人提出异议，说不如回到赫图阿拉，那里毕竟大家熟悉。

努尔哈赤摇摇头说："这不是你们懂得的。我想住在界藩，在这个地方放牧，让马早日肥壮起来，接下来还要打大仗。"

自 1583 年起兵，至此已征战 36 个春秋，打仗对努尔哈赤而言已是家常便饭，从他口中说出要"打大仗"，事情不那么简单。

众人这才反应过来，几个月前大汗说的那几句话是真的。

这个打大仗，就是指他的辽沈战役。

这时万历皇帝还活着，面对努尔哈赤的咄咄逼人，他派出了熊廷弼经略辽东。

辽东经略

熊廷弼尚武，早年走武举路线，在湖广武乡试中摘得第一。成为武解元后，熊廷弼却不愿再考了，原因是觉得武人地位低下，无法施展他的报国志向。他遂弃武从文，于万历二十五年（1597 年）考中湖广乡试第一，是为文解元。

熊廷弼就此成为大明史上唯一一位身兼文武两科解元的人，真正的文武通吃。

万历二十六年（1598 年），熊廷弼参加会试，高中进士，在地方锻炼十余年，万历三十六年（1608 年）挂右副都御史职务巡按辽东。

熊廷弼到任后一度干出了一些成绩，主要是安抚辽人，重整纲纪。他在辽东见识到了后金军的弓强马劲，目睹辽东地广人稀，军队不堪战守，便提出了自己的看法："实内固外"和"以夷制夷"。

熊廷弼说："后金强在野战，攻坚能力很欠缺，我们只需以守为攻，在边疆修筑城堡，建成一个以点连线，以线构面的防御体系，就能有效防止后金的扩张。"

想法不错，熊廷弼也知道皇上不会出钱。他说不要您掏一分钱，只要给我权力，我自筹资金。不要掏钱，万历皇帝当然高兴，批了。于是熊廷弼通过清查马政，兴办屯田，追缴贪污款等方法，硬是筹钱修了边墙六百八十五里，重新修筑城堡七座，添设墩台一百余座。

在万历四十年（1612 年）能提出这样的战略并做出成绩，熊廷弼无疑是有眼光，有能力的。因为后来的萨尔浒之战证明了，晚明的朝廷官军已不具备犁庭扫穴的能力，一味强调进攻，失败可能性极大。

在萨尔浒战前，万历皇帝曾悬赏一万两白银通缉努尔哈赤一家，努尔哈赤回应的悬赏不是辽东经略杨镐，也不是巡抚李维翰，却是卸任的辽东巡按熊廷弼，说明熊廷弼这招切中要害。

回到当时，熊廷弼的保守疗法与主战派产生冲突，他遂被攻击罢职，督学于南直隶。

等到萨尔浒战后，熊廷弼经略辽东，再次提出他的主张，说后金兵不好惹，我们还是应该先防住，再图反击。

万历这个皇帝贪财懒惰，唯有军事上有点眼光。他很信任熊廷弼，不但支持他的方案，还赐给他尚方宝剑，"重其事权"，下诏要各部门配合执行，力挺熊廷弼。

熊廷弼赴任，刚出山海关，铁岭已失守，沈阳、辽阳人心惶惶，大批军民逃散。

这样怎么行？熊廷弼说：“有人才有地，我们得先把逃走的人叫回来，才能有战守之备。”

道理是这个道理，没人敢去。

熊廷弼先派佥事韩原善，韩原善吓得两腿直打摆子：叫我去，不如直接杀了我吧！

再派佥事阎鸣泰，阎佥事倒是出去了，没几刻钟就回来了，哭着汇报说，前方一片死寂，渺无人烟，还去什么去？

熊廷弼火了，你们都不去，难道叫本大人亲自去？

说完，他带上八百人，真的亲自去了。

辽东经略，节制辽东军政大权，地方上最大的官员。沿途逃亡的百姓和士兵看到经略大人亲自来劝说他们回去，胆气大增，纷纷跟随着队伍，人员逐渐汇集起来。

熊廷弼干脆下令，吹号击鼓，一路招摇而行，就是要让更多百姓看到。

熊大人来了，这下有希望了，一传十十传百，逃亡的军民纷纷回到了城市。

熊廷弼先到沈阳，再到抚顺。在抚顺，他祭出尚方宝剑，斩杀了刘遇节、王捷、王文鼎等几名逃将和一些地方上的贪官污吏，一下子稳定了军心民心。

有手下激动起来，认为是不是该出兵进攻了？熊廷弼还是干他的老一套，修筑边墙、城堡。他还叮嘱说：“敌人来了，你们万不可随便出战，据敌守城即可。”

熊廷弼的策略不变，以守为主，反对浪战，联合朝鲜牵制后金，以步步为营的方式渐渐进逼，徐徐收复失地。

这一手确实厉害，努尔哈赤的军队仍旧是一支以冷兵器为主的部队，火铳主要靠缴获，大炮几乎没有，更缺少大型攻城器械，强硬攻城结果只能是失败。

努尔哈赤攻下开、铁后没有进一步进攻行动，不能说是怕了熊廷弼，也与熊廷弼的战术有很大关系。

此时已到泰昌元年（1620年），就在努尔哈赤还在思考下一步行动的时候，因为朱由校的登基，事情出现了变化。

熊廷弼身高七尺，史载其有胆量，晓军事，擅长左右开弓放箭，这些都让敌人望而生畏。但熊廷弼还有一项让自己人生畏的技能，此人禀性刚直，更兼脾气火暴，但凡有让他不爽的，一言不合就开骂。熊廷弼骂人水平相当之高，上溯十八代祖先，下及家中养的一条狗，都能做到骂无遗漏，且骂得极其难听，直喷得别人奄奄一息为止，可谓相当之彪悍。

有鉴于此，江湖人送绰号"熊蛮子"。

这样的脾气，显然熊蛮子的上下级关系是不会处得太好的，简直可以说是人缘很差，廷论向来不太推许他。

看到熊廷弼干出点成绩，他在朝野的政敌坐不住了。泰昌元年（1620年）八月，户科给事中姚宗文上疏，说辽东地域日益缩小，熊廷弼刚愎自用，听不进别人的意见，说他是"人心不亲附，刑威有时穷，工作无时止"。

没等熊廷弼接招，御史顾慥再上一疏，指责熊廷弼出关数年未收复尺寸之地，做事没计划，整天拿尚方宝剑逞威风。

御史刘国缙的弹劾更是惊人，他指出熊廷弼有"无谋者八，欺君者三"，不罢免熊廷弼，辽东必定不保！

…………

说来可悲，攻击熊廷弼最凶的姚宗文、刘国缙都曾是他最好的朋友。熊廷弼升官后，这两人都想靠熊廷弼在辽东捞好处，被熊蛮子骂了个狗血淋头，他还参了刘国缙一本，上奏此人募兵骗饷的不法之事。

看到老友干出了成绩，姚宗文、刘国缙觉都睡不着，整天想的就是怎么搞臭熊廷弼。

刘国缙上疏是九月十三日，朱由校刚刚即位七天多。他连奏疏上的字都认不全，更对军事完全没有概念。接到刘国缙奏疏，天启皇帝叫人读了一遍，想了半天，说了句莫名其妙的话：熊廷弼对辽东战局有功，他的罪过在于“负君”。

至于怎么个负，天启皇帝哼哼唧唧半天也没说出个所以然，只是下诏职责，说“战守机宜，原不中制，毋得推诿误事”。

熊廷弼无端被诬，上疏申辩，皇上又不听。大名鼎鼎的熊蛮子哪里受过这种气，索性敞开了回击，说：“你们这帮人什么都不懂（今朝堂议论纷纷，全不知兵），只知道呱呱乱叫。要干就让我好好干，不让我干，我就回家种田（疆场之事，自当听由疆臣处理，何用拾贴括语，徒乱人意）！”

如此一来二去，蛮子兄只能卷铺盖走人。

天启皇帝是什么态度呢？

天启皇帝不是不知道熊廷弼力保危城，从他表露出熊廷弼仍可重用的意思来看（仍议起用），这次事件多少有点斗气的成分在里面。

天启皇帝的想法应该是这样的，我的皇位还没坐稳，不过是下道诏书申斥你一下，立个威而已，你表个态，认个错，这事就这么过去了。可你不但不配合，还给我甩脸色看？我的威严何在，以后说话还管用吗？

一朝天子一朝臣，朱由校一个毫无根基的新皇帝，不能不有所表示。而熊廷弼的火暴脾气，搞得政敌多朋友少，不少人正乐得落井下石。

泰昌元年（1620 年）十月，熊廷弼被罢官，右佥都御史袁应泰代理经略辽东。

第十二章 后金立国根本之战

沈阳之战

袁应泰，字大来，凤翔（今宝鸡市）人，万历二十三年（1595年）进士，为官清正，数有政绩。熊廷弼经略辽东时，袁应泰以按察使身份到永平治水，为熊廷弼在后勤上提供了大力支持。熊廷弼为人高傲，轻易不与人结交，唯独对袁应泰赞赏有加，人前人后经常说："辽事不能忘了袁应泰的功劳。"

身为熊廷弼的好搭档，袁应泰不是没有能力的官员。但是有熊廷弼前车之鉴在先，袁应泰不敢再提防守反击，上任伊始，他就上陈军事计划，打算用兵十八万，大将十人，做收复失地的准备。

为补充兵员，袁应泰下令广招流散各处的边民，充实城市，为大战作好准备。恰逢当时蒙古各部遭受饥荒，许多衣衫褴褛的蒙古饥民一路要饭来到辽东，袁应泰心怀仁义，下令大开城门，将这些蒙古降人安置到沈阳、辽阳两座大城，与当地百姓杂居生活。

很快部下不干了，找到袁应泰说：“您招抚这么多来历不明的陌生人，万一打仗时他们充当内奸，后果不堪设想！”

袁应泰不同意，他说：“我们应该本着仁义的原则，对各族百姓一视同仁。不收留他们，这些人眼看就要饿死，叫我于心何忍呢！”

此事遂无下文。

熊廷弼去职，对努尔哈赤是利好消息。天启元年（1621 年）二月起，后金军开始反复骚扰沈阳城外奉集堡、虎皮驿等重要堡垒，吹响了努尔哈赤发起辽沈战役的前奏。

三月十二日，努尔哈赤率领诸贝勒和大军，从萨尔浒沿浑河而下抵达沈阳，在城东的浑河北岸扎下营寨。

明朝沈阳守将是辽东总兵官贺世贤，他在城外挖设了大大小小的陷阱、城壕、拦马墙，排列着楯车和大小火炮，防御严密，即使连战连胜的后金军也不敢贸然进攻。

努尔哈赤用兵从来就不是一味蛮干，作为军事统帅他相当有头脑。萨尔浒之战中，他的战术是集中兵力大范围迂回；攻占开原、铁岭，后金军打的是一场漂亮的闪电战；这次明军早有准备，前两招都行不通了，但他还有另外的战术。

沈阳城防毫无弱点，这座城池的弱点是一个人，主将贺世贤。

贺世贤，榆林卫（今陕西榆林市）人，参加过萨尔浒之战。在明军诸将都畏敌如虎的辽东，贺世贤是少有的始终敢与八旗兵硬碰硬的将领。在他职业生涯里，曾屡次主动出战，颇有斩获。就在泰昌元年（1620 年），贺世贤还曾在灰山堡和抚安堡获得过两次小规模胜利。

杜松、刘綎、马林先后阵殁，李如柏被弹去职，贺世贤充任辽东总兵官，已是辽东宿将。

贺世贤之前就对熊廷弼慎重出战的命令不以为然，他的战术理念是“尽敌而反”，杀光敌人再回家，实在是个张飞式的猛将。

可惜贺世贤毕竟不是张飞，张飞粗中有细，贺世贤只有粗，没有细。

努尔哈赤兵临沈阳，并不急于攻城，只是派出少量人马来到战壕前侦察。副总兵尤世功带家丁出城，取得小胜。第二天后金兵又来了，还隔着战壕嚷嚷着要报仇，副将昨天立功，贺世贤看得眼热，大喊“随我来”，带着千余家丁就杀出城门。

敌人果然不经打，贺世贤只是一个冲锋，就斩首四级，杀得那百十来个个敌人落荒而逃。但是远远地，他们又勒马而回，不住地开口叫骂。

贺世贤大怒，吩咐手下，取酒来！抄起一袋烈酒，一仰脖子咕嘟咕嘟就一饮而尽（取酒引满）。

喝完，贺总兵胆气炸裂，把酒袋一丢，带着家丁追杀而去。

等追出几里地，醉醺醺的贺世贤总算反应过来，我这千把精锐是城内的主心骨，非得跟这几十号人过不去干吗？

晚了，后金伏兵四起，精骑四合，就把贺世贤和他部下包围在中间。

要说贺世贤确实是个猛将，在极端不利的情况下，他指挥家丁且退且走，一路又杀回了西门。城里只要出兵接应一下，贺世贤就能有惊无险平安回城。

然而此时形势已然无可挽回。

趁着城内主将出战的机会，努尔哈赤派兵佯攻西门，尤世功领兵拒战。此前招纳在沈阳城中的两三千蒙古降人降而复叛，控制东门，放下了吊桥，后金军蜂拥而入。

尤世功陷入苦战，城内明军自顾不暇，不会有人出来接应了。

贺世贤看到城内混乱，这才知道中计。此时他已身中四箭，手下劝他退回辽阳，贺世贤拒绝，垂泪长叹道：“吾为大将，不能存城，何面目见袁经略乎！”

随后他挥铁鞭冲入敌阵，击杀数人后中箭坠马而死。

城内，尤世功带兵巷战，寡不敌众，力战阵亡。

坚城沈阳城一天就被攻破，明军伤亡、被俘、投降的人数达到7万余人，损失远超萨尔浒。沈阳城驻屯了辽东明军近半兵力，这支主力被如此葬送，给之后的辽阳之战带来巨大影响。

拿下沈阳，战斗还没有结束。

血战浑河

沈阳受到威胁时，辽东明军并未坐视不理。一支奉命援辽的川浙军团正驻扎在辽阳城外，被作为辽东一支机动力量。这支部队以步兵为主，由援辽总兵官陈策、副总兵童仲揆统率，包括7800余名土司兵和3000多名浙兵。

得到后金进攻沈阳的消息，经略袁应泰命令川浙军团立即起程赴援，想要和城内明军来个前后夹击。谁能想到沈阳会这么快失守，等他们推进到浑河边，已传来贺世贤、尤世功战死的消息。

陈策下令还师，川军参将周敦吉等官兵一再请战，他们激动地说："我辈不能救沈，在此三年何为！"

眼看众将激愤，陈策考虑了一会儿，下令，将部队分为两大营，周敦吉、秦民屏率川军渡过浑河，在北岸结阵迎敌；在浑河南岸，由戚金率领浙兵布阵。

这个决定比较冒险，却并不算失当。川浙军如果撤退，万一后金骑兵追杀而来，来不及列阵的步兵是无法抵挡的。陈策和童仲揆都是沙场老将，非常明白这个道理，而且他们敢以不足万人的兵力对抗数万八旗劲旅，所倚仗的还有另一个后手——袁应泰已派出李秉诚、朱万良、姜弼三总兵自奉集堡、武靖营等处率三万余明军援沈。

只要撑到两军合兵，就有希望击败后金。

在浑河北岸，后金军吃惊地看到一支装束奇特的明军渡过浑河，开始立下营栅。

贝勒和诸将们都笑了起来，这帮明军怕不是来送死的。

眼看浑河两岸立营未定，努尔哈赤命令右翼四旗兵出战，想要一举冲垮对手。后金士兵披挂棉甲，手持盾牌慢慢地向川军逼近。还没等他们接近阵前，身后马蹄声大作，几百名红甲骑兵冲出队伍，直直地杀了过去。

这些骑兵是右翼四旗的红巴牙喇骑兵，巴牙喇意为"八旗勇士"，是后金精锐中的精锐。红巴牙喇看川军都是步兵，心下十分轻视，为了抢功，他们脱离阵形，不等楯车和步兵掩护，率先呼啸着冲杀而来。

此前后金军队战无不胜，对手主要是辽东、蓟镇、宣大军队，他们还没真正和明军中另一种独特的存在——土司兵交过手。

土司兵就是西南土司掌握的军事力量，他们承担着接受中央征调、平息地方叛乱、打击外敌以及维护国家统一的职责。

比如播州杨应龙叛乱，朝廷征调上万土司兵力出征，很快就获得了胜利。万历四十七年（1619 年），川黔之地的土司首领奢崇明、安邦彦发动叛乱，朝廷军队难以控制局面。直到四川秀山杨氏土司站出来“挑选精兵，自备行粮，随官军征讨”，接受朝廷征调，最终才平息了这场叛乱。

明朝后期边军战斗力下降，土司兵已经成为朝廷非常重要的军事力量。袁应泰为复辽征调了 13 万人左右的庞大兵力，包括 12000 名左右的土司兵。这次被派往救援沈阳的，是来自石柱宣抚司和酉阳宣抚司的土司士兵。

土司兵都是猎手出身，胆略出色，身手极佳，作战能力远不是此前八旗所败明军可比。眼看红巴牙喇席卷而来，这批步兵毫无惧色，最前方的 3000 余名士兵以“二十四旗”阵法列为五重，用手中奇特的长枪一阵乱捅，将精锐的红巴牙喇捅得人仰马翻。八旗兵一旦落马，马上会遭到手持腰刀的轻步兵补刀，务必确保对手死透。

凶悍的红巴牙喇从没见过这种对手，连续冲击三次（却而复前，如是者三）都被击退，反被杀伤不少人马。

努尔哈赤纳闷，便找来明军降将问，这些又是何处人马？

降将回答：他们是四川石柱白杆兵。

所谓白杆兵，是石柱土司女将秦良玉训练的一支特殊的军队。他们手中的长矛，都用结实的白蜡树干做成枪杆，矛头带钩，有点类似于小戟，尾部有铁环。这是一件特种兵器，作战时有刺、砍、钩、锤击多种功能。

除了辨识度极高的兵器，秦良玉的白杆兵以高超的战斗素养威震四川，在扫平播州杨应龙和永宁奢崇明的叛乱中表现出色，威震敌胆。秦良玉对朝廷忠心耿耿，接到调令，她即派弟弟秦邦屏、秦民屏领军北上，听从袁应泰调遣。

这时红巴牙喇已败下阵去，后金步兵接力冲击，土司兵打得相当有章法，远距离先放火铳，中距离挺起长矛接战，近战便抽出腰刀乱砍。八旗兵连续冲击三次（却而复前，如是者三）都未能撼动川军阵形，激战多时后，后金损失已达数千人——“诸将奋勇迎击，败白标兵，又败黄标兵，击斩落马者二三千人”，还被俘获“参将一人，游击二人”。

努尔哈赤见右翼兵与川军胜负难分，再令左翼四旗兵一同围攻。又命明朝降将李永芳找来沈阳城内被俘的明军炮手，立下高额赏格，让他们发炮轰击川军。

酉阳土司兵与石柱白杆兵让八旗兵付出了惨重的代价。但是，面对八旗兵的轮番进攻，他们根本没有时间吃饭和休整，“诸军饥疲不支”。至此阵营开始散乱，土司兵再难支撑，八旗兵一拥而上，白杆兵死战不退，“皆死之”，秦邦屏、周敦吉、吴文杰、雷安民等将领阵亡，仅有秦民屏被射瞎一眼，死战突围而出。

酉阳土司兵稍好一点，他们在周世禄、邓起龙、袁见龙等将领率领下，从两个方向成功突围，奔回对岸浙营。

努尔哈赤深知兵贵神速，他立即指挥部队渡河，想要歼灭浑河南岸的浙兵车营。

浙兵主将戚金，是戚继光侄儿，也是他衣钵传人。当年援朝作战后，戚金升江南吴淞总兵，不久因病辞职回乡隐居。戚金时年已65岁，本可在家安享晚年，万历末年边塞多事，戚金自请出关，率浙兵驰援辽东。

没赶上萨尔浒，在这里打也是一样的。浙兵在戚金指挥下，按照戚家军操典，已布下车阵，严阵以待。

浙兵的车阵是久经战场考验的杀器，当年面对凶悍的蒙古铁骑就没怵过，八旗精兵来，也是一样难越雷池一步。两轮进攻后，后金军在阵前遗尸遍野，就是冲不进去。

眼看敌人火器犀利，努尔哈赤改变战法，下令推出楯车。

楯车是后金军攻城用的装备，用厚厚的松木板做成，上面还蒙着熟牛皮，能有效抵御城头火力的杀伤，也能有效克制明军轻火器。

努尔哈赤命全军下马，不要再作无谓的冲锋，改骑兵为步兵，猫着腰跟在楯车后，逐渐向明军车阵接近。

努尔哈赤的战术因敌制宜，指挥非常灵活，但他比起戚继光还是要棋差一招，他能想到的，戚继光早已想到，并早有预案。

后金的楯车前进到两百步内时，明军的车阵突然闪开了一个缺口，里面冲出来的是一队盔甲闪闪发亮的骑兵。他们冲入楯车队一阵砍杀，随后潇洒地拍拍马屁股，头也不回地撤回了车阵，车阵的缺口随即封闭，只留下躺倒一地的后金步兵。

谁说浙兵没有骑兵，他们也有精锐的骑兵，只是要用在刀刃上。

浙兵与后金军斗智斗勇，努尔哈赤一时无可奈何。这时战场形势也在发生着变化，浙兵期待的援兵接近了。

援兵由李秉诚、朱万良、姜弼三总兵合兵一处而来，总数约有三万人，进抵距离沈阳只有十几里地的白塔铺。李秉诚派出的千余人前锋，已击败沿路警戒的后金将领雅松率领的两百多骑兵，一路追赶到了后金左翼四旗的兵营前。

形势紧张的成了努尔哈赤，万一被两头夹击，战局须臾间就可能逆转。

援兵在望！浙兵士气大涨！三万援军近在咫尺，只要再加一把劲，就能与浙兵会合。

三总兵却停了下来，观望着战局……

“浑河南有兵至”，努尔哈赤闻报大惊，事到如今，只能孤注一掷了。他亲自领兵来到皇太极大营，命皇太极与岳托、代善等人攻击明军援兵。

后金的主力正在围攻浙兵，急切之间，努尔哈赤所能使用的机动兵力只有两三千人，他们面对的是三总兵的三万人。

强弱分明，努尔哈赤这点人，不说是送人头，也是自不量力。

然而形势的再次逆转，却叫正在苦战的浙兵瞠目结舌。援军只是与后金军稍一接触，就败下阵来，三总兵更是率骑兵不战而逃。三万人被两三千名敌军追得抱头鼠窜，后金军一直追杀到白塔铺返回。

浙兵的希望断绝了。

三万大军，“既不能解沈阳之围，又不能救南兵之覆”，什么原因？

后来有人说是怯战，其实很难讲得通。因为在随后的辽阳之战，三总兵面对八旗军的包围，没有退却也没有逃跑，全都英勇列阵反复冲锋而死。

更深层原因，南北兵不和。

这个问题在明末一直存在，偏偏朝廷处理得非常差劲，始终没能解决问题，反而愈演愈烈。

南兵与北兵在辽阳就闹过矛盾，还发生过械斗。三总兵和麾下都是北兵，要他们为了南兵甘冒矢石，就算他们肯，部下又怎会心甘情愿？

那就没有办法了，只能意思意思了。

后援已断，浙兵只能靠自己了。

虽然成功抵挡了敌人一波波冲击，但激战之后，浙兵弹药已渐告罄，体力不支的士兵一个个倒下。

战场形势再度向后金倾斜，努尔哈赤下达死命令，八旗军轮番冲击，务必在天黑前歼灭浙兵。

弃尸累累后，后金军强攻终于收效，在楯车掩护下，八旗兵突入车阵。

弹尽，援绝，“火器既尽”，浙兵仍在顽强抵抗。

总兵官陈策阵亡了。

戚金与童仲揆相顾一笑：“吾二人得死所矣。”

他们喝令手下，丢掉火铳，拔出腰刀，竖起藤牌，组成了前辈赖以自豪的鸳鸯阵。

鸳鸯阵，戚家军的独门招牌！

严格来说，正牌戚家军在万历年间就已消亡，这支浙兵里只有戚金是硕果仅存的戚家军老将。

不过后人还是喜欢称他们为戚家军，不然，怎么会使鸳鸯阵？

这个阵法打倭寇很强，它在北方并没有用武之地。

面前的敌人是军纪严明、训练有素的八旗兵，不是倭寇那种散兵游勇。

但，那又有什么关系呢！

“大丈夫报国当在今日！”

一旦亮出鸳鸯阵，说明依靠车阵和火器的浙兵，已到了最后时刻。

混战中，八旗的百战精锐一个又一个被挑落马下，放眼望去，戚家军的军阵虽已千疮百孔，依旧坚不可摧。

几万八旗铁骑围住几千明军步卒，血战经日，奈何不得！

努尔哈赤无奈，下令：改冲阵为长围。

八旗兵将这支自己啃崩了牙齿的孤军团团围住，万箭齐发，再从沈阳调来火炮四面轰击。

箭雨和炮火中，浙兵已到强弩之末。

仅存的战士结成几个鸳鸯阵，把他们的将军戚金、童仲揆护在中心，死战不退。

戚家军用最后一滴热血吼出悲壮的绝响，在进行了惨烈的肉搏战后，他们全军覆没。在浑河两岸，仅有少量土司兵成功突围回到辽阳城。

天色将晚，残阳即将落下，最后的余晖将天地与浑河映成一片血色。

此战是努尔哈赤军事生涯中，自己所承认的最大损失的一场战役，八旗军精锐的红巴牙喇、白旗军、黄旗军都在坚强的川浙军面前败下阵来，仅阵亡的将领就达到十多位。为了稳定士气和军心，努尔哈赤破天荒专门举行祭奠大会，以悼念在此役众多的阵亡者。

明清史料中，都给予浑河血战极高评价，称之为“凛凛有生气”“时咸壮之”“是役，明以万余人当我数万众，虽力屈而覆，为辽左用兵以来第一血战”。

这一战后，在辽阳还驻扎着一小部分留守的援辽浙兵，朝廷专门派员进行慰问，询问他们有什么需求，想要什么封赏。

这些浙兵流着泪说：“不要封赏，只要把我们编入其他部队，好为殉国的主将戚金和其他兄弟们报仇。”

派来慰问的朝廷大员大加感叹：“这些只是普通的士兵，竟都有国士之风！”

不久努尔哈赤进攻辽阳，幸存的浙兵全部战死。至此，曾在明朝军事史上占有重要地位的浙兵宣告消亡，戚家军、浙兵、鸳鸯阵等逐渐成为远去的历史传说。

辽阳之战

天启元年（1621年）三月十八日，努尔哈赤挟攻取沈阳之余威，浩浩荡荡地渡过浑河，兵临辽阳。

辽阳，辽东的古老城市，战国时期就是燕国大城。元朝置辽阳行省，平章驻地即在辽阳。朱元璋接收辽阳后改定辽东都司，总辖辽东二十五卫，辽阳是明朝在东北的政治和经济中心，规模和人口都是全辽之冠，号称辽东第一坚城。

但此时，辽阳已成辽东孤城。

在辽东，明朝的防御体系向来是以开原、沈阳、辽阳为中心，构筑一个弹性的网状防御体系。这张网以军堡与城池构成大大小小的战略支撑点，一点受攻，其他点可根据形势做出反应，或从各方来援，或断敌归路，或直捣老巢换家。

网上最强的三个点就是开原、沈阳和辽阳。开原失守，辽沈防御圈的奉集堡、威宁堡、虎皮驿、武靖营等大大小小的堡垒驻扎了数千到万余不等的兵力。沈阳和辽阳还能互为掎角，撑起一片防御网。沈阳失守，仅剩辽阳一个点，已无力支撑起防御体系，而且最善战的贺世贤兵团和川浙兵团都已全灭，辽阳已孤立无援。

本来袁应泰可以死守辽阳，但是努尔哈赤不给这个机会，他派人放出风去，说袁经略如要守城，就让他去守，我自率大军绕开辽阳，进攻山海关好了。

这个计策很歹毒，辽东兵力全都集中在沈阳、辽阳。为守辽阳，已经把周边城堡的兵力全部撤入城内。除了辽阳，辽东已没有一处城堡可以阻止后金前进。

封疆大吏，守土有责，出战可能战死，放任努尔哈赤大军过境劫掠，袁应泰同样是死罪。如果横竖都是死，不如死于疆场。

三月二十日，袁应泰率他的精锐家丁“虎旅军”，与朱万良、杨宗业、梁仲善等将领，领兵五万出城列阵。

努尔哈赤等的就是这个，两军摆开战场，激战两天之久。第一天明军还打得有声有色，但打到第二天，军队成色不如后金的弱点就体现出来。三总兵先后阵亡，西门先被攻破，城内外明军各自为战，陷入混乱之中。

后金内应趁机在城内四处放火，高呼“辽阳已陷”。

袁应泰率残部退入城中，与辽东巡按张铨督兵列楯死战，眼看事不可为，袁应泰叹息着对张铨说：“你没有守城的责任，赶紧走吧！我死在这里！”

言罢，袁应泰佩戴着尚方宝剑和官印，在城东北镇远楼与妻弟姚居秀一起自缢殉国。他的老仆唐世明在主人死后纵火焚楼，随后跳入火海殉节而死。

张铨并没逃跑，他抵抗到最后被俘，努尔哈赤想要招降，被他一口拒绝，皇太极再次出面招降，张铨只求速死，于是赐他自缢。

自杀殉国的高级将领并不止袁应泰一人，分守道何廷魁、监军道崔儒秀皆不愿投降而殉节。辽阳之战明朝有三位总兵官阵亡：朱万良、杨宗业、梁仲善，更多的将领没有战死沙场，而是逃跑了。

逃跑又能分为两种，一种是战事不利但胜负未分时就溜之大吉，代表人物是高出、胡嘉栋、韩初命等五人，他们都是监军，也因此被时人称为“同逃五监军”。

另一种是战败后突围而逃，包括总兵侯世禄、姜弼及以下数万名士兵。辽阳之战真正的战损并不多，除了一部分投降的明军，大部分溃围逃走，这些人四散逃命，最远的逃入了朝鲜。

努尔哈赤攻下辽阳，意味着明朝在辽东的防御土崩瓦解，失去庇佑的明朝军民如潮水一般退往辽西避难。周边大小七十余座城堡再也无力抵抗后金，纷纷投降。

占据辽阳，后金统治中心完全向辽东转移，这对它的社会基础产生了极大影响。

建州崛起于白山黑水，是传统的渔猎民族，农业并不是他们所擅长，山地间也没有可供他们开垦的田地。

努尔哈赤的后金还是部落制，搞的还是奴隶社会的那一套。辽沈是汉人农耕的聚集地，要土地有土地，要技术有技术，又得到了大批百姓，后金政权的性质从此向封建社会开始转变。

拿下辽阳，努尔哈赤的辽沈战役大获全胜。对后金来说，萨尔浒是生存之战，辽沈之战才是一次真正的立国之战。从此，南自金州、西至辽河的广大地区真正成为后金国土。

第十三章 熊廷弼经略辽东

三方建置

袁应泰死得很有气节，但于事无补。不到一年的时间里，辽河以东全部沦为后金所有。此时，朝廷里大臣们又想起了熊廷弼。

内阁大学士刘一燝说："假使廷弼在辽，想来不会弄成这样。"御史江秉谦上疏追忆熊廷弼防守辽地的功劳，说他"才识胆略有大过人者，使得安其位而展其雄抱，当不致败坏若此"。

给事中郭巩等人还想诋毁，但熊廷弼复出已是人心所向。天启皇帝诏令熊廷弼为兵部尚书加右副都御史，再次经略辽东。

同时，提拔王化贞为辽东巡抚。

熊廷弼来到北京，启程赴任之前，兵部尚书张鹤鸣特意为他送行。张部长的意思，是跟熊经略套套近乎，了解一下他的辽东防务计划。没想到熊廷弼一点也不给上司面子，一张嘴就说："都是因为你们这帮外行，才把辽事搞成这样，以后你们听我的就行，还问什么问？”

张鹤鸣，万历二十年（1592 年）进士，万历四十二年（1614 年）擢兵部左侍郎，始终没有赴任。天启元年（1621 年），右侍郎张经世督师出关，兵部只剩了一个部长，天启皇帝下令督办，张鹤鸣这才上任。辽事紧急，兵部尚书王象乾督师出关总督蓟辽，张鹤鸣刚刚顶替升为兵部尚书。

熊廷弼的话没说错，张鹤鸣在兵部资历尚浅，此前他一直在东南服务，接触辽事不到一年，也从没到过辽东。但当着张部长的面说得这么直白，态度还这么差，当即就把张鹤鸣给得罪死了。

还没出关，熊廷弼说的话又为自己惹下一个麻烦。熊廷弼或许说过就忘了，张鹤鸣可没这么好说话，他把这事记在了心里。

熊廷弼再次上任，辽东情况已发生很大变化，之前苦心经营的辽沈防线已不复存在，他有什么对策呢？

这次，熊廷弼的方略是“三方建置”。

所谓“三方”，是指广宁、天津、登莱三方，熊廷弼建议以广宁为前线基地与后金对垒，增加登莱和天津军队，派驻重兵，多置舟师，以备渡海；经略驻扎山海关，节制三方，内护京畿，外为广宁后继。

熊廷弼认为，光靠陆军很难恢复辽东，但我们可以利用海军。此布置的要义是在广宁以骑步兵牵制后金，乘努尔哈赤不得不以主力与辽东明军对垒时，登莱、天津的舟师在辽南登陆，进而收取辽阳。

这个策略靠不靠谱？是靠谱的。

后金没有海军这个兵种，努尔哈赤是个陆军将领，他对海上作战，以及有可能出现的明军舟师登陆作战没有一点概念。这对后金是新问题，新情况，之前从未遇到过。按熊廷弼的设想，等到“兵仗齐备，三方并进”，很可能打努尔哈赤一个措手不及。

能在那个年代意识到海军的重要性，以己之长克敌之短，这个策略是有点天才的。

熊廷弼的“三方建置”是基于辽东现实情况，是经过考量的有利方案。正如他所说“存人失地，人地皆存，存地失人，人地皆失”，现阶段主守，战略性放弃辽东大地上残存的一些城池据点，将战线回收，积蓄力量，“待各镇兵马大集，策应齐备”，然后重拳出击。

经抚之争

辽东巡抚王化贞有不同意见。

王化贞，字肖乾，山东诸城人，万历四十一年（1613 年）进士。天启元年（1621 年），王化贞由户部主事转右参议，驻守广宁（今辽宁省北镇市）。王化贞虽是文人，却不是什么慈眉善目的主，他往广宁一蹲，蒙古人都得绕着走。及至沈阳、辽阳被攻陷，王化贞在广宁召集溃兵，坚守孤城，全辽仅他一人敢这么做，为自己赢得了极高声望。

在熊廷弼复出之前，王化贞就已巡抚辽东，他不是不认可“三方建置”方案本身，他所不认可的，是熊廷弼“守而后战”的窝囊态度。萨尔浒之战失败后，朝廷主流意见一直是守，可是你看看，守丢了沈阳，守丢了辽阳，守来守去守得住吗？

进攻才是最好的防守！王化贞压根没想过战略防御，“三方建置”是为了把辽东拿回来，根本目标还是进攻。既然广宁的存在就是为了进攻，为什么不往外多挪几步呢？多占一块地方，复辽就更有希望。

不就是后金兵吗？有什么可怕的。王巡抚甚至夸下海口：只要给我六万兵力，就能复辽！

熊廷弼抵达辽东之前，王化贞先期已经有了一个周密的计划。一是把兵力撒到广宁之外六个要害之地，由六位参将画地分守；二是派人与降将李永芳秘密联络，期望策反李永芳，以作进攻时的内应；三是派部将毛文龙率几百人潜入敌后，伺机策应，动摇后金后方。

前二条效果如何，尚不得而知，第三条还真的成功了。

天启元年（1621 年）七月，游击毛文龙受王化贞之命，率 200 余人潜入镇江（今丹东），探得镇江后金主力外出抄杀，城中空虚。毛文龙遂以陈良策为内应夜袭镇江，当夜鸡叫时分，东方刚露出鱼肚白，毛文龙率部悄悄进抵城脚下。千总张元止持枪率先登城，众兵与屯民随后齐声呐喊，一拥而入。陈良策自城内杀出，内外夹攻。守城的后金兵从睡梦中惊醒，丧魂落魄，四下奔命。

后金游击佟养真（又名佟养正）率兵士与家丁七十余人迎战，被击倒在地，当即活捉。他的儿子佟丰年和家丁数十人在混战中被全歼。明兵收复镇江，毛文龙随即派陈忠等袭双山，擒斩后金游击缪一真，取得一场敌后游击战的完胜，史称“镇江大捷”。

“镇江大捷”的战果不大，政治意义却很大。明朝刚刚经历辽沈会战的惨败，急需通过一场胜利找回自信。王化贞亦可借此证明，我的方案才是对的。毛文龙被塑为孤胆英雄式的正面典型，这场胜利也被极力宣扬，作为王化贞打脸熊廷弼的实锤证据。

顺便说一句，佟养真孙女佟佳氏后来成为顺治皇帝的妃子，生下一子名为玄烨。可惜康熙皇帝的太姥爷运气欠佳，他被押到京师零敲碎剐，成全了毛文龙的战绩。

在这场政治舆论战中，王化贞靠“镇江大捷”拔得头筹，人气一路飙升，熊廷弼反而捶胸顿足，他叹息道：“三方兵力未集，毛文龙发动太早。他打完就走了，留下辽人给努尔哈赤屠戮几尽，此举是‘灰东山之心，厚南卫之毒，寒朝鲜之胆’，这不是奇捷，而是奇祸啊！”

事后看，熊廷弼的看法是正确的，王化贞贸然指示毛文龙发动敌后偷袭作战，除了能提振一些民心士气以外，在军事上并没什么实质作用。努尔哈赤立马派皇太极、阿敏率三千人马赶往镇江弹压，毛文龙坐守孤城，无力守御，只得只身逃亡朝鲜。皇太极率军进城，屠戮男女百姓，将镇江等地沿海居民都迁到内地。

毛文龙只是一支游击队，不具备掀起大风浪的实力。逃入朝鲜后，后金“搜索甚急”，令朝鲜也处于十分为难的境地。朝鲜人劝他“姑还广宁，待时出来”，毛文龙只能撤退到一众海岛上苟延残喘。

熊廷弼指出，“镇江大捷”后努尔哈赤一定会报复，王大人你不能把兵力分散到外面，这是给敌人各个击破的机会，应当集中兵力守住广宁，才是上策。

王化贞闻言大怒，说："怎么能白白放弃大好山河啊，熊大人，难道你想当弃地卖国的大汉奸？"

这话就说得太重了，熊廷弼怎会接受。关于是战略防御还是战略进攻，经略、巡抚两位大人争论得不可开交。天启皇帝命兵部、吏部商讨对策，最后同意了熊廷弼的方案（辽东、登莱、天津三巡抚所属俱应付经略节制，供其调遣）。

命令是下来了，王化贞还是不买账。他素来看熊廷弼不顺眼，觉得这个蛮子是人见人厌，真正的人如其名——乡野蛮子耳。经抚间的矛盾并没有解决，反而进一步恶化了。王化贞说四方援辽军队应该叫"平辽"，熊廷弼说辽人又没叛乱，请改为"平东"或"征东"；王化贞相信降将李永芳会做他的内应，熊廷弼说李永芳是个叛徒，绝不可信；王化贞说海州敌兵少，我可以出兵收复，熊廷弼说海州取易守难，你拿下守不住，一样没用。

到底听谁的呢？

命令明确指出，辽东巡抚应归属辽东经略节制。问题在于，熊经略在北京就得罪了兵部尚书张鹤鸣，张大人可一直记着哪。王化贞本就是首辅叶向高门生，又是张鹤鸣推荐的人，深受其信任（独喜巡抚王化贞）。经抚之争闹到兵部，尚书大人当然是挺王贬熊，一个劲地扩充王化贞的权力，对熊廷弼不理不睬。

熊廷弼起初还不以为意，等他打算按计划将部队收拢回广宁，发现事情已经到了棘手的地步。关外的部队几乎都被王化贞撒到了广宁外面。王巡抚水泼不进，针扎不透，熊廷弼发来调兵札子，一概置之不理。

熊蛮子不是很厉害吗？兵马都在我手里，看你怎么办！

有问题，请熊大人找兵部反映。

于是，风雨飘摇的辽东出现这样一幕奇景：经略熊廷弼蹲在山海关发命令，无济于事；巡抚王化贞带着大部队，在广宁忙得热火朝天。

熊廷弼手边只有从京师带来的八千士卒，高达十四万的援辽部队都掌握在王化贞手里，熊廷弼事实上被架空了。

经抚不和的问题已摆到了明面上，连后金都有耳闻，努尔哈赤再不来，就没天理了。

广宁失陷

朝议还在争论不定，天启二年（1622 年）正月，努尔哈赤率数万后金军西过辽河，轻易击破王化贞精心布置的三岔河防线，包围广宁外围要塞西平堡（今海城古城子乡古城子村）。

西平守将罗一贯是个忠勇之士，努尔哈赤派李永芳招降。顺便再说一下这个李永芳，此人原为抚顺最高军事长官，努尔哈赤围困抚顺时，李永芳稍作抵抗便出城请降。抚顺于是成为努尔哈赤打下的第一座明朝边城，李永芳亦成为第一个投降的明朝边将。

罗一贯对李永芳恨之入骨，站在城楼大骂："逆贼，朝廷何曾亏待你，为何要叛变？你不知道我罗一贯是个忠臣吗！"

努尔哈赤传令攻堡，罗一贯死守待援。王化贞不敢怠慢，派心腹广宁游击孙得功为先锋，会同总兵祁秉忠、参将祖大寿领兵三万赴援，熊廷弼也命令总兵刘渠统兵支援。

孙得功原为沈阳守将贺世贤部下，沈阳失守后逃回广宁，得到王化贞重用。这次他主动挺身要求入援西平堡，并不是偶然。

正月二十二日，援军在平阳桥遭遇八旗伏兵，孙得功率部未战先逃，还不忘喊一嗓子"师败矣"，明军后队不知所以，闻风大溃。刘渠奋力拼杀，乱军中马失前蹄被掀翻在地，被后金兵一拥而上乱刀砍死；祁秉忠身中二刀三矢，被家丁救起，卒于撤退途中；副将刘式章身中一箭，从臀部穿过，把他"钉于马鞍之上"；只有祖大寿成功逃到了觉华岛。

四万余明军在沙岭横遭屠戮，死伤殆尽。

从事后看，这是一个有预谋，有策应的围点打援战术，之前王化贞一直想着招降李永芳，孙得功是他派去联络的人选。显然李永芳没被策反，被策反的反而是孙得功。

西平堡外援已断，后金军再反身攻城，堡内守军只有三千人，罗一贯率军抵抗到最后一刻，以身殉国，后金将全城血洗一空。

孙得功在沙岭害了全军，他的折腾还没结束。趁败兵还没退回广宁，孙得功领兵跑到广宁城下，绕城大喊“后金军已进抵广宁城外”！

谣言如同长了翅膀一样疯传，城中一时大乱，人各奔逃。王化贞正在屋中处理公文，参将江朝栋推门就闯了进来。

王化贞对外面发生的事一无所知，大声斥责：“尔何敢为！”

江朝栋也不解释，大声喊道：“事情危险了，请大人快走！”边说边把王化贞扶出屋外，请他上马逃命。

直到这时，王化贞仍然不知到底发生了什么。其实此时努尔哈赤还在围攻西平堡，广宁城内还有数万军队，王大人只要冷静下来，辟个谣，到城头转一圈，人心就能稳定。

可是王化贞从没经历过这种场面，他已经蒙了，大脑一片混乱。看到周围人四散奔逃，江朝栋一迭声地催他快跑，他便脑补出了城池即将失守的画面。王大人顾不上问那么许多，打马就跑，一口气跑到熊廷弼驻地，喘息未定的王化贞才冷静下来。

身后消息陆续传来，后金兵还远着呢，是孙得功这个兔崽子叛变了，他现在进了城，就等着迎接努尔哈赤了。

王化贞又羞又愧，不禁痛哭流涕。熊廷弼跑出来看热闹，他微微冷笑，挖苦道：“你当初不是说，六万军队就可以把敌人一举荡平，今日如何？”

王化贞说：“我知道错了，为今之计，希望经略能坚守宁远、前屯。”熊廷弼说：“为时已晚矣，广宁一失，关外必不可守，如今唯一能做的是赶快护送百姓入关。”

正月二十四日，孙得功带领叛将献广宁城投降后金；二十六日，熊廷弼与诸将护送百姓入关，王化贞随后入关，附近四十余城闻风而降，辽东已成真空。

全辽沦陷消息传来，举朝震惊，京师戒严，天启皇帝气得木匠活都没心情干了。要说天启皇帝能力虽然不行，可比他爷爷有个长处：不小气。即位到现在，他已经先后数次从私人小金库拨发共计四百多万两白银投入辽东，一下子全打了水漂，实在不能忍。

那就严查吧，按责任大小，王化贞犯罪事实严重，逮捕入狱受审；熊廷弼情节较轻，革职回籍，听候查考。

熊廷弼料到自己会受处理，这个结果不出他意料。打哪来回哪去，这种事也不是第一次了，熊廷弼慢悠悠打包完行李，动身离开京师，往江夏老家而行。

走到半路传来了消息，王化贞下狱论死，作为次要责任人，朝中舆论对他非常不利，说是有可能，要将熊廷弼与王化贞同罪论处。

熊廷弼脑瓜子嗡的一声就炸了，我不赞成王化贞的做法，是朝中人都知道的事。要是早听我安排，就不会出这么档子事，如今怎么能赖我呢？

熊廷弼是又愤怒又伤心，家也不回了，吩咐掉转车头，我要回京讨个公道！

彼时是天启二年（1622年），朝局已与万历年间大不相同，掌权的那帮人，反对派叫他们东林。

第十四章 如何处理熊廷弼

东林书院

万历八年（1580 年），一名来自无锡，名叫顾宪成的考生高中进士。他在地方历练十几年，于万历二十一年（1593 年）累官至吏部文选司郎中。

顾宪成为官素有公正廉洁之名，品级不高却直言敢谏，经常对万历皇帝的一些决策有所非议。如此态度为他赢得了在士大夫中的声望，也为万历皇帝所厌恶。万历二十二年（1594 年），因在会推内阁首辅名单中再次触怒皇上，顾宪成遭革职遣送回家。

顾宪成被削籍，声望依旧日隆，回乡不久，前来求学问道的人就已不在少数，以至于需要另建房屋供他们居住。万历三十一年（1603 年），顾宪成被废在家已数年，其间广收门徒讲学，始终苦于没有一个合适的场地。他与同样遭贬斥的同乡好友高攀龙商量，两人不约而同地想到了宋朝学者杨时曾经讲过学的东林精舍。

在常州知府欧阳东凤和无锡知县林宰的赞助下，他们在东林精舍废址上重修书院，仍命名为“东林”。万历三十二年（1604年）起，顾宪成会同一批志同道合的人，主要有顾允成、高攀龙、安希范、刘元珍、钱一本、薛敷教、叶茂才等人，开始在东林书院讲学。

这些人都是不得志的士大夫，讲学之余，往往“讽议朝政，裁量人物”，抨击当朝权贵。朝中一部分在职官员，如赵南星、杨涟、左光斗等，与他们素有联系，经常遥相应和。

东林书院兴办的本意是对儒家学术探讨，而非政治学派，但讲学群体的存在，以及讲学活动中不可避免地评论朝政，实际上形成了强大的舆论力量。东林书院在无形之中，成为社会舆论的中心，与他们意见相近，或是支持东林学说的官员，反对派就把他们称为“东林”。

请注意，是“东林”而非“东林党”，明末山头林立党派众多，但见之于史册的第一个所谓党派是浙党，指的是争国本事件中以浙江籍首辅沈一贯、大学士方从哲为代表的高级官员，以及他的一干弟子门生。这些浙江籍官员支持万历皇帝立福王为太子，满朝官员不干，而这些官员中领头的是江南籍官员，其中又以东林人士为核心。

最后浙江籍官员失败了，他们与江南籍官员的梁子也算结下了。

浙党初战不利，但有内阁当后台，其后势力迅速壮大。他们还拉拢了昆党、宣党等以御史为主的小党派，打压与他们政见不同的其他派别。至万历四十六年（1618年）前后，浙党系统已在朝堂形成一家独大的局面。

眼看单打独斗不是浙党对手，那么大家联合起来对抗浙党吧。由是东林这个称呼正式出现在史籍中，所以东林是被浙党打击的诸多党派联合组成的一个同盟，它的主力是江南省籍的官员。

二十年一个轮回，二十年前，这些官员们联手对抗了浙党与万历皇帝立福王为太子，二十年后他们又联手对抗坐大的浙党。

这边东林联盟形成了，那边浙党却翻车了，让浙党翻车的不是别人，正是努尔哈赤。后金兴起的揭幕战——萨尔浒之战中，浙党暴露出缺少军事人才的严重问题，因此触怒万历皇帝，话语权大不如前。

东林在万历年间的争国本、三王并封和三大案中坚决支持朱常洛父子，他们同样遭到了万历皇帝很大的打击，但在泰昌皇帝、天启皇帝登基后，也迎来了政治回报。由于皇帝的支持，大批东林官员得以重新起用，尤其到了天启初年，形成号称“众正盈朝，天下欣欣望治”的新局面。

他们的代表人物是刘一燝、叶向高、赵南星、杨涟、左光斗、孙承宗、邹元标、孙慎行、高攀龙、顾大章等。

看到邹元标这个熟悉的名字，我们就能大致知道东林是一群什么样的人。在邹元标家乡江西吉水，流传着一句歌谣“割不尽的韭菜地，打不死的邹元标”。邹元标可算是东林人士一个模板，他们看起来很像清流，又不完全是清流。这些人都是高级知识分子，勇于抨击时弊，他们大概有如下特点：

出发点高尚，总体来说，能站在为国为民的角度考虑问题；

读书读得太多，不知变通，把政治斗争看得过于理想化；

能坚持气节，为理想不惜献出生命；

容易认死理，脑子不容易拐弯；

好议论时事，坚持自己的观点，很难妥协；

遇到事情，内部观点并不一致，你说你的，我说我的，自己往往先争论起来。但万一国家有难，这些人能抛弃成见，联合起来一致对抗不公与黑暗。

所以很难准确定位东林人士，他们毕竟不是一个组织严密的近代政党，只是古代的朋党，有这些自我矛盾的情况实属正常。

比如，邹元标被视为东林大佬，他本人偏偏最为反对拉帮结派。早在万历年间，邹元标就向万历皇帝上疏申明朝内党派纷争的害处，主张大臣间要相互和睦。天启元年（1621 年），邹元标重返朝廷，有感于朝内党派纷争，大臣各怀偏见，再向天启皇帝进谏“和衷”之议，还是力主大臣和睦，反对分立门户派系，并且不拘一格举荐任用人才。

熊廷弼案，天启皇帝指定的主审之一，就是左都御史邹元标。

帝师孙承宗

对于如何处理熊廷弼，朝中主要有两种意见，以首辅叶向高、邹元标、满朝荐为代表的大臣挺熊，主张让熊廷弼戴罪守关，立功赎罪（恐一时关门空虚，无人把手，姑宽一着以俟耳）。

兵部尚书张鹤鸣、通政司右通政许维新、朱一桂，大理寺左少卿冯从吾、太常寺少卿董应举、太仆寺少卿何乔远等踩熊，他们合疏请逮熊廷弼、王化贞，明正典刑，称为“五少卿疏”。

朝中形成两派意见，正相持不下，另一个人跳了出来，说：“你们都别急，让我去辽东前线看看，熊廷弼到底该负什么责任。”

此言一出，争论的两方都不说话了，说：“那您就去吧，我们等您回来裁决。”

什么人能让众人偃旗息鼓？通常而言只有皇上。但这个人不是皇上，他是皇上的老师——孙承宗。

朱由校在当皇孙皇子时都没有老师，主要靠太监教着识两个字。刚即位时，他的文化水平还不能做到独立批阅奏章，要别人读给他听。不到两年下来，朱由校的文化课进步很大，自己看懂奏章，并作出批示已不成问题。

这一切，主要归功于孙承宗。

孙承宗，字稚绳，北直隶保定高阳人，史载其“貌奇伟”，声音洪亮，胡须张开像戟一样。孙承宗 16 岁就中了秀才，但到 30 岁才中举人，后来几次会试也一直落榜。于是一边给官员当家庭教师，一边继续复习备考。

如此直到万历三十二年（1604 年），孙承宗终于冲刺越线，这次的成绩足够亮眼，全国第二——榜眼。

这年孙承宗 41 岁，成器略晚，授庶吉士三年后转翰林编修。万历一朝剩下十几年，他不温不火，直到万历四十八年（1620 年），朱由校即位，孙承宗以左庶子充当日讲官。

天启皇帝是极其贪玩的熊孩子性格，文化课能在短时间得到进步，离不开孙承宗的悉心教导。孙承宗确实是一位好老师，据记载，天启皇帝每次上孙承宗的课都很有启发，动辄就说“理解了，开悟了”。也正因如此，天启皇帝相当敬重这位恩师，对孙承宗的建议，几乎是言听计从，破格将还是礼部侍郎的老师提拔入阁办事。

孙承宗还在边境教书的时候，就对军事产生了浓厚兴趣，没事就和军官、老兵们闲聊，请教一些关于防务的问题，他还曾“杖剑游塞下”，探访要害故道，对边情有一定了解。老师想去辽东实地考察的愿望，天启皇帝马上就批了。正好这时，兵部尚书张鹤鸣跑到辽东视察去了，另一位兵部侍郎王在晋也被派往辽东接替经略一职，兵部职务出现空缺。天启皇帝干脆任命孙承宗暂掌兵部，赐他蟒袍、玉带、银币，加太子太保，替他出关安抚，兼查明真相。

孙承宗首先来到山海关，认真巡视了四处的战略要地，然后就去找了新任辽东经略王在晋。

孙承宗的办法

王在晋，万历二十年（1592 年）进士，天启二年（1622 年）三月十八日代熊廷弼经略辽东。王在晋分析了关外形势后，说：“辽事败坏，一坏于清、抚（清远、抚顺），二坏于开、铁（开原、铁岭），三坏于辽、沈（辽阳、沈阳），四坏于广宁。一坏为危局，二坏为败局，三坏为残局，至于四坏——捐弃全辽，则无局之可布矣！”

王在晋的意思，辽东连残局都不剩了，没得玩了。为今之计，只有死守山海关这条防线（逐步退缩之于山海，此后再无一步可退），以卫京师。

广宁之败后，许多人都认清了形势，兵部尚书张鹤鸣、蓟辽总督王象乾都支持这个方案。王在晋进一步提出他的看法，说山海关本身存在重大隐患，具体为“高岭有乘墉之势，斗城如锅底之形”。

就是说，山海关城墙海拔位置低于关外的峰峦，还有一条叫作欢喜岭的山岭紧抱关门，其岭高出关城。要是敌军占领了欢喜岭，城内虚实一览无余不说，更能居高临下开炮射箭，守军将会十分被动。

王在晋建议在山海关外围再修一道城墙，使之成为“重城”，重城修好以后，山海关关城才真正能成为雄关天险。

方案报到朝廷，有人问重城虽好，恐怕不便宜吧？

王在晋拍出预算，说他已计算好了，重城十七里，九十三万两白银就能建成。

此言一出，廷议大感兴奋，辽东这个无底洞前后已砸进去上千万两银子，形势还越来越恶化，只花百万不到就能让山海关无懈可击，是笔合算的买卖。

孙承宗到来之前，王在晋的方案已得到批准，户部首批拨下二十万两白银，王在晋的一期工程已经开始，工地就在山海关八里外的八里铺。

当然，一个意见拿到朝廷上讨论，不可能得到全票通过。王在晋的方案不是没有人反对，其中反对最激烈的是个正六品的小官，兵备佥事袁崇焕。

袁崇焕抗议道：“怎么能只守山海关呢，防线太靠后了，要守也要守宁远。”他与王在晋争辩了一番，无果，便直接找了首辅叶向高。叶首辅对军事是个门外汉，看到大佬们都支持王在晋，便说：“你刚到兵部，辽东都没去过，怎么能主观决断呢？难道王在晋、张鹤鸣、王象乾这些资深官员，见识还不如你一个佥事吗？”

这件事传到孙承宗耳朵里，他留了个心眼，出关第一件事就是考察王在晋的工程。

一见到王在晋，孙承宗虚心请教道：“新城修筑好以后，是不是要将旧城的兵马移来驻守？”

王在晋回答：“应该另外设立一支四万人的军队。”

孙承宗又问：“在八里铺内修筑重关，新城后面就是旧城。那旧城前面埋的那么多地雷、壕沟、绊马坑，是用来对付敌人的，还是用来对付自己人的？”

王在晋坦诚回答："如今士气低落，八里铺是生死前沿，不把士兵们陷于绝地，他们是不肯出死力据守的。而且我已考虑到了，万一死守还是守不住，我已在关外开通三道关，并在山上建了三座军寨，用以收纳败兵，他们不必去蹚那些地雷。"

孙承宗仔细想了一下，说："这事逻辑不对，士兵没有溃败就修筑营寨等待他们，你这是在教士兵逃跑吗？"

王在晋耐心解释道："您不了解边兵的情况，他们已被后金兵吓破了胆，一看到敌人就会逃跑。就算在他们后面安排督战队，提着大刀也制止不了（边兵善走也，即杀不能止）。关门的开关全在我手上，我不开关，他们就只能死战，这是置之于死地而后生的意思（而实置之死以励其必死之气）。"

孙承宗不认同王在晋的解释，他追问道："新城可以守的话，还用得着旧城吗？新城要是不能守，四万守兵倒戈，你是打算开关放敌人进来，还是闭关投降敌人？新城守不住，建了又有什么意义？你现在不为恢复做打算，却在这闭关自守，把关外防线全部撤离，辽东还有安宁之日吗？"

一连串问题问得王在晋哑口无言，王在晋是地方大员，孙承宗是帝师，是中央钦差，他不敢与孙老师争辩，便让步说："八里铺如果不适合，我们可以移军中前所（今辽宁绥中县前所），那里不远不近，离关城 50 多里。"

孙承宗没有再说什么，接下去几天，他很认真地巡行边塞，考察地形，跟将士和百姓们交谈。回京以后，他面奏天启皇帝，表示王在晋"笔舌更自迅利，然沉雄博大之未能"——这个人嘴上功夫很厉害，实际才干不足以胜任。

孙老师的建议，天启皇帝没有二话，王在晋被免职，调任南京吏部尚书，永远告别了辽东战场。

到底守哪里？孙承宗支持的是袁崇焕。

孙承宗不是庸才，这次出关详细考察过后，他确信一个事实，当初王化贞的力主是对的。守山海关，守八里铺，守中前所都解决不了问题，只有扼守广宁才最正确。

广宁，今辽宁北镇市，地处辽宁省西部，医巫闾山东麓，城内设广宁卫，继建广宁左、中、右三卫，成为辽东的军事重镇。广宁已失，那就把防线前提到山海关与广宁中间的宁远。

这个决策对不对呢？

军事上说是对的，广宁位于后金与蒙古实控领土之间，守住广宁，西北方向能阻隔后金与蒙古喀尔喀部的联系，西面能联络蒙古察哈尔部，东面又可辐射朝鲜，并且死死堵住后金西进南下的通道，是个可以多方联动的重镇，位置令努尔哈赤相当难受。

广宁丢了，宁远位置不如广宁，但还凑合，起码与察哈尔离得不远。守住宁远，发育一段时间，等一口气喘了过来，收复失地容易得多。

这么一看，王化贞丢失广宁就是罪不可赦，连带整天闹情绪的熊廷弼。在孙承宗眼里，熊廷弼担负经略重任，却“无意广宁”，属于消极避战，逃避责任。

广宁丢了，熊、王功罪一体，一抓一勘，非法之平也。

熊廷弼在狱中，本来他并不担心有生命危险，哪怕是戴罪之身，依旧本色不改，问一句顶一句，全然一副“我光明磊落，你们能怎么样”的态度。

等听说孙承宗带回了他的决断，熊廷弼才明白大事不妙，脱口而出一句：我被孙承宗算计了！

当年四月十七日，案件审理结束，判决结果为：王化贞尽忠报国，但朴实不知兵，能力有限，死罪不可免，令人惋惜；熊廷弼空有大将之才，却坐视不管，故意摆烂，理应明正典刑。

定案以后，许多人为熊廷弼惋惜，审理此案的邹元标、顾大章反对二人同罪，表示王化贞该死，熊廷弼只宜戍（流放），并且抬出“八议”之说为熊廷弼辩护。而周宗建、朱童蒙、周朝瑞、江秉谦、刘弘化更是以身家性命作保。

然而，此时欲杀熊廷弼的不是别人，而是天启皇帝本人，这些替熊廷弼求情的言官纷纷被谪，当三法司所定狱词呈上后，大学士韩爌为熊廷弼请求宽宥，天启皇帝也不允许。

熊廷弼不甘心坐以待毙，古代的死刑有个特点，死刑其实是死缓，在狱中关个几年、十几年都有可能。只要皇上手中朱笔没有圈中你的名字，你这条命就还在。

话虽如此，哪天就被推上刑场也是说不准的事，熊廷弼觉得自己还能抢救一下，托关系找门路，保住一条命就行。可是皇上要我死，去哪再找这么一个人，能说动皇上赦免我呢？

想来想去，只有一个人能做到，就是魏忠贤。

司礼监秉笔太监魏忠贤，此时已羽翼丰满。

第十五章 魏忠贤与东林人士的恩恩怨怨

重复多次的老问题

魏忠贤搭上客氏这趟快车，他很快与客氏联手，害死了德高望重的老太监王安，全部换上了自己的手下。天启皇帝很喜欢玩，魏忠贤颇好此道，他每天引导朱由校沉溺于倡优声伎、狗马射猎之中，让皇上感觉越来越离不开他。

趁着皇上干木工活的时候，魏忠贤就经常递上大臣奏本，天启皇帝正忙得满身冒汗，哪有兴致搭理这个，总是挥手说："没见朕正在忙吗，啥事都来烦我，要尔等作甚，你看着办吧！"

有时候，天启皇帝也会加句台词："好好办事，别欺骗我（勿欺我）！"这既是对魏忠贤的信任，也算是对他的警告，但到底能有多大用处，只有天知道了。

把权力交给宦官，显而易见是容易坏事的。魏忠贤本不是什么好人，他与客氏两个人，一个淫毒凶狠，一个阴毒残忍，简直就是天生的一对。他们搞定内廷，取得皇上信任后，魏忠贤胆子慢慢大了起来，开始擅自做主处理朝廷大事。

但这时的魏忠贤并不能为所欲为，朝中那些大臣都不是好对付的。尤其是他们还拉帮结派，时人称其为东林。

魏忠贤崛起的时间段，正是东林人士“众正盈朝”的局面。

东林在万历末期遭到很大打击，许多人都被罢黜了。万历皇帝驾崩不久，方从哲去职，叶向高重新入阁，吏部尚书周嘉谟大量起用万历末期被废籍的官员。十月，叶向高任首辅，东林又占据了上风。

东林人士都是士大夫，对待宦官，他们的主张几百年来始终不变：宦官都是奴才，奴才就干奴才的活，那就行了。至于其他事，轮不到宦官插手。

刚开始，魏忠贤全力发展和巩固内廷实力，他并不想跟这些人血拼。这群文臣占据着重要岗位，战斗力还相当强悍，魏忠贤也没有信心击垮他们。他首先想的是和他们搞好关系，起初魏忠贤表现得对士大夫们非常尊敬，还经常在皇上面前称赞赵南星、邹元标等是国家栋梁，社稷之福。

但是东林党人出于士大夫的天性，并不接受魏忠贤抛来的橄榄枝。一次赵南星正好撞上魏忠贤，赵尚书以教育晚辈的口气说：“皇上还小啊，我们内外当臣子的，各自都要做好自己的事。”言下之意很明白，你干好你的，没事别来瞎套近乎。

魏忠贤热脸贴了个冷屁股，心里很不痛快。他也是个有城府的人，非但没表现出生气，还派人到赵南星府上呈上礼物，以为结交。

赵南星很痛快，叫仆人把礼物扔了出去。

魏忠贤毕竟没有严嵩的脸皮，赵南星的接连拒绝让他很没面子，既然此路不通，魏忠贤就弯道掉头，从此将这些大臣视为对手。

又回到了重复多次的老问题，宦官与大臣争权。

天启皇帝会支持谁呢？

朱由校的态度，早在大臣要求驱逐客氏出宫之时，就已表现得非常明显。

客氏出宫不过两三日，就风风光光回来，还当上了“奉圣夫人”。朱由校对客氏百般眷顾，不断有大臣再次提出叫客氏出宫，朱由校不再客气，用实际行动做出回答。

吏部尚书周嘉谟反对召回客氏，也反对魏忠贤陷害王安，于天启元年（1621年）十二月被罢；大学士刘一燝，反对魏忠贤，请客氏出宫，于天启二年（1622年）三月被罢去官职，回家种田。

内阁首辅叶向高十分气愤，说：“客氏走了又来，刘一燝一个顾命大臣，难道还比不上一个保姆？天下人会怎么看您，皇上不可不防啊！”

朱由校不听。

等魏忠贤害死王安，客氏、魏忠贤的势力更加稳固。礼部尚书孙慎行、刑部尚书王纪，由于反对客氏回宫，先后遭到革职免官处分。

左都御史邹元标和左副都御史冯从吾是万历老臣，他们复官以后坚决与客氏、魏忠贤进行斗争，反对客氏复宫，并且在京师建立“首善书院”进行讲学。客氏、魏忠贤深恨邹元标，一方面唆使别人攻击邹元标、冯从吾以讲学立门户；另一方面由魏忠贤亲自赤膊上阵，上奏朱由校，说“宋室之亡，由于讲学”，朱由校遂在天启二年（1622年）十月将邹、冯二人赶回故里。

还不够说明问题吗？天启皇帝无条件支持客氏，客氏与魏忠贤深度绑定，因而天启必然支持魏忠贤。

有皇上支持，魏忠贤想要失败，都是不可能的事情。问题只是在于，魏忠贤想成为一个什么样的大太监。

魏忠贤卖掉了亲生女儿，为躲债挥刀自宫，进宫抢了恩人的老婆，害死对他有恩的大太监。这样一个人，能成为一个什么样的大太监，不是明摆着的事儿吗？

赌博非赢即输，魏忠贤的政治信条也是如此：非友即敌，不存在和平共处的说法。东林自命清高瞧不上我，他们就是我的敌人。对敌人，魏公公从来不会客气。

东林的失误

既然皇上已很明显地支持魏忠贤和客氏，自然少不了投机分子，其中最无耻的是顾秉谦。

顾秉谦，万历二十三年（1595 年）进士，礼部右侍郎。天启年间，顾秉谦已经是当爷爷的人了，他颤巍巍跑到魏忠贤府上，身后还领着自己儿子。一进门顾秉谦就跪在地上，对魏忠贤说："本来想认您做爹，奈何年纪超标（本欲拜依膝下，恐不喜此白须儿），只好让我儿子给您做孙子。"

这是变着法儿给魏忠贤当儿子，顾秉谦一脸诚恳，魏忠贤听了很高兴，给他儿子尚宝丞的职位，并答应顾秉谦，日后一定重用。

天启二年（1622 年）八月，朱由校依照魏忠贤的设计，用顾秉谦代替孙慎行为礼部尚书，标志着魏忠贤在外廷已经占有一席之地。

这是个很明显的政治信号，东林有什么反应呢？

至天启三年（1623 年），东林人士干出了一些政绩，然而他们掌握话语权后，犯下了和浙党一样的错误——不能容人。

比如顾秉谦之后，又一位投靠魏忠贤的重要官员魏广微。

魏广微，庶吉士出身，时任南京礼部右侍郎。魏广微之父魏允贞生前与东林大佬赵南星是至交好友，按照辈分算起来，魏广微属于子侄辈。魏广微看到魏忠贤说话管用，便想着走内廷路子，以便把自己调回北京任职。

在官场上有这种想法，严格来说算不上投靠魏忠贤，顶多是给自己多经营一条人脉。但落在眼里揉不得沙子的赵南星眼里，魏广微就成了数典忘祖的小人，赵南星公开表示："见泉（魏允贞号）没有儿子！"

话说成这样，魏广微还想请求与赵南星和解，他几次前往赵府拜访世叔，赵南星一律挡驾。即使魏广微在门口大喊："其他人可以不见我，您不能不见我啊！"赵南星还是那句话："见泉没有儿子。"

魏广微起初接近魏忠贤或许本是一种策略，还在摇摆状态。赵南星的做法，无疑彻底将许多像魏广微这样的人推入魏忠贤怀抱。

天启三年（1623年），京察之年，政绩考核工作主要由东林官员负责。此时朝中与他们唱对台戏的主要有浙党、楚党、齐党，结果这场京察下来，三党党首全部被免。

这就有点一网打尽的意思了，为了自保，也为了自救，三党官员不得不联合起来对抗东林。

齐党由山东省籍官员们组成，是北方各省的第一大派别；楚党包括湘鄂两省官员，是朝堂中的第五大势力，比齐党人还多。三党元气大伤，光靠他们并不能扳倒东林。因此浙齐楚官员低下了他们高傲的头颅，向以魏忠贤为首的宦官势力低头献媚，与魏忠贤联合对付东林。

魏忠贤虽识字不多，心思却极灵活，他意识到言官在政治斗争中的重要作用，要打击东林，必须拉拢一批言官。此时魏忠贤开始掌控朝局，一些言官如崔呈秀等投靠于他，东林在无形之中为自己树立起了庞大的对立面。

就这样，以浙党为首的朝堂势力，和以魏忠贤为首的宦官势力相互勾结在一起，便组成了阉党。阉党和东林党一样，也是政治势力的联盟，并不是明末的一个党派。可以说，阉党的壮大，离不开东林官员的助攻。

东林众人行事过于认死理，不知变通，不能不说是一大失误。也正因如此，一个小人物得以斡旋其间，成为天启年间一道独特的风景线。

天下第一布衣

熊廷弼下狱论死，试图自救。到这份儿上道理已经讲不通，好在还有个人能让皇上改变心意，便是魏忠贤。在这种事上，魏公公收钱办事，绝不含糊。熊廷弼就托人找关系，一来二去，一个叫汪文言的人揽下了这个活。

汪文言在明末是个很特殊的人，这位老兄骨骼清奇，史载“有智术，负侠气”，可惜学习不好，连个功名都没考上。

万历年间，汪文言窝在南直隶歙县县衙。论身份，他只是一个名不见经传的编外人员，不过论名气，汪文言比知县大人还大。长期和混混、犯人以及各色人等打交道，汪文言没少干不光彩的事，他也经常仗义疏财接济朋友，江湖朋友纷纷前来蹭饭。光是如此也就罢了，汪文言还敢于担当，但凡认识他的，就算走投无路，只要找上门来，他都能帮人一把。时间一长，人送绰号“及时雨”，被誉为当代宋江。

汪文言会来事儿的名声传到刑部员外郎于玉立耳中，他就跟汪文言说了：“以你之才，在县衙岂不是埋没了。你若真有鸿鹄之志，何不去京师碰碰运气？”

经他介绍，汪文言进京了。来到京城，汪文言才了解自己的渺小，天子脚下啥都要讲身份，没有学历的他档次太低，只好出钱捐了个监生。这笔投资立竿见影，有了身份的汪文言上下打点左右逢源，短短数月在京师混了个脸熟。

但他还是个小人物，只能混混下九流。

汪文言就寻思了，官老爷们不睬我，得找个人提携啊，找谁呢？

东宫大伴王安。

当时朱常洛还在装，王安这个太子大伴也无人问津，但汪文言坚信自己的眼光。

后来的事实证明，汪文言烧冷灶的功夫真不是盖的。朱常洛即位，王安地位火速攀升，不久发生“移宫案”，汪文言凭借多年混社会的经验向王安进言，力劝他站在大臣这边。杨涟、左光斗果然大获全胜，让王安更看重汪文言，也让他成功走进了东林人士的视线。

汪文言没有东林官员普遍存在的书生气，他曾在监狱、县衙工作，长期与三教九流打交道，让他对人性有着更深刻的了解。一接触，东林人发现他做事认真，够狡猾，是个有实力的混混。刘一燝、周嘉谟、杨涟、左光斗等人都和汪文言拉上了关系，隐然间，非东林的汪文言成了东林大佬的智囊。

得到信任后，汪文言办了件更离谱的事，据记载，他仅凭一人之力，就搞垮了与东林作对的齐、楚、浙三党。

这事怎么干成的，史料中没写太详细，只说“用计破齐、楚、浙三党”。

翻来翻去，在夏嘉遇（时任吏部考公员外郎）的传记中找到了相对详细的一段记载：

> 布衣汪文言者，素游黄正宾、于玉立之门，习知党人本末。后玉立遣之入都，益悉诸党人所为，策之曰："浙人者，主兵也，齐、楚则应兵。成功之后，主欲逐客矣，然柄素在客，未易逐，此可构也。"
>
> 遂多方设奇间之，诸人果相疑。而邹之麟既见恶齐党，亦交斗其间。扬言齐人张凤翔为文选，必以年例斥宗文、廷元。于是齐、浙之党大离。

这段记载可以看出，汪文言利用他的身份混迹于三党而心向东林。他左推右挡来回忽悠，给几方使绊子，又用邹之麟（先为浙党，改附齐党）这个棋子中伤张凤翔，使齐党与浙党失和，东林遂得以一一击破之。

此事办成，汪文言声名大噪，人送外号"天下第一布衣"。当其时，刘一燝为外廷肱股，王安居内劝行善政，汪文言居中联络内外，成为天字第一号中介。

好景不长，天启元年（1621年），王安被魏忠贤害死。为清除王安力量，魏忠贤随便找了个由头，革去汪文言监生身份，并逮捕其下狱。可汪文言并没有因此沉寂下去，反而越混越好。不仅杨涟、左光斗、魏大中等一众东林骨干，就连内阁首辅叶向高也亲自下场捞他，并在他出狱之后委任其做了内阁中书。

熊廷弼，找的就是这么一个人。

汪文言想救熊廷弼，他不方便直接出面，便委托他人，转来转去，真的就把事转到了魏忠贤那里。

受托的人说，希望可以把熊廷弼从大牢里保出来。魏公公倒是个爽快人，明码标价，四万两保熊廷弼不死。

传回熊廷弼那里，熊廷弼沉默了，他明白除了等死已无路可走。

熊廷弼根本拿不出四万两。

明代晚期，白银逐渐成了主流货币，价格也稳定下来。当时的一两银子换算成人民币，大概相当于今天六百多元。

比如《金瓶梅》里，西门庆花四两银子，就能买一口猪、一口羊、五六坛金华酒和香烛纸札、鸡鸭案酒之物。

四万两，就是两千多万元巨款，熊廷弼人缘不好，却不是个贪官，这笔钱杀了他也拿不出来，所以魏公公压根儿就收不到这笔钱。

汪文言也沉默了，他只是个中间人，既然事儿办不成，他也不好再多说什么。人家来催，他只有避而不见。

魏忠贤等了好久音信全无，很生气，手下爪牙立即出动，一查吓一跳，中间人竟是死对头汪文言。

魏公公非常愤怒，他很想马上弄死汪文言，只是他现在还不能这么做。此时魏公公还没掌握一项很重要的权力，他还需要再等等。

第十六章 明朝的关宁锦防线

孙承宗的困局

话分两头，孙承宗的考察结果不光是压死了熊廷弼，连带王在晋也被打了小报告。

王在晋不行，战略眼光太差，换掉！谁来接任呢，廷议会推，推出四个人选：阎鸣泰、李三才、王之寀、王之臣。

孙承宗看得直翻白眼，这几个人……还不如王在晋啊……堂堂大明没有人才了吗?

天启二年（1622 年）八月，孙承宗自请为督师，用阎鸣泰为辽东巡抚，以鹿善继、王则古为赞画，并请求从国库带走八十万两。天启皇帝爽快同意，赐给尚方宝剑、坐蟒等，亲自将老师送出宫门，内阁大臣将孙承宗直送到崇文门外。

孙承宗出关，按照他的思路开始工作：欲保关门，必先固辽西；欲复辽东，亦必先固辽西。

如何固辽西，孙承宗认识到军队野战能力堪忧，一旦后金军席卷而来，手下这些将领很难抵挡。但同时，努尔哈赤他们也有一个巨大的弱点，即没有先进的攻城武器，很不善于攻城。

兵法有云：以己之长，克敌之短，善也。我们不善野战，敌人不善攻城，那就想办法让敌人去啃城墙。

孙承宗的战术就此出炉，后人称之为：碉堡战术。

欲固辽西，必修碉堡，把碉堡从山海关一路修到宁远，再从宁远修到锦州，辽西不就稳固了。再把碉堡从辽西修到辽东，辽东不就……

说干就干，天启二年（1622 年）九月开始，碉堡工程启动。到天启五年（1625 年）六月，孙承宗已修建起一道从山海关到宁远，再到锦州的防线。其中包括四十七座城堡，数以百计的兵台，一条坚不可摧的关宁锦防线赫然出现在辽西大地。

而且看上去，后金好像真的怕了孙承宗，广宁之战后他们再也没有发起大规模战役。直到天启六年（1626 年），辽西始终无战事，“关门息警，中朝宴然，不复以边事为虑矣”。

不费一枪一弹，明军已不知不觉收复了辽西，朝臣多有赞叹，说：“兵家有云，善战者，无赫赫之功。”孙老师就是这样的大才啊，照此发展下去，收复辽东不是痴人说梦，灭掉努尔哈赤也不是不可能的事。

孙承宗也是这样想的，按他的设想，只要一路把碉堡修到辽东，努尔哈赤就只能干瞪眼。他要是死守沈阳、辽阳，咱们就用碉堡群封锁交通，步步为营，稳扎稳打，他们要是不想被饿死在城里，就只能逃回老家去。

朝中有人不干了。

前文我们说过，孙承宗的决策在军事上未必是错的，但是要知道，军事问题从来就不单单是军事，它还是政治问题、经济问题、社会问题。

宁远有重要战略地位，没错。能不能守，守不守得住，还得结合其他方面综合来看。

当初王在晋被罢免时，就有不少人替他叫屈，说孙承宗看问题的角度太单一，王在晋的方案才是真正替国家着想。

为什么这么说？

老问题：没钱。

一个国家的财政收入总是有上限的，万历中期，财政就已一路走低。张居正攒下来的钱，“三大征”已经花光，萨尔浒时国库早就空了。天启初年（1621年），中央岁入不过三百三十万两，支出达到五百余万两，朱由校面临的是与当初朱厚照、朱载垕相似的局面。

好在朱由校有个祖宗不具备的优势，他有爷爷的私房钱。

万历皇帝透支国力，搜刮民脂民膏充入内库，他两腿一蹬走了，私房钱带不走。几十年来他积累下的内帑是个庞大的数目，高达两千多万两。朱由校即位，天启初年（1621年），一系列大败，折腾掉了四五百万两；办葬礼、办婚礼、搞册封、吃喝玩乐，又花了四五百万两，还剩一千多万两。

孙承宗提出碉堡战术，当时就有大臣质疑，这么庞大一笔钱，从哪来？

要说朱由校对孙承宗的信任，那是没有话说，天启皇帝一拍胸脯：这个项目，我批了！

然而天启皇帝也没想到，碉堡工程是如此庞大，内帑都投进去还是不够。为了填这个巨大的窟窿，朝廷每年都要追加辽饷，到天启六年（1626年），辽饷已增至7714121两。饶是如此，这一年的财政赤字还是高达1646575两。

再把碉堡修到辽东，开支不是翻倍的问题，是翻几倍的问题。

要知道，碉堡也是需要兵力防守的。碉堡越多，所需兵力越多，孙承宗修建关宁锦防线，大力扩军驻守，兵力增加到了十四万人。按他的下一步计划还要增兵，需要在关外保持一支三十万人的常备军力，以作复辽之用。

仅这三十万人，每年军费就要一千多万两，再加上庞大的工程开支，一年两千万两都未必管够！

如果还是没有直观印象，我们用“万历三大征”来做个对比。“三大征”从万历二十年（1592年）宁夏之役开始，到万历二十八年（1600年）播州之乱平定结束，前后跨度八年，投入一千一百多万两银子。

截至天启五年（1625年），朱由校已投了孙承宗一千一百多万两银子，三年不到，孙承宗就把“三大征”的钱给花没了。这还只是第一步，接下去他还要再投几个“三大征”那么多的钱。

年年入不敷出，内帑已经空了，钱从哪儿来？

许多大臣意识到这个问题，工科给事中方有度进谏，说九边重镇加起来的“正供”也才三百四十多万两，孙承宗在辽西的十四万人，每年就要耗费粮饷四百万两，再加上天津、登莱、东江各处协辽单位，每年军费合计不下五百二十万两。

这样下去，努尔哈赤只要窝着不动，不用他发一枪一矢，我们先破产了，没得玩了（即今东奴恋栈，长伏穴中，不向西遗一矢，而我之天下已坐敝矣）。

远在南京的王在晋痛心疾首上疏说：“修碉堡修出个烂摊子（遗不了之局），财政兜不住了（竭难继之供），陛下不可不虑。”

柳河之败

事实上，来到辽东，孙承宗就发现自己已是骑虎难下，可是大话已经说出去了，总不见得采用王在晋的废案吧？

自打耳光是不行的，孙承宗想到了另一个办法。

天启二年（1622年）九月、十月、十二月，他三次递交辞呈，天启皇帝没批；天启三年（1623年），他又请辞了两次，还是没批；天启四年（1624年），再次请辞，朱由校一想不对啊，是不是给老师的职权不够，他这是要权呢？

传旨，升孙老师为“大总督”。

孙承宗无语，皇上如此信任，没辙了，咬牙挺着干吧！

当然，天启皇帝对老师的支持没话说，砸锅卖铁也要投。这帮大臣盯着眼前那一点银子，他们懂个啥，没看见努尔哈赤不敢出来了吗？

天启五年（1625年），希望破灭。

这年八月，孙承宗叫来手下最信任的总兵马世龙布置任务：“你给我集结手下精锐兵马，尽快出发，一路要偃旗息鼓，秘密进攻耀州（今辽宁省营口县岳州村）。”

马世龙不太理解，他知道耀州只有一支三百人的后金军驻扎，我可是辽西军区一号武官，这么干是不是小题大做了？

孙督师接着吩咐：“这三百人不重要，哪怕让他们全跑了也不重要。重要的是要他们首领，一定要抓住那个领头的，如果实在没法生擒，也绝不能让他活着回去。只要解决掉这个后金军将领，足以胜过千军万马，甚至可以成为辽事以来，大明最辉煌的战绩。”

孙承宗没有吹牛，他收到情报，耀州来了个大人物，此人就是努尔哈赤第八子，四大贝勒之末，后金正白旗旗主。洪太祖、洪太主、黄台吉、红歹是这些都是他的名字，我们一般称呼他为皇太极，后来的清太宗，清朝真正的创建者。

换句话说，要是抓到皇太极，也就没有后来的清朝建立，入主中原这些事了。

马世龙听得连连点头，高，实在是高！三百人而已，这事儿，包在末将身上。

一转头，马世龙派出手下副总兵鲁之甲、参将李承先，率七千人的前锋先行渡河，马世龙亲率大队人马随后赶到。

耀州只是个半成品的小土城，七千人打三百人，就算城里还有两三百后金民夫，怎么算也是碾压。

在那个夜晚，明亮的火把照亮了在柳河上空，战斗的喊杀声，士兵的哀号声，战马的悲鸣声，士兵落水的扑通声，不绝于耳。

胜利的不是明军。

此战结果，马世龙的七千名精锐被三百名后金军和凑数的两三百名民工打得惨败，鲁之甲、李承先战死，中军钱应科落水而死，辎重、装备遗留无数，史称“柳河之败”。

军事上来讲，柳河失利的直接原因是指挥不力，缺少渡河船只，耽误时间给了后金准备的机会。败是败了，直接损失的兵力并不多，毕竟后金只有三百名正规军，不可能真的灭了拥有七千人的明军。战后统计，阵亡人数大概是四百人。

但是此战带来的后果是灾难性的，柳河的逃兵和溃兵为逃避责任，大肆渲染后金兵有多么厉害，我们的抵抗多么英勇，无奈实在打不过啊。

再加上实际结果摆在那，恐怖气氛迅速蔓延到整个辽西，孙承宗的十几万人，居然一哄而散跑了一半，实实在在地重演了那句成语“草木皆兵”。

早在王在晋和孙承宗争论的时候，王在晋就警告过了，“辽兵善走”，安排督战队也不管用，所以他要修三道关，不到万不得已，不开关门，以逼他们死战。

孙承宗不信，他坚持“辽人守辽土”，现实给了他一记响亮的耳光。

后果如此难堪，孙承宗没脸继续坚持了，还说啥呢，继续申请退休吧。在朝野舆论的压力下，天启皇帝也保不住老师了，十月，孙承宗去职。天启皇帝对老师实在是没得说，别人捅这么大个娄子，早就下狱查办了，他不仅没有批评，还加封孙承宗为光禄大夫，再赠赐蟒服、银币，派人护送他回故乡休息。

孙承宗下课了，但不是退休，几年后，他还将生猛复出。

关宁锦防线之辩

孙承宗用失败论证了他的方案，那是不是就可以说，孙承宗的方案错误，王在晋的方案胜出呢?

并不能。

孙案王案孰优孰劣，是明末一个非常“烧脑”的问题，直到今天都不能得出一个统一的意见。

先说结论：

在天启年间，关宁防线有实际意义，宁锦防线是无意义的；到崇祯年间，锦州防线仍旧没有意义，关宁防线也失去作用，属于一块应该被放弃的鸡肋。

讲到明末时局，我们首先要明确一个概念，明末绝不仅是明、清（后金）两方的博弈，而是多方力量围绕着整个东北地区的博弈：明、清、蒙古、朝鲜。其中明、清是主角，蒙古、朝鲜是配角。

恰恰，蒙古和朝鲜是容易被忽略的两方力量。

九边防线主要防御对象是谁？

两百多年以来，直到努尔哈赤反明之前，这条防线的主要假想敌，有且只有一个：蒙古。

怎么能忘了蒙古呢？天启年间，瓦剌西撤，俺答的土默特部已封贡，辽东的察哈尔部可没完。他们在林丹汗的率领下，正在为统一蒙古而不懈奋斗。

林丹汗的梦想和努尔哈赤是类似的，收服喀尔喀，进而征服女真，将整个东北纳入势力范围。在明军与后金作战时，他们在辽西也保持着攻势，时不时就出兵袭扰。

林丹汗在使明朝震骇之余，倒是提醒了朝廷利用这支力量来对付勃勃兴起的后金集团，为此明朝决定“复虎墩兔市赏”。万历四十五年（1617 年），双方建立了互市关系，至天启末年，林丹汗的市赏已增至白银十二万两。

在这种形势下林丹汗转而与明和好，开始将尽力集中到经略蒙古诸部，抗御后金方面上。

那么明朝最合理的对策，是让出辽西走廊，任由努尔哈赤与林丹汗决出个胜负；还是保持军事存在，御敌于山海之外呢？

得看三方力量对比。

若是大明有永乐年间的实力，没得说，直接过去，把两个都按倒在地。

很遗憾，永乐大帝“六师屡出，威德遐被”的武功，早已成为泛黄故事中的追忆。

若是林丹汗与努尔哈赤势均力敌，让出辽西，坐山观虎斗，让他们拼个两败俱伤也是个不错的选择。

可惜林丹汗野心虽大，能力却让人着急。到了天启年间，他连内部都没搞定，一败再败于努尔哈赤，两者明显不在一条水平线上。

回到天启二年（1622 年），坐山观虎斗等于坐等努尔哈赤独大。后金若彻底征服喀尔喀，力量再次大增；若是给他再征服察哈尔，天下就没人能制得住他了！

这是真实的时间线，后来历史就是这么发展的。

因此不能让后金灭了蒙古，对蒙古既要提防更要拉拢，有这样一个刺头在，努尔哈赤西面的威胁就始终存在，他就没有办法集中力量攻略辽东。

我们看看孙承宗修筑关宁锦防线的这四年多时间里，努尔哈赤在干什么。

后金在天启二年（1622 年）攻占广宁后，没有发起进一步进攻，只是拆毁广宁城，把人口和资源运回辽阳，主动撤出辽西。

接下去连续几年，他也没有进攻明朝，眼睁睁看着孙承宗把地堡修到了锦州。

不是努尔哈赤大发善心，更不是他怕了孙承宗。而是后金军战线过长，已经和内喀尔喀、察哈尔的活动范围完全交叉。为避免兵力分散，他必须先集中力量对付蒙古。

天启三年（1623 年），努尔哈赤征讨内喀尔喀，杀死对后金的强硬派——扎鲁特部台吉昂安，对扎鲁特部予以毁灭性打击；

天启四年（1624 年），在努尔哈赤威胁下，科尔沁部抛弃林丹汗，与后金结盟；

林丹汗加大统一力度，后金与奥巴（嫩科尔沁）、阿都齐达尔汉（杜尔伯特）、戴青蒙果（郭尔罗斯）等蒙古诸部结盟，宣布共同对抗察哈尔；

天启五年（1625 年），林丹汗东征科尔沁部，试图重新统一蒙古，结果导致喀尔喀部发生分裂，科尔沁部直接倒向后金。

为彻底拉拢科尔沁，努尔哈赤采取联姻的办法，让皇太极娶科尔沁贝勒宰桑一布和之女，博尔济吉特氏一位名为布木布泰的女子为侧福晋，后册封为庄妃。

这位庄妃就是历史上著名的孝庄文皇后，影视剧里的大玉儿，她的儿子是顺治皇帝。她还培养、辅佐了康熙皇帝，被尊为大清第一皇后。

在此之前，皇太极已娶科尔沁贝勒莽古斯之女哲哲为正妻，可谓是亲上加亲。

这样的政治联姻让科尔沁与后金的关系再也无可撼动，这招后来被沿用下去，博尔济吉特氏先后23次与清朝皇帝联姻，共计出了四位皇后，三位太后以及僧格林沁这样的名人，荣耀一直持续到民国。

在天启二年（1622年）到天启六年（1626年）这四年的时间里，后金驻马于锦州以北，不是怕了孙承宗，而是努尔哈赤在忙活别的事情。主要是扩张太快太急，需要时间镇压辽民的反抗、补充人员和物资以及清除蒙古的后顾之忧。

正是由于关宁防线的存在，明朝加大了对林丹汗的拉拢，让努尔哈赤不得不分心。因此这条防线不是没用，保持在关外的军事存在，明朝就能干扰后金对辽西漠南蒙古左翼诸部的联络活动，亦能对察哈尔和喀尔喀持续施加影响。

历史也证明了它的作用，从此直到明亡二十余年时间里，关宁防线从未被攻破，后金（清）连山海关大门都没摸到。

袁可立与毛文龙

讲完蒙古，再看朝鲜。

天启三年（1623年，朝鲜光海君十五年），那位对中国阳奉阴违的光海君李珲被侄儿绫阳君李倧发动政变废黜。李倧奉仁穆大妃之命继承王位，是为仁祖，故此次政变被后世称为“仁祖反正”。

李倧是个篡位者，一度没得到大明官方承认。但李倧的上台使中朝关系出现了一个拨乱反正的变化，政变不久后，李倧就向明朝使者标榜要“同心协力，期剿此虏”“协心一力，期灭此贼”，朝鲜外交由光海君的“不背明，不怒金”急速转向亲明排金。

从熊廷弼的三方建置到孙承宗的运筹帷幄，朝鲜都是重要一环。它们固然没有抗衡后金的实力，但要说仇恨，朝鲜和女真有几百年的世仇。

朝鲜存在的意义，不在于出兵和后金硬刚，在于它们独特的地理位置。朝鲜位于后金大后方，它们甚至不用出兵，就能给三方建置提供极其重要的支持。

这里要提到天启年间另一位重要人物：袁可立。

袁可立，字礼卿，号节寰，河南归德府睢州（今商丘市睢县）人，万历十七年（1589 年）进士，时年 27 岁。

在万历一朝，袁可立的仕途是个悲剧。起初，因在地方任上表现出色，六年下来他即升任山西道监察御史。一年后，袁可立因直谏触怒万历皇帝被罢官回籍。这一罢就是 26 年。

泰昌元年袁可立再被起复，已是虚岁六十的花甲之年。蹉跎大半生，雄心壮志早已消磨殆尽，何况出任的还是尚宝司司丞这样一个无足轻重的印章保管员。

换作旁人，大概也就这样想了，但不包括袁可立。

当官光有理想是不行的，朱常洛一月驾崩，袁可立跟着沾光往上提了点：尚宝司少卿，高级印章保管员。

要想一展才华，能不能得到赏识才是最重要的。幸好袁可立有个叫高攀龙的至交好友，天启初年（1621 年）正是东林人“众正盈朝”的高光时刻。他们非常认可袁可立的才干，短短数月，袁可立再升太仆寺少卿，天启二年（1622 年）升通政使司左通政。

后来广宁失守，朝野震动，天启皇帝下令京师戒严，然后忍痛推出了他的两位老师。

一位是孙承宗，一位是袁可立。左通政袁可立奉旨侍经筵，是天启皇帝的老师之一。

天启二年（1622 年），熊廷弼经略辽东，再提三方建置，在他的平辽整体战略中，登莱是关键要点之一。登莱地处山东半岛，与辽南隔海相望，既是拱卫京师的海上门户，同时也是通往天津和辽东的交通要道。

“凡战者，以正合，以奇胜”，熊廷弼的用兵设想是奇正相辅。明军防御时，只要后金主力出动，登莱所部便可跨海登陆，直捣辽南，同时可要求朝鲜从义州出兵策应。

老家起火，请问努尔哈赤要不要回救？

等训练好军队，从战略防御转为战略进攻，在正面战场拖住后金大部队。登莱、朝鲜还是一支奇兵，他们甚至不必专注于消灭后金有生力量，只要烧掉辽南四卫（后金屯粮之地）粮草，便是不世之奇功。

粮道被断，前方难以为继，请问努尔哈赤要不要回救？

天启二年（1622年）四月十四日，朱由校以“弹压登莱非公不可”，加袁可立右佥都御史“巡抚登莱等处地方备兵防海赞理征东军务”，命飞挽，以专征。

在此要提到另外一个人，毛文龙。

毛文龙当初在镇江得手后，得到舆论盛赞“浑身是胆，满腹皆兵”，一年左右的时间，他就擢升为练兵游击、总兵官，奉旨开镇东江，开辟一片敌后根据地。

毛文龙的晋升是火箭式的，但自镇江以后，毛文龙没有取得什么像样的战绩。毕竟他是深入敌后的武工队，后金一旦重视起来，毛文龙不得不东躲西藏，最后跑到了大海中一个叫皮岛的小岛上。

这个皮岛今天叫椵岛，位于辽东半岛和朝鲜半岛的枢纽处，鸭绿江口东之西朝鲜湾中。岛屿面积19.2平方公里，北岸与后金界相隔八十里的海面。

八十里对没有水师的后金是个可望而不可即的距离，毛文龙在皮岛上招揽逃离后金控制的汉人，挑选精壮组成东江军，数年来虽说没啥大动作，也积累了不少人气。

毛文龙此人有胆略，知兵事，曾经是个战斗英雄。但他也有桀骜不驯、好大喜功的毛病，不是个容易驾驭的人物。王化贞在时，能节制毛文龙，王化贞获罪，毛文龙就失去了控制，他在岛上主要是走私、做买卖，偶尔骚扰一下后金。如此下去有成为稳坐岛中、享其荣华富贵的“海外天子”的可能。

东江镇隶属登莱管辖，如何处理与毛文龙的关系？

要是熊廷弼、袁崇焕这类眼里揉不得沙子的军事主官，毛文龙这是拥兵自重的军阀头子，说不定要严肃处理。

袁可立不是这样的人，他对毛文龙予以坚决支持。

上任不到三个月，袁可立就替毛文龙请饷“请发帑金二十万安兵散民”；地震时，袁可立首先想到毛文龙，向朝廷上疏，请求“预筹毛帅之接济”；袁可立上任不到十个月，毛文龙地位一升再升，由总兵官加平辽将军，左都督并获赐尚方宝剑。

袁可立对毛文龙的支持超过了王化贞，一系列举动把毛文龙感动了，自述衷肠说：“唯袁公知我也。”

袁可立为什么要这么做呢？

四个字：大局为重。

皮岛这个地方，离后金近，离朝鲜更近。三方建置除了山海关、广宁、登莱之外，还有个隐藏但极为重要的另一方力量——朝鲜。

朝鲜又回到了亲明的轨道，朝鲜紧邻后金大后方，控制了皮岛，就能加强对朝鲜的联合，是夹击后金战术的重要一环。

纵观明代巡抚节镇登莱，袁可立是唯一长时间有效支持毛文龙的登莱巡抚，是前后几任登莱巡抚中对毛文龙支持力度最大的一任。

毛文龙跋扈一点，贪污一点，只要在可控范围之内，只要能配合我的战略，我都能接受。皮岛这个地方，对于袁可立的联合作战实在是太过重要。它的存在不仅在于军事，保证在皮岛的军事存在，对联络朝鲜，稳定辽东军民信心，更有政治上的意义。

其间，袁可立在同年焦竑的推荐下结识了和他同年同月出生的徐光启，徐光启在兵器方面的才干很快得到袁可立的充分赏识，二人在战略思想上都主张加强对朝鲜的控制。

除了支持毛文龙，袁可立自己也没闲着，他以皇城岛和旅顺一线为基点，向东向北拓地筑城数百公里。他在登莱整饬军务，秣马厉兵，组建起一支庞大的水师，计有战船四千艘，军队五万人。

这支军队，袁可立以戚继光的“水军先习陆战”之法进行训练，装备精良，战斗力很强，可以说是明朝的一支海军陆战队。

这样一支军队，不仅是为了防御，更是为了进攻。

天启三年（1623年）六月初四，努尔哈赤正在征讨内喀尔喀，后方传来急报。登莱属下两镇兵马齐出，沈有容起兵“自皇城岛掩袭旅顺南四卫”策应于南，毛文龙“自皮岛掩袭镇江九连城”抄袭于北。“巡抚袁可立使总兵沈有容以舟师赴岛上，与毛文龙连兵应之。”

在南岸沈有容的策应下，毛文龙命大将张盘率部从麻洋岛登岸，相机规取后金所占领的金州和旅顺。六月十八日，毛文龙自统八千名马步精锐，从镇江、汤站一路进击剿杀。

当年七月初二，张盘率领军队和登莱招抚的辽民混编的队伍一举打下金州，乘胜收复要塞旅顺、望海堡和红嘴堡等战略要地，使辽南数百里土地重新收归于明朝。

十月初五，张盘再率明军于城中设伏，大败后金军，并乘势收复复州和永宁，后金“器械、铳炮俱掷弃而奔”。朝野相庆，以为“设镇以来自未有此捷也”。光从战绩来看，张盘是要优于毛文龙的。

在袁可立精心策划下，明朝沿海大部分要地失而复得，收复辽南海岛疆土千余里，使登莱、旅顺、皮岛、石城、宽叆等地连为一条弧线，对后金形成了一道大大向前延伸的屏障和包围圈。

膏腴之地失而复得，后金“四卫已空其三，沿海四百余里之地奴尽弃之而不敢据，所余者酉虏千人而已”。

这一系列失败，后来被清朝都记在了毛文龙头上，隐瞒了袁可立这个幕后大佬。但事实上，没有登莱军区总司令袁可立的指挥筹划，毛文龙一人断不能取得如此大捷。

在那三年多时间里，袁可立与天津抚李邦华、总兵毛文龙、沈有容勠力策应，形成“百里棋布，鼎足传烽”的掎角之势。袁可立拓地筑城，召集安置逃难流民，屯兵各岛间，步步向前推进海上防御，大大牵制了后金对明朝的压力。

由于袁可立的存在，朝鲜的作用被大大加强。把优势保持下去，朝鲜的战略地位会更加凸显。

如此一来，努尔哈赤就很头疼了。

宁锦防线是另一回事

袁可立又和关宁防线有什么关系呢?

关宁防线本就继承的是熊廷弼三方建置理念，登莱是其中非常重要的一环。

但是孙承宗的二期工程，在此基础上继续投资，直接把地堡修到了锦州，修筑了大凌河、小凌河一系列城堡，又构筑起了一道宁锦防线。

这道宁锦防线，没用。

锦州是个东面临海，西接山麓的地方，历来是战略要冲。辽西走廊到了锦州这一段，只有阴山东麓与渤海间一条狭窄的走廊。

狭窄到什么程度?山与海之间最窄的一段，仅有十二公里宽。这个地方，叫作塔山。

塔山今天属于辽宁省葫芦岛市，明代没有葫芦岛这个城市。那里如今保存着一座方形古城，今天叫兴城古城，明代它叫宁远。

塔山距锦州 80 多里，距宁远也是 80 多里，这里是围点打援的绝佳之地。

明军出援，后金打援，谁会赢?

关宁是一回事，锦州是另一回事。关宁是一条防御线，宁锦是一条攻击线。孙承宗的意思很明确，就是要采取攻势，把锦州作为复辽的进攻基地。

锦州的意义在于进攻而非防守，那明朝当时有没有进攻的实力呢?

柳河之败告诉我们孙承宗花费大量时间金钱的辽西野战军闻风而遁，彻底打破了孙老师的幻想。孙承宗这才发现辽西的水有多深，财政问题也让他无力把地堡继续修下去，只能拼了命地要求辞职走人。

天启五年（1625 年）四月，局势略略稳定，努尔哈赤把首都从辽阳迁到沈阳。林丹汗又来骚扰，十月，后金与察哈尔进行了一场战争，后金取胜。

直到这时，努尔哈赤才有心思关心宁锦地区。

击退林丹汗两个月后，宁远之战爆发。

王在晋的方案对不对？

略显保守，但对比宁锦防线的激进，保守一点没什么不好。

王在晋的策略是只保持少量的部队，守住山海关一带就可以了，这样每年省下来的银子有好几百万两。

这个方案缺点是放弃辽西走廊，会让明朝对察哈尔的影响力大降，使得后金对蒙古的政治笼络和军事打击更方便。

关宁防线有用的前提有两个条件：一、能有效拉拢蒙古；二、林丹汗要顶得住后金。可惜后来的历史证明，有了关宁防线，天启和崇祯两朝也没能利用好蒙古这个筹码。加上林丹汗也实在是不争气，只活了 42 岁，能力也就是个一般水平。

整体来看，孙承宗第一次经营辽西，结果是失败的。孙老师的方案很理想化，但他忽略了两个最基本的问题，一是财政问题，二是军队战斗力问题。

碉堡战术看上去很美，但敌人不是木桩，是会移动、会思考的军队。你筑城，我不一定非得攻城，我在城里弓箭火炮射程之外挖壕沟围城。你怎么办？要不要派兵解围？解围要不要野战？那正好，我围点打援。

如此形成一个悖论：筑城是因为野战不力，敌人围城了又不得不出兵解围，野战还是不能避免。

就算柳河不败，只要没有一支可靠的野战军，孙承宗的进攻策略早晚会失败。

这种局面后来发展到极致，搞出了崇祯十三年（1640 年）那场著名的松锦大战。

第十七章 东林党的真面目

推升吏科都给事中风波

孙承宗下课时间是天启五年（1625 年），朝堂早已物是人非。

天启二年（1622 年），汪文言办了件不该办的事儿，放了魏忠贤鸽子。魏公公当时保持了沉默，不是不想报复，只是他还缺少一样很重要的武器。

历任有能力对抗外廷的大太监，必须要有这样武器。王振、刘瑾、汪直、冯保等人要么提督东厂，要么执掌西厂、内行厂，这些机构既是最高特务机关，又是太监最忠实的鹰犬。魏忠贤没有这个武器，他毕竟只是个内臣，没有办法直接插手外廷事务，办起事来多有掣肘。

天启三年（1623 年），朱由校任命魏忠贤提督东厂，开始掌握大明这个最高特务机关。除皇帝以外，任何人都在东厂的侦缉范围以内，一切案件可以不经过任何手续，直接由东厂督办。这种权力，是任何一个衙门都比不上的，魏忠贤掌握了这个特务机构，就可以名正言顺地把手伸向宫廷之外了。

很明显，皇上的信任与日俱增，形势对魏忠贤越来越有利。魏公公所需要的，只是一个机会，一个能让他向东林发起战斗的机会。

天启四年（1624 年）初，推升吏科都给事中的风波，为他找到了一个突破口。

这年二月，吏科都给事中出缺，有资格晋升的给事中刘宏化刚好因亲丧回籍。左佥都御史左光斗就通知请假探亲的阮大铖来京递补。

阮大铖，字集之，号圆海，万历十四年（1586 年）进士，东林骨干，师从高攀龙。阮大铖很想得到这个职位，他与左光斗、魏大中等人的私交都很好，但他为人浮躁，品行不端，在士大夫中名声不太好。

虽然有了左光斗的推荐，但这件事最终要办成，还是要吏部尚书赵南星的同意。赵南星和左副都御史杨涟都认为阮大铖不合适，连阮大铖老师刑部右侍郎高攀龙也认为他不是合适人选。经过推举，吏部否决了左光斗的建议，改推工科给事中周士朴担任吏科都给事中。作为补偿，准备让阮大铖补工科给事中之缺。

这件事办得没什么问题，阮大铖也没表示异议，名单报上去之后，卡壳了，天启皇帝留中不发。

天启皇帝本人对周士朴倒没什么意见，但魏忠贤对他意见很大。

周士朴是个官声很正的官员，他平时以文章气节自负，史载其“性刚直，不能委蛇随俗”，尤其看不惯宦官胡作非为。天启年间，周士朴多次上疏弹劾宦官飞扬跋扈。魏忠贤要陷害御史周宗建、谕德缪昌期、应天巡抚周起元等人，周士朴大义凛然，上疏申救，魏忠贤早已对其怀恨在心。

这次一看推出的是周士朴，魏忠贤怎能甘心，他在朱由校面前大说了一通周士朴坏话，天启皇帝受其诱导，将奏疏留中。意思很明显，这个人选我不认可，你们重新推。

吏部见推举迟迟不下，知道是不合皇上心意，只得重新推选，改推阮大铖。

阮大铖得到了这个梦寐以求的职位，他却发现周围的人看他的眼神都变了。大家都忘了他本就是候选人之一，普遍认为是他投靠阉党，用卑鄙的手段谋求到了这个职位。

阮大铖成了众矢之的，舆论的巨大压力让他上任不到一个月，就匆忙请假回籍避风头去了。于是经吏部推荐，朱由校任命礼科给事中魏大中出任吏科都给事中。

魏大中，阮大铖老友，同为高攀龙弟子。魏大中为人正直，由他出任这个职务，得到朝臣一致认可，确实是个很合适的人选。但是远在家乡的阮大铖得知魏大中接替了他的职位，顿生疑心，他仔细回忆整件事的经过，越想越觉得是高攀龙、左光斗、魏大中等人从中捣鬼，有意排挤他。

昔日的友情顷刻化为怨恨，阮大铖是个小肚鸡肠的人，猜疑一起，怎么也咽不下这口气。他思前想后，觉得只有和魏忠贤拉上关系才是上策，一则可报此仇，二则前途有望。

升米恩，斗米仇。阮大铖决定报复，于是就联系了他的另一个好友傅櫆。两人一合计，东林这帮人基本都没什么把柄可抓，杨涟、左光斗都是清官，常见的弹劾手段对他们没用，弄不好还得惹一身骚。

看来看去，只有一个另类——汪文言。

曾经的东林闯将就这样背叛了朋友，阮大铖上疏，揭发内阁中书舍人汪文言本是逃犯，却钻营成了朝廷官员。左光斗、杨涟、魏大中明知汪文言犯过罪，不予揭发反引为腹心，致使汪文言招摇过市，揽权行贿。

魏忠贤早就想办汪文言，更想办左光斗他们，正愁没机会下手。有阮大铖这么个熟悉情况的内部人员大曝内幕，魏公公喜出望外，马上下令逮捕汪文言，严加审讯。

汪文言是突破口，只要他开口，东林这些人一个也跑不了。

汪文言下狱，大家都很紧张，他们明白，于情于理，汪文言都不得不救。有见于此，御史黄尊素急忙去找负责审理此案的锦衣卫指挥同知、署理北镇抚司事的刘侨。

黄尊素提醒刘侨：汪文言不过是个小人物，不可借此案而移祸缙绅。

刘侨为人正直，不愿意昧着良心替魏忠贤当打手，在刘侨安排下，只是把汪文言除了名，打完屁股就把他给放了，上报的汪文言供词也没有牵连一人。

魏忠贤自然很不满意，就通过非正常手段解除了刘侨的职务，由他忠实的手下锦衣卫都指挥佥事许显纯代替。

汪文言第二次出狱，这件事给东林人提了一个很大的醒。魏忠贤想干什么？这不是摆明要整我们吗？

这些士大夫能力怎样另说，他们对儒家理想的追求是出了名的执着，哪怕仕途受挫，现实黑暗，也不能消磨其意志，他们仍然期望着把治国平天下的理想变为现实。

在性格上，他们往往耿直无比，不愿因迁就而破坏原则，把政治上的对手一概斥为小人，而自视为君子。

这些人也确实努力以君子的标准要求自己，即使明知“致君尧舜上”已毫无希望，也丝毫没有退却之意。他们觉得，在年轻的皇帝被小人们包围起来的局势下，更应尽力而为坚持下去，哪怕要付出血的代价。

东林人的对手，已经越来越熟练地掌握了假手于皇权的技巧，党羽也越来越多，与东林作对的各种势力，这时差不多都会集到了魏忠贤旗下。东林人尽管还掌握着吏部、都察院等重要部门的大印，但失去皇权的支持，大印不过是一块废铜。

士大夫最强的武器就是拼死谏诤，杨涟找左光斗、魏大中商量，左光斗深表赞同，魏大中也认为事属可行。也有一些人持不同看法，御史李应升认为，杨涟身为顾命大臣，不宜轻动，倘若一击不中，后果不堪设想。李应升建议，不如由他出面上疏，李应升身为御史，有向皇上进言之责，即使不能让皇上回心转意，也不至于造成政局猝然巨变。

黄尊素想得更远，认为这是冲动的做法，极不赞成。他对魏大中说：“若想清君侧，必须有内援。杨文襄（杨一清）当年有张永，应山（杨涟是湖广应山人）有没有呢？若此疏一发，击而不中，我们恐怕都无幸矣！”

听了黄尊素的分析，左光斗、魏大中也感觉不太可靠，原先的乐观情绪一扫而光。

杨涟已经顾不了这么多了，在这么多人中，杨涟为人最为刚猛，好友梅之焕把他比喻为“虎”。早在朱由校登基之前，他就与魏忠贤势不两立，天启二年（1622年），杨涟就动过死谏魏忠贤的念头，后因亲友劝告作罢。

眼看魏忠贤的势力越来越大，东林人已被逼到了角落里，再忍让下去，机会只会越来越渺茫。

杨涟还是决定出手。

杨涟的奏疏

天启四年（1624年）六月初一，都察院左副都御史杨涟终于把奏疏送进宫里。文书房的宦官打开一看，不禁倒抽一口冷气。

这是一封弹劾魏忠贤的专疏，疏文慷慨激切，掷地有声，一口气罗列了魏忠贤排除异己、陷害忠良、图谋不轨、杀害无辜等二十四项大罪，且其措辞之严厉，字字如刀，实属空前未有。

这是东林向魏忠贤发动的一次最为猛烈的进攻，杨涟本想在早朝时面奏皇上，打魏忠贤一个措手不及。但朱由校上朝非常随意，时来时不来。杨涟写好奏疏，在兜里揣了三天，也没等到皇上上朝。

杨涟已经等不下去了，魏忠贤爪牙遍布，东厂特务手长耳灵，再耽误下去，谁也不能保证魏忠贤不会提前下手。

六月初一一早，杨涟来到会极门，拿出奏疏，交给了传递文书的官员。

会极门，原名左顺门，历来是大明朝官员提意见、搞抗议的地方，也是京官投递奏本之处。按历来的流程，杨涟投入的奏疏会经由通政司放到皇上案头。但在天启年间，这套流程已发生变化，每天由会极门投入的密封文书，会先送到文书房，由值班太监拆开参看，并草拟批语，然后再送到乾清宫大殿，由司礼监大太监王体乾、李永贞等审阅。遇有重大事件，立刻报告魏忠贤，共同商量处理方案。

杨涟很清楚，奏疏投入，一定会先给魏忠贤过目。杨涟不是无名小官，他是左副都御史，先帝顾命大臣，魏忠贤再大胆，也不敢不把他的奏疏进呈皇上。

不出所料，杨涟这本事关重大的奏疏，很快就摆在魏忠贤面前。他让身边的宦官念给他听，待宦官战战兢兢念完，魏公公的面孔已然变成猪肝色。他把奏疏狠狠地摔在地上，根据记载，他竟然害怕得哭了起来。

对于杨涟，魏忠贤并不陌生，在移宫事件中他已见识到这名大臣的厉害。四年多时间过去了，魏忠贤的权力越来越大，他以为自己再也不是四年前那个在杨涟面前哆哆嗦嗦，被骂得狗血淋头的老太监了。

等看到这封奏疏，魏忠贤才明白，纵然他已权倾半个朝野，心底对杨涟还是充满了恐惧。

杨涟没有想错，魏忠贤必须把奏疏上呈皇上，否则便是欺君大罪。

但是在官场逻辑中，不能不办和马上要办是两个概念，只要让皇上忙一点，魏忠贤就有时间思考对策。

这种事魏公公是轻车熟路，接下来几天，他帮天启皇帝安排了一次盛大的南海子武操。朱由校登上龙舟，魏忠贤自任大帅，南海子上炮声震天，鼙鼓动地，士兵列队前进，旗帜招展，刀枪如林。一名士兵跃马而出，向着龙舟报一声“天门阵势”，队伍便回绕移动，擂鼓则进，鸣金则退，纪律整肃，衣甲鲜明。

朱由校一向好动，这场武操哄得他龙颜大悦，下令犒赏三军。魏忠贤自然不会放过机会，直夸自己提督有方，朱由校也深以为然，宠爱之情又增加不少。

天启皇帝没有空面见大臣，杨涟也就没有机会当面过问奏疏的情况。经过几年的风风雨雨，普通的攻击早已无法伤到魏忠贤，但这次杨涟的措辞如此激烈，列举的罪状如此重大，皇上读了会不会产生震动，会不会对他怀疑和反感?

魏忠贤感到没有多大把握。自古道“伴君如伴虎”，别看皇上像只懒洋洋的病猫，可万一被戳到痛处，耍起虎威，那是魏公公也吃不消的。

想到深处，魏忠贤不由得打了一个冷战。他想，最好是找一位有威望的大臣替他周旋一下。

外廷中说话最有分量的大臣是首辅叶向高，叶向高的门生霍维华、孙杰都是魏忠贤的得力干将。魏忠贤找来霍维华咨询："这件事，我去求叶阁老，他是否会帮我？"

霍维华面露难色，说："阁老身为三朝元老，极为看重声誉，求他公开出来说话的希望极小。况且，他还一向与东林众人有些交情。"

首辅不行，魏忠贤便退而求其次，打了次辅韩爌的主意。在魏忠贤看来，韩爌不是东林人士，还曾因"红丸案"为时任首辅方从哲说话，与东林孙慎行闹过红脸。

次辅韩爌地位仅居叶向高之后，如果叶向高去职，首辅宝座非韩爌莫属。

魏忠贤放下身段，亲自找到韩爌，恳求道："除了您，谁也不能平息众口，请您留些意吧。"

没想到，韩爌一点也不给面子，他疾言厉色说道："我不能！孽是你自作的，你自己想办法吧！"韩爌觉得人格受到了侮辱，一口回绝。

魏忠贤气得七窍生烟，但现在不是与韩爌斗气的时候，自救要紧。外援找不到，只能围绕着皇上多下功夫了。

杨涟算准了魏忠贤不敢不把奏疏上呈皇上，但他算不到，皇上会以什么样的方式过目。

在孙承宗的教导下，朱由校已经能独立批阅奏章，他很快就对这项工作产生了厌倦，主要是懒得看。天启皇帝很少亲自阅读奏章，总是叫近侍太监念给他听，太长的奏章他也很少能完整听完，听到一半，心思早就飞到玩乐上去了。

魏忠贤很清楚皇上的性格，奏疏迟早是要进呈皇上的，既然皇上喜欢听，不喜欢看，这里面就有可操作的空间。杨涟的奏疏长达4538个字，念的时候跳过一些内容不难做到，魏忠贤召集智囊团仔细研究，哪些部分可以念给皇上听，哪些部分不能让皇上听到。

以往读奏章的活由值班太监担任，这次魏忠贤特意安排司礼监掌印太监王体乾亲自出马，为朱由校诵读杨涟的奏疏。魏忠贤仔细叮嘱王体乾，要避重就轻，把疏中的关键语句和要害情节统统略过。为保险起见，魏忠贤又叫客氏在朱由校听奏章时坐在他身旁，不时插上几句话，讲些无关紧要的事。

天启皇帝哪知道里面有这许多道道，王体乾读，他就眯着眼睛听。王体乾避重就轻，有选择性地隐瞒了其中若干重要指控。在朱由校听来，这只是一封寻常的弹劾奏疏，大体可视为言官的“风闻奏事”。

杨涟所提出的二十四大罪状，超过一半是模棱两可，就看站在什么角度理解。如太监干政；刘一燝、周嘉谟去职；干扰廷推程序；外出进香声势浩大；滥袭恩荫；违规建造坟墓等。

从杨涟角度来看，这些都是魏忠贤之罪，对天启皇帝来说未必如此。这些事他都知道，都批示了同意，杨涟说这些都是错的，那不等于说是天启皇帝错了，他是不会认可的。

但其中有几条是相当致命的。

如第九、第十条——迫害妃嫔。

杨涟指出，皇上至今无子，正是出于魏忠贤与奉圣夫人合谋迫害，导致皇后流产（中宫有庆，已经成男，乃忽焉告殒），有孕在身的裕妃自尽——是陛下不能保其妃嫔矣，是陛下且不能保其子矣。

朱由校先后有三子三女，还有数位妃嫔有孕，竟没一个子女能活到2岁，这事有点不正常，人们都说是魏忠贤和客氏捣的鬼。这两个人有没有害死朱由校的子女，没有明确记载，但分析一下，不能说魏忠贤没有作案动机。因为朱由校的任容妃是魏忠贤的侄女，她于天启五年（1625年）十月生下皇三子朱慈炅。当时前面两个哥哥都夭折了，只要朱慈炅活着，天下便是他的。可惜这个小婴儿无福消受，他在天启六年（1626年）五月初六的王恭厂大爆炸事件中受惊而亡，尚不足1岁，追封为献怀太子。

这是极为严重的指控，宫内宫外传得沸沸扬扬，只有天启皇帝被蒙在鼓里。仅此一条，就足以让魏忠贤粉身碎骨。

再如第十二条，王安之死。这条很明确是魏忠贤蒙蔽天启皇帝，派人暗杀了王安。天启皇帝对王安是有感情的，让他知道了真相，非暴跳如雷不可。

又如第十八条，说刘侨不肯取悦魏忠贤，“遂致削籍”。这件事刘侨确实很冤枉，天启皇帝要是有心，召回刘侨一对质，对魏忠贤就很不利。

还有几条，是利用职权违法犯罪，草菅人命，也是罪行确凿，按律追究，魏忠贤非论罪不可。

王体乾读的时候，自然把这些要命指控全部隐去，只挑不那么重要的条目来读。杨涟这封奏疏很长很长，就算跳过那些内容，全部读下来也要将近半个小时。天启皇帝听了一半，已经开始不耐烦，客氏又在旁边分散他的注意力。朱由校懵然不辨，听得稀里糊涂，觉得杨涟简直是小题大做。

为了牢牢把握住皇上的感情，魏忠贤也相当配合地哭哭啼啼地赶到乾清宫，一头跪倒在天启皇帝面前，鼻涕眼泪流了一地，嘴里断断续续诉说自己的冤屈。客氏、王体乾、王永贞等人也纷纷凑上来，七嘴八舌，盛赞魏忠贤的功劳。

单纯而愚昧的朱由校被感动了，对眼前跪着的这个泪人充满怜爱之情，他并没有觉得魏忠贤犯了多大的罪，他只知道这是个善于凑趣、忠心耿耿的奴仆。杨涟弄了这么一篇莫名其妙的文字，无非要把这个奴仆置于死地，可少了这个人陪伴，自己的生活要失去多少乐趣。

朱由校决心以帝王的权力保护魏忠贤，魏忠贤假意要辞职，天启皇帝不许，认为杨涟是没事找事，下旨斥责杨涟，并警告百官，说："以后大小各官，务要修职，不得随声附和。有不遵的，国法具在，绝不姑息。"

杨涟这封奏疏完全没有起到想象中的作用，事情还远没有结束，这场政治风暴已经被激发出来，再也不可能恢复到从前了。

这场战斗不存在平局之说，只能有一方成为胜利者，皇上的态度是最好的晴雨表。事情的结局，已失去悬念。

魏忠贤的报复

东林全力一击无效，便是阉党出手的最好时机。为魏公公点名方便，当初为赵南星所不容的魏广微编纂了《缙绅便览》一书，详细罗列了朝中和魏忠贤作过对的官员名单，并给他们扣上了一顶巨大的帽子——东林党。

前面笔者一直称高攀龙、赵南星、杨涟、左光斗、魏大中等人为东林，或是东林人士，而没有直接称他们“东林党”。因为当时并没有那个称呼，他们或许有东林党之实，而无东林党之名，时人只称其为东林，而非东林党。东林党作为一个专属名字正式见诸史册，便始于这本《缙绅便览》。

有了《缙绅便览》，魏忠贤铲除异己就方便多了，天启四年（1624年）七月，首辅叶向高先被攻击去职。

严格来说，这位老臣不被东林骨干们看成自己人，杨涟、左光斗他们嫌叶向高不够坚定，战斗决心不足，连上疏这种大事也没通知他，但这还是挡不住魏忠贤对他的攻击。

叶向高自万历十一年（1583年）中进士以来，在官场上度过四十余个春秋，先后两次执掌内阁。尽管被迫去职，他对这种乱哄哄的朝局仍抱有一丝希望。他一生中最后一次议论朝政，没有说多少浮泛的感谢之词，而是向皇上、宦官、朝臣都提出要求，希望大家都能抑制住激愤的情绪，采取和衷共济的态度，使朝政振作起来。

在当时的局势下，这些明显都是做不到的。两天后，次辅韩爌辞职，魏忠贤的非亲生儿子顾秉谦接任首辅，内阁沦为魏忠贤的自留地。

十月，一道让群臣震惊的圣旨发出，东林骨干魏大中、夏嘉遇各降三级，调外任用。天启皇帝在旨意中明确说明，这些人是“朋谋结党、淆乱国是”，群臣“如有仍蹈前辄的，一并重处”！

这道旨意一下，赵南星、杨涟、左光斗等人明白，他们再不想走，也必须得走了。

如今在圣旨中点名“朋谋结党”，说明天启皇帝不但听了，还认真了。

这就麻烦了。

皇帝最怕大臣结党，从天启皇帝口中说出“朋谋结党”这样的话，简直与指责他们心怀不轨也差不了多少。

为了自证清白，东林党人只能辞职。

胜负已分，这场政治斗争东林党败了，败得彻彻底底，他们只能回家种地。

但是这次的形势不同以往。杨涟等人刚被驱逐不久，魏忠贤的党羽就提醒他说："不把杨涟那伙人杀了，公公的祸就不知什么时候还会来临！"

魏忠贤听了怵然而惊，是啊，杨涟这些人都是死硬分子，回家挡不住他们继续议论朝政。当年的顾宪成，一个被削籍的五品官，都能搞出这么大动静。杨涟、左光斗这些人物，难道会不如顾宪成吗？

魏忠贤急忙和心腹商议后手，他们决定把更多东林党人及其同情者们逐出政坛，同时极力援引党羽，让他们占据东林党人空出的职位。

天启五年（1625年），魏忠贤命人辑"梃击案""红丸案""移宫案"三案为《三朝要典》，开始大规模迫害东林党。为配合魏忠贤的行动，阉党骨干——左副都御史王绍徽，仿照《水浒传》的方式，编东林党一百零九人为《东林点将录》，只要是与魏忠贤作对的，有不同意见的，都在迫害、驱逐之列。

阉党骨干中，崔呈秀、田吉、吴淳夫、李夔龙、倪文焕等文臣出谋划策，组成智囊团，号"五虎"；田尔耕、许显纯、孙云鹤、杨寰、崔应元等武官作为爪牙，号"五彪"。

此外，还有号称"十狗""十孩儿""四十孙"等一帮人，都是阉党死忠。随着魏忠贤势力的不断壮大，除了中央各部官员，地方上总督、巡抚等大员中不少人也纷纷攀附魏忠贤。

魏忠贤已完全控制了朝局，他要对东林党人下手了，经过再三考虑，他决定仍然以汪文言为突破口。

天启五年（1625年）二月，汪文言第三次被逮捕。这次完全不同于前两次，再也不会有人营救他，也再没有人帮他说话。环顾四周，汪文言发现，自己早已是孑然一人。

为了防止汪文言像上次一样逃脱，魏忠贤想出了一条毒计，把汪文言、东林党和熊廷弼案牵扯到一起，反手把受贿罪名扣到东林党身上。

许显纯预先准备好供状：杨涟、左光斗各收熊廷弼贿赂两万两，魏大中三千两；其他的东林党骨干也收了数目不等的赃款，袁化中六千两，周朝瑞一万两，另外供状还涉及吏部尚书赵南星等十五人。

这是打算把东林党连根拔起了。

许显纯本以为汪文言是个没原则的家伙，吓唬吓唬就什么都招了。没想到汪文言虽然也做过不少不太地道的事，但他有做人的底线。他爱财、爱权，但是不怕死。无论许显纯如何威逼利诱，他都不愿做诬陷别人的事。

许显纯逼问：杨涟收了你多少钱！

汪文言只有一句话："世上岂有贪赃之杨大洪哉？！"

——如果杨涟这样的清官都贪赃枉法，那才真是天大的笑话。

许显纯武进士出身，魏忠贤的"五彪"之一，性格残暴，喜好施用酷刑。他将各种酷刑都轮流使了一遍，将汪文言折磨得不成人形，汪文言依然紧闭牙关，根本没有乱咬人的意图。

眼看汪文言已是奄奄一息，许显纯快绝望了。如意算盘快要落空，许显纯便计划伪造一份口供，他当着汪文言的面造假，用得意扬扬的语气说："就算你不承认也没有用，就是死了也要背上罪名。"

遍体鳞伤的汪文言挣扎着用最后一口气大呼："你胡乱捏造，我就是死了，也要到地下与你对质！"

天启五年（1625 年）四月，汪文言被害于狱中，至死也没有屈服。

身为一个没有功名、出身低微的小人物，他凭借超人的智慧在各色人等中周旋，从一个街头的小混混忽悠到京城的风云人物。

为了利益，他欺骗过人，他戴过虚伪的面具。当他有一些力量时，也尽量帮助他人。

可是，沉浮几十年追逐权位、左右逢源、利益至上的他，最终选择了正义。

为了正义，他宁可遭受严刑拷打，宁死不屈。他三次入狱，一次也没说昧良心的话。

他就是"天下第一布衣"。

冷风热血，洗涤乾坤

汪文言死了，并不影响许显纯伪造口供。魏忠贤用贿赂的罪名将东林党和熊廷弼、汪文言牵连到一起，指控杨涟受贿两万两，其他人也脱不了嫌疑。四月，杨涟、左光斗、魏大中、袁化中、周朝瑞、顾大章等六人，以受贿为由被逮到北京审问。

他们的罪名早已确定，根据朱由校的指示，镇抚司的任务只是要让他们承认收受了多少贿赂。魏忠贤关照，六个人里杨涟、左光斗是死硬分子，由许显纯亲自出马审讯。

许显纯拿出伪造的口供："汪文言已经招认了，你拿了熊廷弼多少银子？"

杨涟痛斥："当初熊廷弼在辽阳，我就曾参劾他。等到广宁失陷，我又骂他怎么还有脸活着回来！熊廷弼恨欲杀我，他怎会向我行贿，我又怎可能拿他银子！"

许显纯知道杨涟为人，他不再多费口舌，只是吩咐："用刑。给我五天打一次，打到他招供为止。"

五天一打，绝非许显纯心怀慈悲。诏狱的规矩有一天一打，两天一打，三天一打，最高规格就是五天一打。

一天一打，打得最轻；五天一打，打得最重。要打到不能打，需要躺四天的地步，少躺一天，都吃不住下一顿打。

杨涟的牙齿被一颗颗打掉，下巴被打脱，打到体无完肤，杨涟没有说一句话。

许显纯接着用钢刷给他上刑，刷了几次，杨涟"皮肉碎裂如丝"。

杨涟开口了，骂不绝口，他骂道："十庙神灵必当鉴此热血，汝昧心杀人，天下后世，汝肉不足食！"

许显纯命再打，将诸多酷刑一一用于杨涟，几次下来，杨涟已经无法立，也无法坐，许显纯便让打手给他上桎梏，拖他躺在地上受审。

杨涟仍不屈服，回到狱中，他颤抖着用已不能称之为手的双手写下《绝笔》，继续控诉魏忠贤的罪状，痛斥魏忠贤扰乱朝纲。

魏忠贤得知后气得七窍生烟，他觉得再审下去只是浪费时间，决定让杨涟死在监狱里。

杨涟早就没有抱生还的打算，想让他死掉也不是件容易的事，秘密处死容易，但是杨家人会来收尸，所以要设法不留下明显伤痕。

许显纯先是用沉重的土袋压在杨涟身上，这种方法一夜就能让人死，但杨涟还活着；许显纯又用铜锤砸杨涟胸口，肋骨几乎全断了，杨涟仍旧不死；许显纯让人把铁钉钉入杨涟耳中，杨涟还活着。

这个人的生命力之顽强，让杀人不眨眼的许显纯都产生了恐惧。他无论如何也不能让杨涟活下去，于是他把一根大铁钉钉入了杨涟头顶。

这次没有奇迹出现，杨涟当场死亡，时年 54 岁。

杨涟死了，许显纯没有赢，他在杨涟身体上留下累累罪状，最初想要做得不露痕迹的想法彻底失败了。为掩盖罪证，许显纯不得不命人清理杨涟遗体，尽量弄得看得过去一些，并且叫人仔细清点杨涟遗物，嘱咐说敏感物品，一律不得交给亲属。

其中有一位狱卒，他在搜查杨涟的枕头时，发现了一份杨涟临刑之前用残破的手掌书写而成的血书。这名狱卒如获至宝，决定拿着血书邀功请赏。上交之前，他出于好奇，认真读了一遍这封血书。

在诏狱这种地方，人性的丑陋和黑暗，他已经见得太多，内心早已变得麻木不仁。但是等狱卒读完血书，他被这位忠臣义士的字字血泪感动了，血书文字不多，其中流露出的浩然正气，深深震撼了狱卒的内心。

这位不知名的狱卒改变了决定，他放弃唾手可得的奖赏，为了心中那没有完全泯灭的良知，他决定冒着生命危险将血书保留了下来。

狱卒将血书偷偷带回家中，叫妻子妥善藏好。他对妻子说："有朝一日，阉党倒台，冤狱得反，我会将这封血书公开于天下。"

到了崇祯年间，杨涟的冤案得以昭雪，这封血书才得为世人所见。

此书名为《狱中绝命辞》，谨录如下：

> 涟今死杖下矣！痴心报主，愚直仇人；久拚七尺，不复挂念。不为张俭逃亡，亦不为杨震仰药，欲以性命归之朝廷，不图妻子一环泣耳。
>
> 打问之时，枉处赃私，杀人献媚，五日一比，限限严旨。家倾路远，交绝途穷，身非铁石，有命而已。雷霆雨露，莫非天恩，仁义一生，死于诏狱，难言不得死所。何憾于天？何怨于人？
>
> 惟我身副宪臣，曾受顾命。孔子云："托孤寄命，临大节而不可夺！"持此一念，终可以见先帝于在天，对二祖十宗与皇天后土、天下万世矣。大笑，大笑，还大笑！刀砍东风，于我何有哉？
>
> 涟即身无完骨，尸供蛆蚁，原所甘心。但愿国家强固，圣德刚明，海内长享太平之福。此痴愚念头，至死不改。

就在杨涟濒临死亡时，有人也在和他经受着一样的折磨，此人便是左光斗。

左光斗具备和杨涟同样的气节，誓死不向魏忠贤低头。他也被严刑拷打，一条腿都被打没了。是的，骨肉尽碎，打没了。

他的学生史可法设法贿赂狱卒前去探监，看到老师坐在牢里，脸上被烙铁烙得没一处好肉，眼睛都睁不开。史可法抱着老师痛哭，左光斗却怒吼着，举起镣铐要打学生，说："你知道这是什么地方？你怎么能来这里！国家已经到了这个地步，你再出了事，国家怎么办！再不出去，我就打死你！"

史可法大哭着走了，老师已经这样了，他还在担心国家，担心社稷，没有一句私事交代。史可法后来每次回忆这件事都会流泪，说："吾师乃铁石铸造之肺腑也。"

天启五年（1625 年）七月二十六日，左光斗在牢中遇害，时年 51 岁。紧接着魏大中、袁化中、周朝瑞、顾大章等也死在魏忠贤爪牙手中，后人将他们并称为"东林六君子"。

杨涟等六君子被残害身死后，魏忠贤仍不肯罢休。他丧心病狂地命令打手用利刀将他们的喉骨剔削出来，各自密封在一个小盒内，直接送给魏忠贤亲验示信。

魏公公神气十足地望着这些曾经发声得罪过他的喉管道："诸公别来无恙，还能上疏否？"说完，下令把杨涟等人的喉骨烧化成灰，与太监们一齐争吞下酒。

这就是天启五年（1625 年），明代历史最黑暗的一年。

孙承宗的努力

东林党人惨遭迫害的时候，另一个有能力影响天启皇帝的人没有袖手旁观，他正风尘仆仆地赶往京城想要展开营救。

他是朱由校的老师孙承宗。

魏忠贤害怕的人不多，孙承宗绝对是一个。魏公公要揽权，不能不考虑拉拢孙承宗，于是他派亲信太监刘应坤携十万内帑前往山海关劳军，企图笼络孙承宗。刘应坤一转达魏忠贤的意思，孙承宗立刻怒形于色，再也不肯和刘应坤说一句话。这位魏公公的特使，最后在山海关受到的接待，仅仅是白水一杯，此事让孙承宗与魏忠贤的矛盾摆到了台面上。

魏忠贤开始对东林党动手的时候，孙承宗正在巡视蓟州。他与魏忠贤关系不好，与杨涟、赵南星、高攀龙关系很好，因此被视为东林党人。魏忠贤党羽王绍徽编写的《东林点将录》中，将孙承宗排到"地短星出林龙"的位置上，是阉党仇视的人物之一。

孙承宗的战略眼光未必很高，但他对朱由校、对大明的忠诚无人可以质疑。眼见朝政如此混乱，为了不让魏忠贤危及江山社稷，他决心利用自己的威望力挽狂澜。

孙承宗认为，皇上还是个孩子，是被奸邪小人包围蒙昧了心窍。如果有一个被他信任的大臣向他陈明厉害，皇上就会豁然醒悟。

再看朝局，首辅、次辅、六部九卿们被打了个一败涂地，普天之下，这个任务只能由他孙承宗来完成了。

天启四年（1624年）十一月初，孙承宗在没有得到召唤的情况下起身回朝。为了不让魏忠贤有所防范，他特意先上一份奏疏，说：“我巡视到蓟边，突然想起临近皇上万寿之日。老臣已三年未睹天颜，不胜瞻恋，请求皇上准我入京面贺。”

孙承宗还特别说明，有关近日朝局的变化，自己概不关心，也不想过问。

孙承宗虽是智谋之士，魏忠贤也不是个单纯的太监，数年权力场上的混战，让他积累了不少政治经验。一见孙承宗的奏疏，他就觉得事情不像说的那样简单。

在这个节骨眼向皇上打感情牌，孙承宗回京的真正目的是什么？

开个会吧，讨论一下。会议上，魏公公党羽听到孙承宗行将入京，如闻晴天霹雳，说孙承宗深受信任，万一他面谏皇上，大家可都没好果子吃啊！魏广微更是脑补出了另一幕可怕的场景：孙承宗有关宁军十数万，万一他以贺寿之名，潜率大军入京清君侧，咱们可就都成齑粉啦！

魏忠贤听得一激灵，不行，绝对不能让他入京！他急忙跑去找朱由校，说：“孙承宗已带着甲兵五千，离开山海关向京城进发，内外合谋，欲清君侧。”

天启皇帝听了有点迷糊，我的孙老师不是这样的人啊，这君侧，如何清法？

魏忠贤见皇上不信，立马搬出了证据：皇上您有所不知啊，我已打听清楚，孙承宗早就和兵部侍郎李邦华暗中联络，内外合谋，将有大举！

说完，魏公公不顾年迈的身子，绕着天启的御榻就放声大哭，边哭还边捶打胸脯说：“爷爷放孙阁老来，老奴活不成了！”

说实话，要说孙承宗谋反，打死天启皇帝他也是不会相信的。可要说孙承宗想铲除魏忠贤，天启皇帝不由得不信。他不得不想，孙老师来了真提起这茬，我是依他呢，还是不依他呢？

不要以为朱由校真是个傻皇帝，他是喜欢玩，喜欢干木匠活，但他也从未真正放弃权力。东林党想要限制皇权，这才是他们倒霉的真正原因，魏忠贤所迫害的那些大臣，都是经过天启皇帝允许后才加以执行的。从责任上讲，天启皇帝才是主犯，魏忠贤只是从犯。

孙老师这一来，有样学样，学那些东林党怎么办？天启皇帝不可能认错，他也不想处理他的孙老师，那就只好不见他了。

朱由校命内阁拟旨谕止孙承宗，顾秉谦早有成算，不一会儿就送上一道措辞很严厉的诏旨：

> 督师辅臣孙承宗既担负重任，驻守山海关，一身所系，宗社安危。奈何未奉明旨，竟亲历蓟边，且以朕寿节为名，欲入京申贺……尔兵部急速派人传谕枢辅，马首速转向东，急还山海，待犁庭扫穴，失土尽复之日，胜利回京。尔部即宣布朕意，慎勿再有托词！

圣旨写完，天色已晚，魏忠贤火速命令连夜打开大明门，发三道飞骑拦截孙承宗。为了防止意外，他还盗用朱由校的名义，命令把守城门的宦官："孙阁老如果敢进入城内一步，就立刻把他绑起来！"

孙承宗刚到通州，就被飞骑截住，听罢圣旨，他不由仰天长叹。孙承宗没有料到，以他与圣上的师生之谊和朝野声望，竟得到措辞如此严厉的圣旨。他没有拥兵胁上的心思，更不想落个悖逆的罪名，只得放弃进京的念头，拨转马头沿来路而回。

再后来，因为柳河之败，孙老师连自己也保不住了，只能坚决求去。天启五年（1625 年）十月十五日，朱由校最终下诏批准孙承宗回老家养病。

至此，魏忠贤时代正式来临。

第十八章 宁远之战

不该被遗忘的袁可立

天启五年（1625 年），魏忠贤对东林党的镇压达到疯狂的地步，此种情况下，与汪文言一起放过魏公公鸽子的熊廷弼，自然不会有好果子吃。

天启五年（1625 年）八月，熊廷弼被斩于西市，死后不许安葬，首级被送到九边军镇轮流示众，即“传首九边”。

天启一朝这么多封疆大吏，熊廷弼算得上最有战略眼光的一个。事实上，无论是孙承宗，还是后来的袁崇焕，本质上都继承了熊廷弼“三方建置”战略。

可惜，熊廷弼既非东林党，也非阉党，就这么稀里糊涂、莫名其妙地死掉了。

时人评价：魏忠贤盗窃威福，士大夫靡然从风。廷弼以长系待决之人，屈曲则生，抗违则死，乃终不改其强直自遂之性，致独膺显戮，慷慨赴市，耿耿刚肠犹未尽泯。

问题是，魏忠贤杀的可不止熊廷弼，支持熊廷弼的人他也杀，反对熊廷弼的人他也杀。即使不杀，也不能容你。

登莱巡抚袁可立，亦是受害者之一。

袁可立是河南人，不是东林党，他的主张是辽西和朝鲜旅顺三路呼应，令女真不能远出，从而困死。

袁可立御文龙多得牵制之功，毛文龙亦愿效死力，两人亲密合作，毛文龙的主要战绩和荣誉都是在这一时期取得的。

但是天启三年（1623 年）一系列战役结束后，毛文龙暴露了好吹牛的毛病，他称自己："兵不满千，未交一战，不遗一矢，而使（虏）自相践踏，其被炮死者二万有余，马之走死者三万有余，止余真夷二万。"

袁可立能接受毛文龙吹点小牛，这般弥天大谎他接受不了，为毛文龙表功时，他老老实实地写下斩获奴级一百三十八颗获奸细四人及夷器等物的实数。有人揭发毛文龙杀良冒功，袁可立更无法包庇，派人核查毛文龙的战绩兵饷。

此外，袁可立当时正在策反流落女真的汉将刘兴祚（女真名刘爱塔），计划成功后把刘爱塔安置在东江，这让毛文龙担心会分走他的权力。而张盘屡屡在袁可立的布置下作战，也让毛文龙疑心会不会被挖墙脚，失去最得力的大将。

好不容易发展起来的权力，毛文龙不能允许任何人夺走，他竟不顾袁可立此前对他的支持，开始收买言官攻讦袁可立，自己亦上奏弹劾。

朝中时局亦开始对袁可立不利。天启四年（1624 年），魏忠贤如日中天，袁可立不愿假以辞色，遭阉党弹劾，吏部考功郎苏继欧上疏为袁可立鸣不平，被魏忠贤迫害致死。

袁可立连遭攻击，心灰意懒，接连上疏请辞。天启皇帝挽留不住，好在他对老师还算厚道，特授兵部尚书待遇退休，准其荣归故里。

从战争结果看，袁可立的实战能力更强，在登莱缺粮少援的弱势状态下，竟能组合优势兵力纵横海上，战线绵延上千里，调度两镇兵马多次奇兵突袭，以反间计策反后金女婿刘爱塔，连克要地。

袁可立的登莱战区居然成为明清战争史上唯一主动出击叫战的正面战场，不能不叫人拍案惊奇。

可惜登莱的欣欣向荣，仅仅维持了三年多。袁可立去职后，毛文龙失去节制，越发跋扈，已无人能控制得了，最终在崇祯二年（1629 年）被袁崇焕所杀。袁可立离任，对孙承宗也有很大影响，柳河之败就是因为缺少渡河船只，失了先机。袁可立和孙承宗一直配合得很好，要是有他在，柳河未必会落得如此结果。

袁可立走后，魏忠贤对东林党人掀起一轮新的迫害，天启六年（1626 年）三月，魏忠贤派锦衣卫到无锡逮捕高攀龙，高攀龙不愿受辱投水自尽。临终前，高攀龙给袁可立留下一封遗书，其中写道："弟腐儒一，无以报国，近风波生于讲会，邹冯二老行，弟亦从此去矣。"

高攀龙与袁可立是同年进士，两人政治理想相同，脾气秉性相投。高攀龙之死对袁可立影响很大，自此他郁郁寡欢。崇祯六年（1633 年），又发生登莱兵变，袁可立呕心沥血开创的登莱防线海线彻底崩溃，是年冬十月十一日，心力交瘁的袁可立薨逝于睢州。

令后人惊奇的是，袁可立文武兼备，也做出了重要成绩，在历史上却名声不显，几乎可以说是默默无闻。

这不得不提到后来历史的书写者，《明史》中袁可立非但无传，连名字也仅出现三次，且都是一语带过，完全是个无关紧要的人物。

原因还是袁可立让努尔哈赤恨之入骨，清朝后来宁愿把袁可立的功绩移到有争议的毛文龙身上，也决不愿让袁可立名垂青史。乾隆年间，更是尽毁其传记和著作，如果不从其他史料中去寻找袁可立的事迹，几乎难以复原出他在历史上的记忆。

这样一个明末能臣，实在不该被历史遗忘。多亏有孙承宗、董其昌、孔贞运、黄道周等人保留下的记述才让人知其事绩。

熊廷弼被杀了，孙承宗、袁可立走了，王在晋也不可能被复用。那关外的军事，到底采用何种策略呢？

魏公公不会管这些破事，谁爱折腾谁折腾去。

孙承宗走后，接替他的是高第。

高第，字登之，万历十七年（1589年）进士，先任县令，后巡抚大同。高第官声不错，历来因爱护军民广受好评。这次升迁却不是高第本人的意愿，甚至可以说高第很不情愿，原因是天启皇帝赶鸭子上架，一定要让高第去经略辽东。

这时高第面临的局面还不如孙承宗接手时，辽军刚打了败仗，账面上的人数还有近十二万，实际关外兵力总共五万八。也不知道是吃了六万多空额，还是偷袭耀州失败后跑掉了六万多人，总之是一笔烂账。

鉴于柳河失败明军大量逃亡，兵力不足。辽东军心民心涣散、士气低落，后金大军一旦逼近怕是又会不战而溃。

形势堪忧，高第一时也不知该如何是好。

还是兵科给事中李鲁生给他出主意，说既然兵力不足，士气低落，那就收缩兵力。军队撤离没有城防、城防薄弱的非要害地区，把兵力集中起来，搞深沟固垒的防御作战。

这个建议是靠谱的，天启五年（1625年），孙承宗“进筑复辽”方案已经执行四年多，投入超过两千万两。撤守关外，再搞王在晋的八里铺重城计划已经完全不现实，钱都花在了关宁锦防线，辽民安置下去了，军屯也办起来了。再学熊廷弼、王在晋，高第除非是嫌命长了，也想被传首九边。

守必须要守，守哪里呢？

高第十月出关，一番考察下来，深感锦州、松山、杏山、右屯等城不是“大而朽坏”就是“小而低薄”，作为战略缓冲区可以，万一后金打来，这些地方都守不住。看来看去，确实只有宁远城修得最为坚固。

后金肯定会来报复（昨日边衅已开，敌人寻思报仇，将大举来犯），明军新败，军心思动，要想守住整条防线不现实。为今之计，只有将宁远以东的兵力和资源归并到坚城宁远，“共图防守之策”。

高第将意见上报，对于这个想法，朝廷没有异议。可是这一来一回一讨论，个把月就过去了，高第这边刚发出命令，撤离锦义、右屯等处军民，转移资源，努尔哈赤就杀了过来。

天启六年（1626 年）正月，努尔哈赤亲领六万大军袭来，锦州、松山、大凌河、小凌河等地明军溃不成军，右屯储存的十万石粮食（一说三十万石）全部落入敌手。在后金军追击之下，败兵狼奔豕突，仓皇逃命。有柳河之败的前车之鉴，看起来，屁股还没坐热的高大人滚蛋也就是分分钟的事。

但这一切，还要问一问另一个人答不答应。

天启六年（1626 年）正月初十，宁远城。

“报！虏贼正集结重兵，即将渡江西进。今日已有小股哨探，以打猎为名到周边刺探。”

“情报可属实？”

“综合内外几路探报，准确无误！”

“传我命令，坚壁清野，将民众和粮物都移入城中，军民一体，共同守城！”

说这话的，正是当年坚决反对熊廷弼的那个六品兵部主事袁崇焕。此时他已升为右佥都御史，奉旨巡视辽东、山海等处，全面主持宁远防务。

兵部主事

万历四十七年（1619 年）三月，会试放榜，一位来自广州府东莞县的考生呆呆地抬头看着榜单，神情木然。

同年提醒他：“袁崇焕，你怎么失魂落魄，你的名字在三甲之内呀！”

袁崇焕垂首低眉，两只眼睛望着地：“那也没什么可高兴的。”

同年了然了：“三甲第四十名，你是嫌名次不够高吧？”

袁崇焕低声说：“不是。”

同年奇道：“那又是为何？洞房花烛夜，金榜题名时，人生两大得意之事，你可都得到了。”

袁崇焕抬头，眼神中满是失落：“你没听说，辽东打了败仗吗？”

万历四十七年（1619 年），一个悲伤的年份，那年三月，萨尔浒败绩传回京师，举朝哗然。袁崇焕时年 35 岁，听闻败讯他很是愕然，不能理解大明堂堂精锐之兵为何会败于塞外一个酋长。国事如此，连金榜题名那份喜悦，都给冲淡了许多。

据记载，袁崇焕“为人慷慨负胆略，好谈兵”。同窗们发现，一系列庆祝活动他能推就推，整天和一帮退伍老兵与军官泡在一起，不厌其烦地打听关于后金的每一个细节。

有人问：难道你要去辽东打仗吗?

袁崇焕目光灼灼：“要说边才，袁某人自认还有少许，若朝廷需要报效，我自当尽力。”

话说得激昂，可袁崇焕不过一个待分配的新晋进士，哪会轮得到他。

袁崇焕得到了第一份工作——福建邵武知县。

命运却似乎偏要把他与军事绑定到一起，天启二年（1622 年），袁崇焕干满三年知县回京述职，又传来噩耗：广宁失陷，大明力量在关外接近真空。

这次失败影响比萨尔浒更大，京师鼎沸，人心惶惶。大家聚在一起，话题离不开广宁之败，讲到这个无不是摇头叹气。

袁崇焕偏语出惊人：熊廷弼、王化贞都错了，依我看，边塞之事不难解决，只是朝廷没用对人而已。

这话传到御史侯恂耳中，不由得心中一动，这七品小官好大口气，莫非真是个人才?

此时朝廷用人正是青黄不接，急需新鲜血液。侯恂便奏明皇上，请求对邵武知县袁崇焕进行考核。袁崇焕来到兵部一面试——就你了，明天来兵部干活吧。

袁崇焕由正七品邵武知县荣升正六品兵部职方司主事。别看品级只提了一级，概念完全不一样，他就此进入大明国防部，有了一个全新的平台。

新官上任，袁崇焕一点也不谦虚，说：“我想出关考察地形，看看辽东是不是真的那么难守。”

上司们上下打量这个新来的主事，辽东大汉个个不要命地往关内跑，你一个“短小精悍，形如小猱”的广东人出去不是送死？还是算了吧。

袁崇焕不依，整天软磨硬泡，我就出去瞧瞧，又不去打仗，怎么样？

兵部大人们被磨得没了脾气。罢了罢了，蛮子就是蛮子，熊廷弼败了，又来了个袁蛮子。你要去可以，只能自己去，我们不配车，不配人，不上工伤保险，挂了也没抚恤金。

那成，就这么办。袁崇焕果真单骑出关，在关外足足溜达了半个月。回朝以后，袁主事语出惊人：“只要能给我足够的兵马钱粮，我一个人就可以镇守山海关。”

许多人觉得他是放卫星，也有人认为他胆色可嘉，有真才实学。欣赏袁崇焕的那些人里，就有孙承宗的名字。

孙承宗读了不少书，也见了不少奇人异事，他出关就是奔着复辽去的，要的就是这样有自信的人。

“我启奏圣上，提拔你为山东按察司佥事、山海监军。回家收拾一下，即日你就出关去吧。”

袁崇焕听了愣了愣，说有点仓促，容我先去办件事。

此时的熊廷弼正在京师寓所听勘，杜门谢客，熊府终日大门紧闭，冷冷清清。

没想到这天想起了敲门声：咚咚咚，咚咚咚……

仆人小心翼翼走到门口问：谁呀？

“是我，新任山海监军袁崇焕，特地来拜会熊大人。”

听说是袁崇焕求见，熊廷弼有些意外，他来干什么？思量片刻，他还是吩咐道：带袁大人进来吧。

当初熊廷弼提“三方建置”，袁崇焕是反对得最凶的那个。反对归反对，袁崇焕不像张鹤鸣那样小肚鸡肠，他即将出关守边，知道熊廷弼二次经略辽东，对辽东情形了如指掌，如何用兵，自有机略，此次正是特地前来登门讨教的。

熊廷弼本是爽性耿直之人，听得袁崇焕口称“晚生”，态度诚恳，他也不再客套。两人顺着兵事谈下去，袁崇焕毕竟之前未带过兵，虽有想法，但缺少实战经验，与熊廷弼一席谈话，让他受益匪浅。

讲到临了，熊廷弼不甘又伤感地说：“老夫今年五十又三，说年轻不年轻，说老也不老，尚能为国效力，戴罪立功，但恐怕已经没有机会了。袁大人此去重任在肩，谨愿旗开得胜，救危亡于既倒。如此，则是我大明社稷之福，万民之福也。”

袁崇焕重重一点头。

徐光启的改革

出得关来，袁崇焕先守山海关北山，天启二年（1622 年）四月，袁崇焕参与了王象乾与王在晋招抚喀喇沁部的活动。五月，他又同两位王大人出至山海关外的欢喜岭，增加抚赏，加强同喀喇沁的结盟。

六月，王在晋命袁崇焕移驻中前所。当时宁远、前屯二卫荆棘丛生，蒙古骑兵出没，袁崇焕独夜行荆棘虎豹中，以四鼓入城。将士莫不壮之。王在晋也很器重袁崇焕，说他“胆魄称雄，志力并矫，且其澡涤之”。

然而袁崇焕并不认可王在晋的八里铺重城方案，在他心中，仍然以宁远为前线，坚持三方建置，才是正确的战略。

这个问题很纠结，前文已有分析，以明朝当时的财力和军力，修筑一条关宁防线已经是勉为其难，但也不能说一定是错的，一切要看实战效果。

后来孙承宗赶走王在晋，自任督师，他大力支持袁崇焕修筑宁远城。在袁崇焕主持下，宁远修建成了一座周长六里八步，高二丈五尺；池深一丈，宽二丈，周长七里八步的要塞。

城不大，很坚固，工艺相当讲究：俱须筑打坚实，外口甃砌，起底条石七层，土下二，土上五，每五尺一横钉，已修者加砖四进，未修者加砖六进，俱须灰浆灌满。

袁崇焕在筑城时还提了一个要求，城墙四角各要修筑一个方形敌台，三面伸出城外，一面和城池相连。

这是个很特别的要求，士兵们当时不解其意，袁崇焕也不解释，只说自有妙用。

天启五年（1625年）十月，孙承宗返乡，天启六年（1626年）正月，努尔哈赤乘辽东明军易帅和匆忙撤军之机，亲统八旗军约六万人，号称十三万，出沈阳，渡辽河，直逼宁远。

高第没有想到努尔哈赤来得如此之快，锦右军民仓皇后撤，一路上哭声震野，民怨而军益不振。高第生怕再出现广宁之败那样的重大损失，说宁远干脆也别守了，我们先保护军民撤回关内，再图计议。

袁崇焕坚决拒绝：我的职位在宁前，要死就死在这里，决不离开宁远一步。

努尔哈赤看宁远不肯投降，干脆分兵绕过宁远，切断通向山海关的大路，然后向袁崇焕喊话：大金二十万大军来攻，宁远城破在即。守城官如投降，可以择厚优待。

此时宁远守军不满两万，前有劲敌，后无援兵，形势是险恶的。然而袁崇焕绝不是有勇无谋之辈，他敢于以孤城抵挡后金大军，有着自己的想法。

众所周知后金野战是王者级别，攻城是青铜级别。翻看后金战史你会发现，从努尔哈赤起兵反明开始，攻下这么多城池，多半是靠诱敌出击再加内奸接应，要不就是守将投降，就没几座是靠正面强攻得手的。

针对努尔哈赤善用间谍这招，袁崇焕亲自率人搜遍全城，缉拿奸细。每条街巷路口都派人巡守，又动员百姓配合士兵逐户搜捕，把内奸的风险降到了最低。

除此之外，袁崇焕还有绝活。

还记得修筑宁远城时，他叮嘱要在城墙四角修建的要伸出城外的敌台吗？

此时，四面敌台上已满满当当摆满了大炮。

大炮早已不是稀罕物，但袁崇焕的这些大炮，努尔哈赤闻所未闻，它们是红衣大炮。

袁崇焕重用红衣大炮，与徐光启有关。徐光启，上海县法华汇（今上海市徐家汇）人，万历年间进士，著名天文学家、数学家、农学家，同时还是位军事家。

徐光启生活的年代，欧洲主要国家先后制造出了铸铁炮。到了万历朝晚期，铸铁炮成了欧洲海军的制式大炮，在海军强国的主力舰上，经常会配备100门以上的火炮。伊丽莎白一世时期（1558—1603年），英国就把火炮按用途分为16种，其中最大型的火炮口径6.5英寸，炮弹重达32磅（29斤），有效射程3.66里，最大射程12.8里。至于用于岸防的要塞炮，则更加惊人，发射的炮弹重达70—100磅。

洪武年间，中国的火炮技术并不落后于西方，不过长久以来朝廷对技术的改革相当有限。后来虽然也有从葡萄牙传入的佛郎机炮，其最大的型号装药只有一斤，铅子最重也只有一斤，射程百丈左右。根据佛郎机炮仿制的无敌大将军炮则是一种散弹炮，其威力和射程，相当于英军的轻型火炮。

火炮已经成为欧洲战争中的核心武器，在中国还不是这样，明军依然是以冷兵器为主，冷热兵器混用的一支军队。后金则几乎没有能力制造火器，枪炮完全靠缴获。

为弥补重型火炮不足，萨尔浒之战失败后，辽东经略熊廷弼招募工匠，参照西洋大炮仿制出了“吕宋大铜炮”28门，其中7门被送到辽阳加强城防。结果在辽沈之战中，这些山寨货表现差劲，吕宋大铜炮屡屡发生炸膛、过热无法发射等窘况，成了个大号玩具。

徐光启是戚继光之后又一位倡导军事改革的有识之士，尤其对火炮情有独钟。

仿造技术不过关，后金的威胁却迫在眉睫。于是徐光启、李之藻等人上疏：“西洋大铳可以制奴，乞招香山澳夷，以资战守。”

徐光启倡导开眼开世界，他认为时不我待，只有通过购买进口大炮应急，同时招募外国技术人员指导，才可以循序渐进。天启皇帝倒是舍得下血本，即刻派人到葡萄牙占领的澳门购买大炮。

天启元年（1621年）五月和十二月，第一批4门大炮分两次运到北京，天启三年（1623 年）四月，又购买了英国东印度公司沉船上的 26 门舰炮，同时进京的还有葡萄牙的 24 名技师，教授明军大炮的运用和技术研发。

这种大炮被明人称为红夷大炮，有多种型号。千斤以上的为西洋一号炮，千斤以下的为西洋二号炮，还有 500 斤的中炮，320 斤的小炮等型号，根据参数的不同，威力也不尽相同。明朝官员喜欢在这些巨炮上盖以红布，故又称作红衣大炮。

徐光启在战略眼光和兵器方面的才干，得到登莱巡抚袁可立的充分赏识，袁可立与孙承宗交好，徐光启后来便与袁崇焕往来密切。徐光启建议在辽东启用红衣大炮，以实现“以炮护城，以炮卫城”，被孙承宗与袁崇焕采纳。

可惜，徐光启在天启四年（1624 年）为阉党弹劾去职，好在他走之前，11 门红衣大炮已被配置到宁远城头，除了红衣大炮，城头还有大将军炮、灭虏炮等火炮。在宁远，袁崇焕已安排彭簪古、罗立等人训练了一批炮手，备足了弹药。

宁远之战

听到努尔哈赤劝降，袁崇焕冷冷一笑：当我是李春芳、范文程之流？传令，城北敌台先放一炮，以示回答。

城北是努尔哈赤统帅大营所在地，后金推进到宁远，发现城外房舍都已烧毁，空无一人。努尔哈赤便把他的大营设在城北五里之外，命前锋将营寨扎到了距城池不到三里之地。

通常而言，这个距离是城头炮火打不到的。哪知宁远敌台大炮一响，炮弹径直落到了后金军营，引起一阵骚动。努尔哈赤闻讯又惊又怒，惊的是宁远明军大炮射程如此之远，超过了之前见过的所有火炮；怒的是袁崇焕不识抬举，非要螳臂当车。

努尔哈赤命将营寨后撤，离宁远城远些，明日攻城。

宁远城内，袁崇焕召集总兵满桂，副将左辅、朱梅，参将祖大寿、何可纲等人，“刺血为书，激以忠义”，决心与城共存亡，血战到底。

天启六年（1626 年）正月二十四日清晨，后金军用过早膳，由各贝勒将官带领，将宁远城四面合围。城头没什么动静，城中亦是“寂然无人声”，皇太极向努尔哈赤汇报，说事情有点不寻常，我们是不是先少派点人，探探虚实？

努尔哈赤捋捋胡须说：“城内兵不足两万，一个宁远，难道比沈阳、辽阳还难攻？依计划行事！”

皇太极领命转身，出帐挥动军旗，后金军开始整体推进，一排排列成阵势的士兵手持盾牌，嚯！嚯！嚯！整齐地向前移动，然后停下来看城上的反应。

城头依然无动于衷。

皇太极也忍不住了，管你搞什么鬼，上就完了！

后金士兵号叫着蜂拥而来，箭矢如雨飞向城头，火铳也砰砰砰地往城上射击。前排士兵在远程兵器掩护下，推着钩梯、楯车，抬着撞城槌扑向城下。

袁崇焕坐定城楼，眼看敌人已全线进攻，这才不慌不忙下令：开炮。

城上轰的一声巨响，地动山摇。栖在屋顶的乌鸦再次被惊飞一大片，而更大的灾难还在城下。

红衣大炮弹丸的杀伤力不是一个点，也不是一个面，而是一条线。这种实心炮弹不会爆炸，但装药达到二十斤所带来的巨大冲击力，足以让它弹道轨迹上的一切障碍都化为齑粉。

也就是说，假使炮弹的杀伤距离是 1000 米的一条直线，这条线上所有后金士兵，包括他们的轻重装备都会被消灭，这就是史料中所说“每炮所中，糜烂可数里”的实际意思。

宁远城墙四角的方形敌台，三面伸出城外，一面和城池相连，有些接近欧洲的棱堡布局，这使得无论进攻哪一面的城墙，都会使攻击方暴露给超过一个的棱堡面，守军最多可以使用三个方向的交叉火力进行多重打击。数门红衣大炮交替开火，划出一道道死亡线条。大将军炮、灭虏炮、佛郎机等不失时机地射出散弹。城头不停腾起灰白色的硝烟，城下后金兵被轰得人仰马翻，血肉横飞。

有的后金兵试图靠楯车遮挡红衣大炮的威力，这种楯车以木材、铁皮和牛皮等材料制作而成，刀枪箭矢不入，一般铳炮的弹丸也伤之不透。此前，楯车一直是他们的攻坚利器，但在红衣大炮面前，楯车一样不堪一击。

根据记载，宁远之战中红衣大炮打后金楯车的准头相当不错，基本是一炮一个准。炮声一响，楯车就像纸糊的一样被击穿掀翻，连同躲在它们后面的后金士兵一起成了碎片。

后金军从没见过这种火力，惊呼着四散逃走。也有一部分顽强的士兵攻到了城墙下的死角，那里石头砸不到，大炮打不着，怎么办？

明军迅速从城头的箭垛间推出一个个又长又大的木柜，一半在城内，一半悬在城外。木柜里藏着神射手，他们探出身躯向下投石射箭。墙角的后金士兵跑又跑不掉，躲又躲不了，被一个个悲惨地点了名。

努尔哈赤并不把宁远这座小城放在心上，哪知会遭遇如此顽强抵抗。眼看强攻失利，只得调整部署。第二天，他改变策略，集中主力攻打宁远城西南角。

这次努尔哈赤下了血本，派出了后金精锐骑兵“铁头子”。据记载，铁头子人马俱披甲，身披铁铠二重，乃后金重骑兵中“最劲无敌者”，约等于后金军的“铁浮屠”。

铠甲厚重确实能顶住一般弹丸，箭矢更是不能入。红衣大炮打击骑兵这种快速移动的目标，射速比较欠缺，铁头子们强突到城墙下面，也不攀登。他们翻身下马，掏出全套工具就开始挖墙脚。

努尔哈赤的命令是叫他们在墙角下挖出大洞，然后塞上炸药，用爆破的方法造成城墙坍塌。

情况有点麻烦，大炮总不能对自己城墙轰吧。情急之下，通判金启倧想出一个办法，他找来火药均匀地撒在被单和褥子上，然后卷起来，点火，扔到城下。

扔下去的时候是一条条被单、褥子，在空中它们就成了一条条火龙，而且火焰还会四面喷射，并不停旋转，烧灼敌军。这种火焰沾性极强还带有毒烟，只要沾上就会迅速蔓延，即使扑救也毫无用处。

甲胄能挡物理伤害，对这些化学伤害实在是无能为力，只听城下传来一片鬼哭狼嚎的声音，不多时逐渐寂静，英勇的后金工程队统统葬身火海。

这种临时发明的武器，因其制作简单，取材方便，又有极大杀伤功能，得名“万人敌”，可看作最早的燃烧瓶雏形。

可惜的是，“万人敌”威力过大，它的发明者金启倧在调试过程中，不小心被火星溅到，竟致以身殉职。

实在没有办法了，牙都崩碎了，宁远依然岿然不动。这样的情形，对于一向勇猛无敌的后金军，确实从来没有遇到过。袁崇焕的战法让后金的长处无从发挥，努尔哈赤只得下令停止进攻，他几次企图把守军诱出城来，以便发挥自己铁骑驰突的优势。努尔哈赤派人用汉话向城上骂阵，袁崇焕软硬不吃，仍坚持他的策略，不和后金搞野战厮杀，任凭怎么引诱叫骂，就是闭门不出。

后金第二天的进攻又失败了，袁崇焕不依不饶，当即派出使者送去书信一封，曰：“老将久横天下，今日败于小子，岂非数耶？”

努尔哈赤无语。

战至第三天，后金官兵已失去了前进的勇气，在他们眼里宁远就是一座喷火的地狱，无论多少人冲上去，那些恐怖的西洋大炮和被褥火龙就会冒烟吐火，将他们就地埋葬。

努尔哈赤也没了精神头，催兵草草进攻两次，不得不承认失败。正月二十六日，后金全军拔营而去，临走前努尔哈赤挥一挥衣袖，带走了所有战亡者的尸首。

就算我败了，也不让你胜！我知道大明以斩首数论军功，我把死者都烧了，烧不完的带走，看你拿什么去请功！

由此导致战后一个奇怪的结果，努尔哈赤在宁远遭到用兵44年来最严重的惨败，明军的斩获却比较有限，战后辽东经略高第为袁崇焕报捷的战功为：奴夷首级二百六十九颗、活夷一名、降夷十七名，献俘，报可。

这个记录甚至低于后金方自己承认的损失：游击二人，备御官二人，兵五百人。

谁说谎了？

显然是努尔哈赤。

简单推理一下就能得出结论，努尔哈赤带出了他几乎全部的机动兵力，假使真如后金方面所说只损失了几百人，他会甘心失败吗，他的面子往哪搁，后金政权的威信何在？

后金真实的伤亡情况，努尔哈赤不公布，后来的清朝不认账，就此成了一笔糊涂账。不过按斩获数量和战场情况考量，《明熹宗实录》记录的“前后伤虏数千内，有头目数人、酋子一人，遗弃车械钩梯无数”应该是比较靠谱的一种说法。

不管如何，真正的胜利是掩盖不住的，时年43岁、初历战阵的袁崇焕对阵征战大半生、战无不胜的68岁努尔哈赤，获得了一场辉煌的胜利。

得到后金撤退的消息，宁远合城百姓大哭跪拜袁崇焕、满桂等将领的救命之恩，捷音传回，京师士庶，空巷相庆，史称“宁远大捷”。

自从抚顺失陷以来，此战是明朝在关外的第一个胜仗，兵部尚书王永光向皇帝盛赞袁崇焕的功绩，称“辽左发难，各城望风奔溃，八年来贼始一挫”的一个大胜仗；也是“遏十余万之强虏，振八九年之积颓”的一个大胜仗。

天启皇帝亦是深感兴奋，颁旨称：“此七八年来所绝无，深足为封疆吐气。”

觉华岛之屠

努尔哈赤这次亲率大军攻打宁远，原本志在必得。手下精猛的将士却被阻于深沟坚城之外，难以发挥野战特长，这是努尔哈赤没有想到的，也是所有后金官兵没有想到的。

努尔哈赤能从艰难混乱的时局中脱颖而出成为一代枭雄，靠的是超常的勇猛、谋略和毅力。这样一个人，是不会轻易接受失败的。

周围大大小小等着看他笑话的力量不少，就这么灰头土脸撤回沈阳？对士气、对信心的打击太大，必须想办法找回面子。

二十五日那天晚上，努尔哈赤就做好了准备，他预感拿下宁远无望，已连续派人查探觉华岛的情况。

觉华岛（今菊花岛），位于辽宁省兴城市东南 10 余千米，渤海湾第二大岛屿，面积 13.5 平方千米。在 400 多年以前，它是明军水师驻地，也是屯粮重地。

觉华岛与宁远互为犄角，对关宁防线起策应作用，是个极其重要的战略要地。孙承宗督师蓟辽起，就开始大力建设觉华岛根据地，他认为“有宁远与觉华岛相拱卫，不但山海关可守，还可收二百里疆土”。

努尔哈赤当然知道明朝在开发觉华岛，他也知道觉华岛上没有坚固的城防设施，可他只能看看。觉华岛离最近的陆地也有十来公里，后金没有驱逐舰也没有潜水艇，觉华守军可是有水师的。

直到攻打宁远时，努尔哈赤目睹了明军的一项防御技巧。

当时正是正月严寒，守军从城头浇水下去，很快就变成坚冰，让城墙变得既硬又滑，爬也爬不上，凿也凿不动。

努尔哈赤看着城墙的坚冰陷入了沉思。

这个浇水成冰的鬼天气，敌人能利用，我能不能利用呢？

辽东严寒，每到冬天近陆海面都会封冻一部分，可以在冰上走马拉车，这是生活常识。但觉华岛到宁远海面相当之宽，明军开发几年以来，从未被全部封冻过。也不是没人考虑过这种情况，不过大家乐观地认为，就算冻上了，把近岸的冰凿开不就行了，后金骑兵来了一样不能过海。

道理是没错，但没人考虑到，万一出现极端状况怎么办？

天启六年（1626 年）的冬天格外的冷，冷到用滴水成冰来形容都不够。

二十五日晚，又一天的灰头土脸后，努尔哈赤连续派出哨探，侦察觉华岛情况。回报让他喜出望外，觉华岛与陆地相连的二十里海面已全部冰封，人马皆可踩着厚厚的冰层渡海。

二十六日，努尔哈赤下令撤围宁远，全军转进觉华岛。来到岸边，看到觉华岛上的烟火，再试探下脚下结实的坚冰，遂决定以袭击觉华岛来挽回损失和颜面。

觉华岛水师由参将金冠和姚抚民统领，为提防后金军踏冰登岸，金冠、姚抚民已督率岛上军民日夜凿冰，将沿岛冰面凿出一道长十五里的壕沟，直到露出海水。然而天气酷寒，天空又飘起雪花，凿开的冰壕很快又结上了厚厚的冰层。

后金来到觉华岛对岸时，看到的是一幅壮观的景象，一望无垠的冰面上，上万人顶风冒雪正在没完没了地凿冰。人们反复凿挖，寒冷难耐，手指冻落者不计其数，但刚刚凿开的冰面还是转眼就被冻上。

在大自然的威力下，人类的力量太渺小了。

觉华岛惨局已覆水难收，疲惫至极的军民连刀枪都握不住了，后金大军呼啸而来，等待他们的是一场一边倒的屠杀。

须臾间，岛上燃起冲天大火，守岛官军七千余人全军覆没，被杀商民七八千，损失粮料八万余石、船只两千余艘，营房、民舍俱被付之一炬，这座关外的后勤基地就此被后金摧毁。

努尔哈赤总算找回一些面子，但败了还是败了，宁远之战败得毫无争议。此战动摇了后金政权在东北亚的地位，看到努尔哈赤兵败，喀尔喀蒙古再次活跃起来，他们截杀后金派往科尔沁的使臣，还跑过来趁火打劫（要我遣往科尔沁使臣，于路而杀之，夺其所赍之物）。努尔哈赤不得不强撑病体，亲征喀尔喀。

天启六年（1626 年）四月，努尔哈赤于征讨喀尔喀途中染病，五月回师盛京。八月初，病势转危，八月十一日，努尔哈赤病逝于叆福陵隆恩门鸡堡，终年 68 岁。

一代枭雄就此谢幕，努尔哈赤征战一生，拥有极其出色的军事能力，称他为时代的佼佼者毫不为过。多少年来，明朝欲除之而后快，得到努尔哈赤死讯，北京成了欢乐的海洋，从天启皇帝到群臣，皆是拍手称快，自不必多言。

只是在最初的一段时间里，所有人都没有意识到，努尔哈赤之死非但不能说是好消息，还是个坏得不能再坏的消息。

因为下一任的后金大汗，叫作皇太极。

第十九章 宁锦之战

谁来继承汗位

努尔哈赤死前没有指定谁来继承汗位，后金的汗位交替出现了一点摩擦。

努尔哈赤共有十六个儿子，出色的主要有，长子褚英、次子代善、五子莽古尔泰、八子皇太极、十四子多尔衮。其中褚英已死，还有两个出色的侄儿：阿敏（舒尔哈齐次子）和济尔哈朗（舒尔哈齐六子）。

当时能窥视汗位的，先不管资格大小，人选都在八贝勒里——四大贝勒：代善、阿敏、莽古尔泰、皇太极；四小贝勒：阿济格（努尔哈赤十二子）、多尔衮、多铎（努尔哈赤十五子）、济尔哈朗。

这些贝勒中，多尔衮和多铎还小，一个 15 岁，一个 13 岁，但女真没有立长的传统，所以年龄小并非不能继承汗位，而是争夺能力不够。

其余六人，阿敏和济尔哈朗属于侄儿，而在代善、莽古尔泰、皇太极、阿济格四子中，按实力和声威，代善作战勇敢，军功大，本该是继位的头号人选。

但是代善有个毛病，他与前妻所生的两个儿子岳托、硕托的关系非常不好。代善长久以来虐待岳托、硕托，还诬陷硕托叛逃，请求努尔哈赤斩杀硕托。努尔哈赤不信，由此开始调查代善给予两个前妻之子的待遇问题，不查不知道，一查吓一跳，原来代善被后妻蒙蔽，虐待儿子已非一两年。

努尔哈赤招来代善怒斥道："你也是前妻的儿子，何不想想我不是对你更亲近吗？我待你一直是特选良好的部民让你专管，你为什么就不能像我一样将优良的部民赐给岳托、硕托呢？"

努尔哈赤让岳托、硕托与代善分家，并公开宣布废掉代善的太子之位。

代善被废后倒是知罪了，仍为四大贝勒之首，参与治理国政，但后果已经产生，他不可能再继承汗位。

三贝勒莽古尔泰，正蓝旗旗主，努尔哈赤嫡子。论出身、地位，他本来都在皇太极之上，只因其母富察氏与大贝勒代善关系暧昧，努尔哈赤不忍心将其杀害，仅以私藏财物为名把她休回娘家。而莽古尔泰为取悦于父汗，竟残忍地把母亲杀了。这种禽兽般的行为使得莽古尔泰在金国的地位、影响大为降低，以至于在推举汗位继承人时竟无人提名于他。

如此来看，唯一人选似乎只剩下了皇太极？并非如此，代善、莽古尔泰不能继位，还有 21 岁的阿济格。他有兄弟多尔衮、多铎帮助，只要代善、莽古尔泰联合起来支持阿济格，皇太极几乎是必败之局。

但因为一件事，让阿济格处于劣势。

努尔哈赤有个小福晋叫德因泽，据说曾向努尔哈赤告发，说大福晋阿巴亥有两次送饭给大贝勒代善，代善接受并且吃了，又给四贝勒皇太极送饭，皇太极接受了却没吃；大福晋还经常派人与代善联络，平时宴会上也见她刻意打扮，倾视大贝勒，两人眉来眼去，有几次夜里大福晋还离开深宫宅院……

努尔哈赤闻言大怒，家丑不可外扬，他就找个理由把阿巴亥痛打了一顿，从此宠爱小福晋。大福晋阿巴亥是阿济格、多尔衮、多铎的生母。有人说，德因泽对阿巴亥的告发，是受皇太极幕后指使，以提前扳倒汗位竞争对手。

此事使皇太极的优势得以突现，为了消除隐患，努尔哈赤尸骨未寒，皇太极就抓住时机，趁乱率几位大贝勒闯入阿巴亥的后宫，传达所谓的“帝遗言”，强迫阿巴亥从先帝之命而殉葬。皇太极再清楚不过，治死阿巴亥，既可以牵制代善，又可以控制她的三个儿子。

阿巴亥坚决不从，但又如何能够抵挡住皇太极膨胀到极限的图谋继位的野心。

阿巴亥若活着，阿济格有可能联合其他几大贝勒；阿巴亥一死，阿济格力量大减。即使这样，皇太极还不能稳操胜券，最终是岳托、硕托、萨哈廉等几个小贝勒站出来全力支持皇太极。大贝勒代善为了自己的权力，与皇太极达成合议制掣肘汗权的协议，其余贝勒这才未有进一步的争夺之举。经议选，作为努尔哈赤第八子和四贝勒的皇太极继承汗位，改第二年为天聪元年，皇太极即天聪汗，时年 35 岁。

皇太极的水平

即汗位以后，皇太极迅速表现出超越乃父的政治素质。

努尔哈赤的军事才能无法否认，但他的雄心壮志，也就仅限于统治辽东而已。攻下土地，他的政策是“抗拒者被戮，俘取者为奴”，如此残暴原始的政策让后金始终不得民心，历年来逃亡的汉人不计其数。

轮到皇太极了，他上台就提出“治国之要，莫先安民”，强调满、汉、蒙古百姓“譬诸五味”，都是不可或缺的财富。他将俘虏和降人编为民户，分屯别居、善待逃人，吸引他们走出深山老林，还给予大量汉族“包衣”民户的地位，成为后金政权下的个体农民。

短短两个月，皇太极治下百姓的精气神就大为改观，超过了努尔哈赤掌权若干年的治理。

在视野上，皇太极也表现出不同寻常的狡黠。

宁远受挫是努尔哈赤无法释怀的失败，做儿子的是不是该报仇雪耻？

非但没有，皇太极还主动放下身段，与袁崇焕进行和平谈判。

天启六年（1626 年）十月，袁崇焕派出一行三十四人使团来到沈阳吊唁。名为吊唁，实则是探听情报，打听皇太极成为大汗后，对明战略是否有所调整。

皇太极以高规格接待使团，临走时赠送大批土特产，还让使者带了书信给袁崇焕，信中大意为：我们两家打打杀杀几十年，那都是过去的事了。袁大人，时代变了，我们能不能搁置争议，共同开发辽东？

这个意思袁崇焕哪能不懂，他的回应也很积极，两个人真就开始了议和谈判。

不和亲、不赔款、不割地、不纳贡是大明朝野上下共识。彼时袁崇焕凭“宁远大捷”已晋升为辽东巡抚、兵部右侍郎，但也只是在辽东有一些话语权而已。他没有胆量，更没有权力决定是战是和，又怎么敢与皇太极谈判呢？

袁崇焕真正想的不是议和，甚至不是防御，而是进攻。

袁崇焕不是傻瓜，皇太极是不是真的想议和？很难说。但这是个可以利用的机会，宁远之战打坏的城池要修，地堡要接着造，袁崇焕更想乘胜推进到锦州，打造一座足以拱卫宁远的坚城。

这些都需要时间。

议和可虚可实，其与战争一样，都是政治斗争的一种形式，只不过一为外交手段，一为武力手段。孙子兵法云：上兵伐谋，其次伐交。作为一种策略，缓兵议和有时比武力用兵显得更为重要。

那么何妨“款为旁着”，能争取一点时间，就多争取一点时间。

巧得很，皇太极也是这么想的。

皇太极急需巩固他的汗位，光是整顿内部还不够。金人崇尚强者，最好的办法是取得军事上的胜利，树立权威，赢得拥戴，震慑觊觎。

天启七年（1627 年）正月，皇太极一边继续派使者方吉纳、温塔给袁崇焕送去谈判书信，以作敷衍；一边命阿敏、济尔哈朗、阿济格、岳托、硕托发兵入朝。

攻打朝鲜有三大好处：

一、由于打了败仗，加上年景不好，后金的经济遇到很大困难，急需来一场掠夺稳定民心，朝鲜是个很好下手的对象。

二、朝鲜对明朝称臣，一般来说，明朝只要在东北用兵，朝鲜一定要出兵援助。现在没啥动静是因为明朝保持着守势，一旦后金表现出颓势，明朝反守为攻，朝鲜必定出兵，既是听从明朝的号令，也是方便趁火打劫。

后金兵力主要在与蒙古、明朝对峙，朝鲜出兵比蒙古出兵还麻烦，留着这么个超大号定时炸弹在后方，皇太极睡觉也睡不好。

三、皮岛的毛文龙也是个刺头，袁可立去职后，毛文龙消停了不少。但他在皮岛大肆接纳辽东流民，扩充力量，也是皇太极不能容忍的。况且毛文龙又与朝鲜来往密切，征讨朝鲜，也就是征讨毛文龙。

正月十三日，后金大军渡过鸭绿江，攻陷义州；二十一日，攻下安州，休整四天后出发；二十五日，兵不血刃占领平壤，大军继续向南挺进，二月初一占领黄州。

三月初三，朝鲜君臣和八旗大臣在平壤盟誓，约定后金和朝鲜结为“兄弟之盟”，朝鲜要中断和明朝的联系。朝鲜不能收纳辽东流民，不能支援毛文龙等明朝将领。在经济上，朝鲜要给后金 3000 石粮食。

此战史称“丁卯之战”，平壤盟誓后，后金大军撤离朝鲜。

袁崇焕的失策

在此期间，袁崇焕做了点什么呢？

袁崇焕很忙，利用这段时间，他加班加点抢修了锦州、中左、大凌河三城，拓宽地盘，推进防线。

后金悍然入朝，朝廷、朝鲜、毛文龙都大吃一惊，不约而同要求袁崇焕出兵策应，朝廷的意思是“且令以关宁之师直捣虎穴”，通过围魏救赵的办法，保住朝鲜这个藩属国。

袁崇焕执行了，派出九千兵力逼近三岔河作为策应之举，却没有实质性的进攻行动。东江军无法抵挡后金大军，铁山（皮岛北岸）一战，守将毛有俊、刘文举阵亡，在三里之外云从岛的毛文龙兵败退守皮岛。

谁亏了？事后看无疑是大明。袁崇焕此举被很多人批评，说他是中了后金的缓兵之计，被皇太极玩弄于股掌之间。

只是袁崇焕未必这么想，这与他对毛文龙的态度有关。袁可立去职后，已无人能节制毛文龙，他进一步表现出弄虚作假，不听号令，尾大不掉的趋势。

偏偏毛文龙与袁崇焕的性格都是一样的吃软不吃硬，这样的两个人要合作，必须有一个人服软。要是两者都硬，反而谁也奈何不得谁，对抗（后）金大计有害无益。

或许袁崇焕从没想过要真的救援毛文龙，假皇太极之手除掉他才好，可惜还是让毛文龙逃了。逃了也只能逃了，袁崇焕这时是辽东巡抚，手里没有尚方宝剑，不能拿他怎么样。要等三年以后他官拜辽东经略，这事儿才能有个了断。

借刀杀人失败还送掉了朝鲜，吃了哑巴亏的袁崇焕大为恼怒，他写信指责皇太极，说正在和谈期间，你怎么能对朝鲜用兵？

皇太极不再遮掩，光明正大地回信道："你一边派人议和，一边抢修城池，是何居心？这么做，乃无心和平，一意兵戈之举。纵然你能加固数城，而其他所有城池及田禾，也都能尽数加固吗？"

议和的面具已被撕破，皇太极已无后顾之忧，努尔哈赤临终前的账是时候算一算了。

天启七年（1627 年）五月初六，皇太极率诸大小贝勒、将领及六万大军，一路向西，浩浩荡荡开往明朝辽西防线。初七渡过辽河；初十抵达广宁；十一轻而易举占领尚未竣工的大凌河、右屯两城，进围锦州，于距城一里处四面扎营。

真正考验袁崇焕的时刻来了。

关于袁崇焕这个人：战略眼光一般，战术素养却极高。

袁崇焕的战略与孙承宗一脉相承，修建锦州、大凌河、小凌河，后来看都是无意义的行为，但他始终乐此不疲。

他与孙承宗最大的区别在于能打仗，敢打硬仗。

这未必是一名合格的大帅，却是一名相当称职的前线指挥。

皇太极不信这个邪，是要吃大亏的。宁远之战让努尔哈赤崩了牙，这次宁锦之战，将为袁崇焕的军功章添上最亮的一颗星。

五月十二日，皇太极先攻锦州，守将赵率教沉着应战，后金围攻长达十五天不克；二十八日，撞了满头包的皇太极移师宁远。宁远有袁崇焕这个防守大师，又怎能让他占到便宜？此战明军固守宁远，除“凭坚城以用大炮”外，还布兵列阵城外，同后金骑兵争锋。城下总兵满桂、副将尤世威率军迎战，短兵相接；城上明军炮火、箭矢齐发。上下配合，后金兵被打了个外焦里嫩，皇太极本人营帐被毁，悍将萨哈廉、瓦克达等部都被重创。

二十九日，皇太极攻宁远不克，再转攻锦州。遭明军西洋大炮和其他兵器还击，死伤狼藉。时值初夏，后金官兵暴露荒野、粮料奇缺、人马疲惫、士气低落。皇太极鉴于围攻宁远、锦州二十四天，取胜无望，遂下令撤军。

六月初五凌晨，皇太极经小凌河城，拆毁明军的工事。初六，至大凌河城，毁坏城墙，然后东去。皇太极背负“辱名”之痛，于十二日回到沈阳。明朝方面取胜，史称“宁锦大捷”。

和“宁远大捷”一样，“宁锦大捷”的伤亡数字也是一笔糊涂账。后金史料没有给出明确的损失数字，明朝方面也无法准确统计，出于表功需要，各种史料中杀伤后金部队数量从数千到上万都有。数千保底应该是比较可信的，因为仅战后献俘，就有“鸭力把哈、付兔、户以汉、孛罗、个徹错旧等五十九人磔于市，传首各边”。

皇太极第一次亲征，率后金军在宁远、锦州之间来回转战，付出重大伤亡代价，灰头土脸，鼻青脸肿。

这次失败，让皇太极威信动摇，他迫切需要一场胜利来巩固他的汗位。

然而回到明朝这边，取得“宁锦大捷”的指挥官袁崇焕，却遭遇了入仕以来最大的一场危机。

第二十章 明朝最黑暗的一个时代

天启时代落幕

“宁锦大捷”的时间是天启七年（1627年）五六月间，魏忠贤早已彻底成了一人之下，万人之上的大明二号人物。

宫外他所到之处，士大夫遮道拜伏，欢呼“九千岁”，一些人干脆叫他“九千九百岁”。天启皇帝毫不介意，他对魏忠贤和客氏照旧倍加宠信，还赐给他俩各一枚重三百两的金印，给魏忠贤的印文是“钦赐顾命元臣忠贤印”，给客氏的印文是“钦赐奉圣夫人客氏印”。

当其时，名义上魏忠贤除了司礼太监和提督东厂太监职务以外，还进上公（太师、太傅、太保三公之上），加恩三等，实际权势还远不止这些。他出行的时候，羽幢青盖，铁骑簇拥，东厂番子、锦衣卫缇骑夹驰于左右，铙鼓鸣镝之声，随着轰隆而过的车轮，隐没在飞扬的黄土之中。所过之处，百官追随，声势浩大，人人都以为是皇上驾临。

不管魏忠贤在外面离京师有多远，凡朝中奏疏，均得由他的心腹、司礼太监李永贞派人加急送到那里，读过之后，经他授意，才能批示。

这些年，不断有人建议给魏忠贤建“生祠”，其中以读书人为多。

所谓“生祠”，就是为活着的人修建的祠庙，用来供人祭祀。西汉栾布为燕相，燕齐之间为其立社，号栾公社；石庆为齐相，齐人为其立祠，名石相祠。立“生祠”便是从那时开始的。此二人均为一代名相，功勋卓著。所以被立“生祠”者，应为德政和功业不凡而广为信服者。

唐朝对于现任官员立碑或立祠有严格限制，对妄自遣人立“生祠”或德政碑者，要受到流迁处分。所以不敢有人随便为之。

嘉靖年间，著名清官赵邦清在山东滕县任县令时，深得百姓拥戴，在他即将去京师赴任之时，为了纪念他在当地的德政，百姓自发为他修建了“生祠”。

总之，历代修“生祠”的事是屈指可数的。到了天启年间，为窃权乱政的太监魏忠贤建“生祠”，却搞得热火朝天。

最先为魏忠贤建“生祠”的是浙江巡抚潘汝祯。他假借当地丝织业主的恳请，建祠于西湖。“生祠”建成后向天启皇帝上疏，请赐匾额。天启皇帝欣然题之为“普德”。作为对此举的鼓励，潘汝祯很快被升为南京刑部尚书。

而浙江巡按御史的奏疏晚到一天，竟被罢官。此例一开，为魏忠贤兴建“生祠”立刻蔚然成风，全国各地争先恐后。

有的人甚至说得神乎其神，说发火灾时祈祷魏忠贤，能够灭火。督饷尚书黄运泰，称魏忠贤是“尧天地德，至圣至神”；蓟辽总督阎鸣泰，称魏忠贤是“民心依归即天心向顺”。

天启七年（1627 年），国子监有个名叫陆万龄的监生，还别出心裁，建议在国子监建造“生祠”，把魏忠贤与孔子并列，他说：“孔子作《春秋》，魏忠贤作《三朝要典》；孔子诛少正卯，忠贤诛东林。宜建祠国学西，与先圣并尊。”

他的建议，无人敢表示反对。

一时之间，全国各地，魏忠贤“生祠”如雨后春笋般冒出来，以供飨祀和称颂。从此，下面对魏忠贤除了有“九千岁、九千九百岁”的称呼和极尽美言，还要对他的雕像摆放供品，焚香点烛，行大明朝规定的最高礼仪：五拜三叩之礼。

为魏忠贤建“生祠”肯定不得马虎，须建得壮丽庄严、气派体面才是，朱户雕梁、琉璃黄瓦，是免不了的，与宫殿颇为相似。祠内供像更得细心讲究，以沉香木雕刻，外部镀金，眼耳口鼻及手足都可转动，工艺精湛，栩栩如生。衣着奇丽，内以金玉珠宝为肺为肠，发髻上面有一个空穴，不断更换四时香花。

这就要花钱耗料，每一座“生祠”的费用，多则数十万，少则数万。这些钱，靠的是搜刮民财，动用公款。所用土地，或占民田民基，或拆民房民舍，不在话下。仅河南开封一地，就拆毁民舍两千余间。

在一班谄臣佞子的极力鼓吹和推动之下，当称颂魏忠贤和为其建“生祠”成为一种风气和潮流，官场中一些本来不愿为之的人，为求保全，也不得不有所表示，以应付过关。

袁崇焕也是其中之一，修“生祠”讨好魏忠贤，是为了能坚守在抗金前线。这时候如果和魏忠贤作对，那注定会被害。这点和当年胡宗宪为抗倭而投靠严党，迎合赵文华很像。

但魏忠贤不是严嵩，袁崇焕功劳再大，魏忠贤也容不得他。

袁崇焕去职

那天来自关外的捷报由李永贞送到魏忠贤处，“九千岁”大喜：打胜了，好！你别说，袁崇焕带兵打仗，还真有两下子！

李永贞看魏忠贤高兴，便附和道：“这个袁崇焕，去年一个‘宁远大捷’，今日一个‘宁锦大捷’，看来他官运亨通，要上一品了。”

谁知魏忠贤面色一沉，那张老脸顿时显得阴森可怕。他冷冷地说：“多嘴！我的话还没说完呢。袁崇焕指挥了打仗不假，但谁指挥了袁崇焕？”

“这……当然是千岁爷您指挥的！”

“我在朝中指挥，”魏忠贤缓和了口气，貌似谦虚地说，“我派出的镇臣刘应坤、纪用、陶文、孙茂霖、武俊、王莅，奉我之命在辽西指挥……”

魏忠贤的心腹党羽魏广微最能揣摩他的心事，他不失时机地说：“千岁爷，依我看，这袁崇焕，不能给他太大的功劳。如果没有千岁爷和几位镇臣的指挥和监督，他能打胜仗？”

对魏忠贤来说，袁崇焕是必须要打压的。一则袁崇焕不是他的人，提拔和赏识袁崇焕的是侯恂、韩爌、孙承宗，这几个人不是东林大佬，就是与东林人士交好。这样背景的人，怎么能让他立功？二则如果给了袁崇焕显功，他派出的宦官不就成了多余的人，他的一番心思不就白费了？

于是在叙功圣旨中，魏公公当仁不让领得头功（厂臣魏忠贤体国忠诚，筹边胜算，开泰长否消之运，收保世滋大之功），太监王体乾、刘应坤、纪用亦各有大功。接下来是魏公公派出的监军孙成、高进忠、李进喜等人；然后是葛诚、魏广微，接下来才是阎鸣泰、满桂、赵率教、左辅、尤世禄、孙祖寿等将领，乃至王之臣、郭允厚、黄运太等。

那么袁崇焕呢？他的赏赐为“衔一级，赏银三十两”。

如此刻薄，就连早早依附魏忠贤，每上疏必对其称颂的右副都御史霍维华都看不下去了，他冒着风险上疏为袁崇焕鸣不平。说袁崇焕在关外六年，不顾安危，孤注一掷，可谓劳苦功高，应按常例加封。

霍维华的奏请非但没有获准，反而被骂，因为按魏忠贤的意思，袁崇焕这事还没处理完，你霍维华就跳出来，搞什么名堂？

御史刘徽、李应荐发难，他们弹劾袁崇焕，一则不救锦州为“暮气”，二则主款议和，招致后金东侵朝鲜，西征宁锦，要求从重议处袁崇焕。

不救锦州，袁崇焕可以上疏辩解，说宁远兵少，不宜轻动，此事已上奏朝廷阐明过厉害，并获批准。但主款议和，事后看这条缓兵之计确实是失策，辩驳起不到多大作用。

袁崇焕被称为“袁蛮子”，他个子不高，身材矮小，脾气是极火爆的。抑功也就算了，不予封赏也罢了，怎么算功过也能相抵，竟还要议罪？

事已至此，只有辞职自证清白了，七月袁崇焕上《乞休疏》，自称生病，请求辞归。

这正中魏忠贤下怀，辞职批准，朝廷以王之臣接替袁崇焕为蓟辽督师兼任辽东巡抚，仅此还不够，为了削弱袁崇焕旧部，又命尤世禄取代赵率教守锦州，杜文焕替祖大寿守宁远。愤愤不平的尤世禄随即也以病请辞回乡而去，不得不以赵率教再守锦州。

天启七年（1627 年）七月的一天凌晨，天刚蒙蒙亮，两辆马车悄悄地驶出宁远城西门，径直往山海关方向而去。

袁崇焕一家人离开了宁远，暂时离开了辽东这个是非之地。

就在袁崇焕离开宁远的这个月，陕西爆发了大规模农民起义。

这些年，陕北和关中北部连年灾荒，久旱不雨，草木枯焦，赤地千里。这些土地本就贫瘠，百姓平时生活已极为艰难，灾荒来袭更是饿殍遍野。到了七月，饥荒更加严重，一些地方已发展到了“草木尽，人相食”的人间悲剧。而此时为应对辽东军费开销，辽饷已一加再加，这些赋役是不能免的。

天启二年（1622 年）的山东徐鸿儒起义只是一次预热，天启七年（1627 年）七月，白水农民王二、种光道忍无可忍，为了死里求生，只有铤而走险。他们聚集灾民数百人，望着大家蜡黄的面色，王二高声问道：“谁敢杀死知县，开仓放粮？”

灾民异口同声：“我敢杀！”

饥民们手持锄头棍棒，在王二的率领下冲进县城，杀死知县，打开官仓将粮食发给百姓。越来越多的饥民参加进来，饥民暴动成了农民军起义。王二率这支农民军转战渭北各地，劫富济贫，斩杀贪官污吏，受到四方百姓的拥护，各地纷纷响应起义。

陕北的王二起义，是继天启二年（1622 年）山东徐鸿儒起义后的又一次大起义。这次起义，真正拉开了明末农民起义的序幕……

朱由校的功绩

这些事已经轮不到朱由校操心了，一个多月后，天启七年（1627 年）八月乙卯（二十二日），天启皇帝朱由校驾崩于乾清宫，终年 23 岁。

早在天启五年（1625 年）五月十八日，朱由校在客氏、魏忠贤等人的陪同下，带着几名亲信太监游玩西苑。他们在桥北浅水处大船上饮酒，又与王体乾、魏忠贤及两名亲信小太监去深水处泛小舟荡漾，却被一阵狂风刮翻了小船，全船人员尽数落水。两岸随从大惊失色，急忙跳水营救，朱由校和掌印太监王体乾获救，两名小太监溺亡。

皇上落水实乃大事，魏忠贤专门找人日夜作法祈福，希望万事平安。然而天不遂人愿，朱由校就此落下病根，身体每况愈下，后来尚书霍维华又向他进献了一种名为“灵露饮”的药物，这种药清甜可口，估计也是春药等虎狼之药。朱由校天天饮用，逐渐就得了肿胀病，浑身肿胀，卧床不起，眼看时日不多了。

挨到天启七年（1627 年）八月，23 岁的朱由校预感自己命不久矣，终于想起了他还有皇帝这份工作，同时也惊讶地发现自己还没有儿子。按照“兄终弟及”的顺序，朱由校在世的兄弟只有五弟信王朱由检了。

天启皇帝在谨身殿召见信王，身体虚弱的他直截了当地说：“来，吾弟当为尧舜。”

天降皇位，旁人八辈子也修不来的福气。朱由检没有理由推辞，除了答应，他别无选择。

宣布完继承人没几日，朱由校便驾崩了，留下一个凌乱的江山。

朱由校有啥拿得出手的政绩吗？

政治、军事、经济，一样没有。

那朱由校最大的优点是啥呢？

翻来翻去，只能如实回答：木工活极好。

如果他是个木匠，确实是个优秀的木匠，可他偏偏是皇帝。朱由校是一个匪夷所思的皇帝，他对明朝最大的“贡献”就是重用了魏忠贤来治理国家。

如何评价一位皇帝，关键看他给下一任留下个什么样的江山。

——委太阿于逆阉，受炀灶于淫姆，天下至崩坏而不可收拾。

这就是黑暗又混乱的天启时代，这就是朱由校留给弟弟的江山。

第二十一章 朱由检的难题

信王即位

天启七年（1627 年）八月二十四日，朱由检在皇极殿即皇帝位，内阁拟定四个年号：乾圣、兴福、咸嘉、崇祯，朱由检选择了崇祯。

“崇”有高贵、兴盛之意，“祯”则象征着吉祥。不光是寓意好，“崇祯”谐音“重振”，正与朱由检的治国理想符合。

朱由检这位信王此前没什么存在感，他也没想过会继承大统。当这副担子真的压到身上，他不得不思考，如何才能中兴大明。

朱由检与哥哥朱由校是完全不同的人，少年时代，朱由校就是个淘气的熊孩子，朱由检却从小就喜欢读书，而且不苟言笑。他读书时，陪读的内侍不敢读出声，朱由检就呵斥：“读书是好事，倒害羞；若唱曲儿，倒不害羞耶？”

朱由校临终前，曾对朱由检嘱托后事，主要有两件事：一、要善待中宫，就是要保证他的张皇后有个好的待遇；二、继续信任魏忠贤，对他也要好一点。

当时朱由检没有什么讨价还价的筹码，只得点头答应，但他心里只答应了一半。善待皇嫂，那是应该的；善待魏忠贤，还要继续信任他？做不到！

崇祯皇帝认为，他的中兴之路上有两个敌人，一个是阉党，一个是后金。只要搞定内政外敌，不愁天下不定。欲攘外必先安内，要搞定辽东问题，就必须先清理内政。

朱由检要干的第一件大事就是铲除魏忠贤和依附于他的党羽们。这件事他干得很漂亮，朱由检八月二十四日即位，“九千岁”在万岁手下没走满三个月。十月，攻击魏忠贤的弹劾奏疏出现，且一发不可收拾；十一月，魏忠贤被发往凤阳安置，途中崇祯皇帝派锦衣卫追捕押回审判。魏忠贤自知难逃一死，行到阜城时，与同伙李朝钦在旅店痛饮至四更，一起上吊自杀。朱由检诏令将魏忠贤肢解，悬头于河间府。十一月十七日，客氏被笞死于浣衣局，在净乐堂焚尸扬灰。

魏忠贤的阉党集团，是有先天劣势的。魏忠贤并不像王振、刘瑾这些太监，他们从小服侍皇上，确实有感情联系在里面。魏忠贤婚后进宫，要论和天启皇帝的感情，他远不及王安，甚至不及魏朝。魏忠贤能得到天启皇帝信任，靠的是客氏的路子，这就决定他在宫内必须依赖客氏。而这位客氏为人歹毒，小肚鸡肠，与以张皇后为首的后宫妃嫔关系一直很差。

朱由校的临终嘱托本身就是矛盾的，善待张皇后，客氏在宫里还能待得下去吗？魏忠贤在内廷又去依靠谁呢？

外廷就更别提了。血腥迫害东林党，阉党的名声早就彻底臭了。虽说在天启末年，阉党人士自己看来，恍如全盛，其实天下已经苦阉党久矣。不管是对大明的有志青年，还是在朝堂上蛰伏隐忍的官员，投机阉党早已不是个快车道，反而是干倒阉党更有一步登天的机会。

天启皇帝的死，恰好给了两方机会。

轻松搞定魏忠贤算不得多大事儿，接下去崇祯皇帝要面对的才是大事。

不是后金，也不是国内的流民。

是没钱。

毕自严的办法

崇祯元年（1628 年）六月，朱由检收到陕西巡按御史李应期一份奏疏，其中如是说道：

> 全陕地多硗确，民鲜经营。慨自边疆多事，征兵征饷，闾阎十室九空。更遇连年凶荒，灾以继灾，至今岁而酷烈异常也……但见五月不雨，以至于秋，三伏亢旱，禾苗尽枯，赤野青草断烟，百姓流离，络绎载道。每一经过处所，灾民数百成群，拥道告赈。近且延安之宜、雒等处，西安之韩城等属，报有结连回罗，张旗鸣金，动以百计。白昼摽掠，弱血强食。盖饥迫无聊，铤而走险。与其忍饿待毙，不若抢掠苟活之为愈也。

李应期这番话道明两个问题。一、陕西本已连年天灾，朝廷为应付边疆战事，征兵征饷，更使民生之艰已到酷烈程度。二、灾民暴动已经不是简单的偶发性事件，全陕各地都有出现，已经到了光天化日抢劫的地步。

李应期接着请求，减免一半天启七年（1627 年）负欠的辽饷，宽缓其余军饷和宗室俸禄。并请求皇上发内帑赈灾以救灾民。

在奏疏最后，李应期说："如曰内帑已匮，诸饷不继，蠲赈两端，概靳不施，万一祸乱大作，天下动摇，勿谓臣今日缄口不言。"

意思是，皇上您可别说没钱，到时候天下大乱，可别怪我今天没跟您提这个醒。

话说得很直白，那崇祯皇帝接手的这个大明王朝，面临的是一个什么样的财政状况呢？

天启皇帝留给崇祯皇帝的财政摊子是全面亏损，当时国库每年赤字一百三十余万两，光看这个数字，兴许还不能得出财政濒临崩溃的结论。更严重的问题在于税收不上来，以九边军饷为例，从明朝中期每年四十七万两增至三百五十万两，但由于增饷时认为战争可以尽快结束，相关的加派主要以临时性考虑为主。

问题是百姓已经没钱了，万历皇帝的矿监税使为害天下，叠加上小冰河期导致农业歉收的坏运气，帝国经济已经是千疮百孔。战争长期不能结束，多年以后，原本临时性质的加派实际成为固定征收项目，拖欠情况达到极为严重的程度。

至崇祯元年（1628 年）六月，各省新、旧饷累计拖欠数达 8269449 两，这个数字尚不包括拖欠超过六七年以上被户部题报豁免的数额。

由于收入不足，连带影响户部支付边饷能力。当时国家积欠九边军饷，高达 9685500 余两（按毕自严《钦奉上传复查外解拖欠疏》），户部濒临破产边缘，领不上军饷的军人兵变此起彼伏。

朱由检是由藩王入继大统的皇帝，没有系统学习过中央财政运作。中央与地方官员上的各种关于财政问题的题本，他看不懂。崇祯皇帝便招来新任户部尚书毕自严，一连抛出几个问题，“昔年兵马几何？钱粮几何？今日兵马几何？因何不足？”

李应期的奏疏

毕自严，字景会，淄川人（今淄博市），万历二十年（1592 年）进士。当初袁可立在登莱出任巡抚，毕自严时任右佥都御史兼天津巡抚，他与袁可立互为掎角，专饬海防，修战船、治兵器、建水军，干得有声有色。

毕自严与袁可立交好，思想也相近。天启六年（1626 年）因得罪魏忠贤被大骂一顿，愤而称病返乡，崇祯元年（1628 年）起复。

毕自严真正的强项并非军事，他最善于综理复杂的经济事务，是明末著名的经济学家、理财家。

面对皇上抛出的问题，毕自严说容臣彻底进行财政总体数字的盘点，再给陛下拿出足以解决问题的“长策”。

不到两个月，毕自严就拿出财政报告与账目，一笔一笔清清楚楚，让崇祯皇帝这样的门外汉也看得赞叹不已。同时毕自严系统提出12条解决财政困难的措施，主持核查清丈官屯地亩，亲自编订赋役清册，颁行天下。

这套办法与张居正的部分思路类似，毕自严当然没有张居正的权力与威信。但自万历中期以来近半个世纪，中央财政一路走向糜烂的时代背景下，毕自严的谋划足以称得上兴利除弊。

崇祯皇帝没有意见，批示照此执行，在毕自严上任后的一年多时间，不敢说解决财政问题，至少国家收入开始上升。而且根据他的著作《度支奏议》来看，崇祯元年（1628年）的征收任务完成得相当不错，征收完成率达到了九成以上。

但这个完成率是有代价的，崇祯皇帝上台，新皇登基，总要恩泽天下。就照例把前面欠征的，从天启元年（1621年）开始，到天启五年（1625年）所欠的辽饷都给免掉了。

到崇祯二年（1629年）时候，辽饷继续开征，发现又不行了，辽饷征不上。也不是征不上，主要是报解不上来。

讲到征收，地方上从官员到大户都是有自己想法的，古代皇帝普免天下的机会比较多，登基、大婚、生儿子，都有可能减免税收。这个套路容易被地方利用，税收其实已经从地头征上来了，就是压在库里不解运。就算解运也只是运一部分，剩下的以各种理由欠着，比如收成不好，征收困难等，说等地方财政好转了一并补缴。

等到第二年，又是这个套路，再运一半。你说之前欠的呢？当然还是先欠着呗。这样几年欠下来，遇到全国普免，那就都省啦。当然，这些好处是到不了百姓手里的，他们该缴还得缴。

这些套路毕自严门儿清，他就想了个办法“京卿催粮”。当时魏忠贤刚倒不久，原先被他排挤、陷害的人开始大面积复官。复着复着发现不对，在“九千岁”手下吃过苦头的人太多了。这一复，京城一下子多出不少没事干的官员，也就是说，起复的官员太多，冗余了。

毕自严跟皇上说："这么多人没事干，闲着也是闲着，您给我拎一批四、五品的京官出来担任守催官员，划分好区域，让他们下去催粮。"崇祯皇帝同意，效果确实很不错，两三个月内，共计送到北京的新饷有 1897400 两，京边年例银 812200 两左右。

这么东敲西补几年，不说能彻底解决财政问题，说让中央财政勉强达到平衡状态，不能说是奢望。

但是崇祯二年（1629 年）还没征完，就发生了一件大事。

又打仗了。

第二十二章 袁崇焕经略辽东

五年平辽

崇祯皇帝上台第一件大事，铲除魏忠贤，清算阉党，干得很漂亮。

第二件大事他也很着急，辽东用兵十几年，军费成了个无底洞。只有止住这个不断流血的伤口，才能中兴我大明。

选谁去跟皇太极过招呢？

崇祯元年四月（1628年），兵部左侍郎吕纯如上疏，极力推荐旧辽抚袁崇焕。吕侍郎对袁崇焕评价很高，说他“不怕死，不爱钱，曾经打过”，有这十个字足以胜任。

正所谓“文官不爱财，武将不怕死，则天下太平”。袁崇焕一人身兼两大优点，还曾经击败过努尔哈赤父子，岂止是达标，简直是超标。崇祯皇帝一激动，批了。

四月初三，朱由检免去王之臣蓟辽督师之职，复用袁崇焕。任命其为兵部尚书兼右副都御史，督师蓟、辽、登、莱天津军务，移驻山海关，令他即刻入京觐见。

七月，袁崇焕到达北京。十四日，崇祯皇帝于平台（建极殿云台门外，通往乾清门的一块平地）召见袁崇焕及诸臣。

崇祯皇帝先对袁崇焕大加慰劳，然后询问道：“辽事一坏再坏，不知督师对于辽事，可有良策？”

袁崇焕意气风发，当即回答：“臣期五年，为陛下肃清边陲！”

崇祯皇帝欣喜道：“恢复全辽，朕必不吝惜加爵封赏，连督师之子孙，均受福荫。”

在场的还有大学士刘鸿训、李标、钱龙锡及四部尚书等，这些人听了也大感欣慰。崇祯皇帝于是赐茶果瓜饼，袁崇焕亦不失时机请兵械转饷，崇祯皇帝一一答应。君臣共进午餐，气氛被推向高潮。

吃完了众人告退，出至午门，兵科给事中许誉卿趁机悄悄问袁崇焕：“督师用何计策，五年可以复辽呢？”

袁崇焕不假思索回答：“我看皇上面带忧戚，想必是为辽事焦虑，想先宽慰圣上，增其信心，具体再做计议。”

许誉卿被震惊得不行，敢情您是欺骗皇上？许誉卿赶紧说：“圣上英明，如此大事怎能随口许愿？若过了期限不能实现，如何交代？”

袁崇焕听许誉卿这么一说，心里也不由得一紧。可是话已经说出去了，如何能反悔，不管行不行，硬着头皮先上了再说。

翌日，袁崇焕带着崇祯皇帝的重托，佩尚方宝剑离京出关，履行新职。

复杂的多边形势

虽然仅仅去职一年多，重新来到辽东的袁崇焕，面对的是完全不同的局面。

天启五年（1625 年）冬，林丹汗东征科尔沁部未能取得理想效果，这不过是他十几年中与后金争夺中的再一次失利。积小败而至大败，林丹汗的拐点出现了，他对左翼蒙古各部已彻底失控，甚至连他察哈尔本部的兀鲁特、敖汉、奈曼等部落都已归附了后金。

满蒙关系后金掌握了主动权，且表现出咄咄逼人的态势。在这场争斗中，林丹汗面临彻底失败的局面，他不得不采取新的方略，主张战略转移，西迁右翼蒙古。

右翼蒙古自俺答去世后，诸部出现散而无统的局面，势力远不如以往强盛。对以攻略兼并各部、实现蒙古再次统一为大业的林丹汗而言，右翼的衰退便是他西迁的良机。在对金作战不利的局面下，控制右翼蒙古，以此为基地返回经营左翼诸部，再抵御后金，符合蒙古大汗的传统思维模式。

天启七年（1627 年）春夏之交，林丹汗正式西迁，右翼蒙古自然不甘放弃自己的利益，他们奋起反抗，组成了反察哈尔联军。当时右翼诸部也出现了很大变化，抵抗林丹汗最激烈的那些部落叫作喀喇沁。

喀喇沁大致可以分为两部分，一部分是喀喇沁本部加永谢布部（明人称永邵卜），也被称为“真正的”喀喇沁，这些部落主要驻牧于宣大边外，其首领是达延汗之孙老把都一脉，是当时全喀喇沁名义上的统治者（喀喇沁汗）。

喀喇沁的另一部分，即原来的朵颜，或兀良哈，或蒙古人称为“山阳万户”的残余部落。

严格地说，这些人并不是喀喇沁，但是长期以来被后者并吞，已被视为其组成部分，甚至是主要的力量。为了取得统治上更多的名义，这些部落的首领长期与“黄金家族”通婚，所以也被称为“塔布囊”（蒙古语女婿之意）。他们的活动地区在蓟镇喜峰口外一带，明人称他们为“朵颜三十六家”。当时其首领叫束不的（也称速不的、苏不地等），他就是当初被戚继光暴打的那个长昂的孙子。

十月，察哈尔部抵达喀喇沁部牧地（今河北省北部和内蒙古锡林郭勒盟南部），双方发生激烈冲突，喀喇沁人溃败，林丹汗取胜。

打不过咋办？找人帮忙。

崇祯元年（1628 年）初，西撤的喀喇沁汗联合土默特其他部落一起抵抗察哈尔的征伐，林丹汗西进攻打归化城（今呼和浩特），史称“昭城之战”，经激烈战斗，喀喇沁和土默特联军再次被击败。

再摇人。

五月，林丹汗继续征讨土默特东哨各部，即驻牧在大同边外的一些部族。九月，土默特顺义王博硕克图汗联合喀喇沁的永谢布鄂托克、鄂尔多斯济农等，与察哈尔大战于艾不盖河流域，史称“艾不哈之役”。

右翼诸部联军再一次被打得大败，这次连博硕克图汗的妻子和故元之传国玉玺都被察哈尔夺走。此役过后，右翼三万户基本被察哈尔全部征服，按明人的说法，“东起辽西，西尽洮河，皆受插要约，威行河套以西矣。”

右翼只剩下残部，不可能再对抗察哈尔。他们西拒察哈尔，东临后金，南面是明朝的长城，被包夹在三大势力当中，情况已经是万分危急。对于这些部落来说，若不选择一方依附，下场唯有全体覆灭而已。

依附谁？

察哈尔是不可能的，林丹汗本来就是要来吞并他们。那依附明朝呢？也不行。明朝或许能每年给几万两银子的市赏，但他们无法在军事上提供任何帮助。明军龟缩在长城内的城堡中自顾不暇，右翼诸部立马会被察哈尔和后金夹击打爆。

除了投向后金，右翼诸部没有第二条路可走。

右翼蒙古主动来投，皇太极喜出望外。为了扫清右翼诸部与后金之间的通道，皇太极于 1628 年（明崇祯元年，后金天聪二年）二月和五月发动了两次旱落兀素之役。当一切障碍都肃清之后，天聪二年（1628 年）七月十九日，喀喇沁派出 530 人的庞大使团到达沈阳，双方于八月初三誓告天地，正式联盟。

明末这个局包括明、蒙古、后金（清）、朝，其中蒙古是最复杂的一个，它大致可分为林丹汗的察哈尔本部、左翼蒙古（即内喀尔喀五部）、右翼蒙古（喀喇沁、土默特、鄂尔多斯诸部）。

原本没右翼蒙古什么事，明朝所需要做的，无非是笼络和扶持察哈尔、左翼蒙古来牵制后金。随着林丹汗这一西迁，局面顿时复杂起来。

右翼蒙古的传统势力范围在宣大地区，喀喇沁与后金结盟，这相当于说，后金可以在宣大防线以外自由活动了。

这样下去后果是什么，参照嘉靖年间“庚戌之变”。

以上，就是袁崇焕第二次上任之前，形势的新动向。

自林丹汗天启七年（1627 年）率察哈尔西迁，朝中人士就认识到察哈尔与喀喇沁必有一战。但在这个时候，帮哪个都不是很好的选择。支持林丹汗，喀喇沁势必立即倒向后金；帮喀喇沁，得罪更强大的察哈尔，肯定也不行。无奈之下，只好居中和解，敷衍了事，喀喇沁战败，眼见明朝根本靠不住，向后金乞师，也是理所当然。

袁崇焕一到辽东，就认识到了这种情况，说现在的切肤之患是喀喇沁（其逼处于我为患切肤者，哈喇慎三十六家也）。为今之计除急修边务外，无非一抚二剿（倘其归我，则厚费之不妨。若不可致，则相机剿逐），以抚为主，不能抚就剿。

不管五年平辽是否实际，拉拢蒙古诸部都是复辽必不可少的措施。

当年九月，崇祯皇帝听从袁崇焕建议，召回 83 岁的老臣王象乾，令其督师宣大，主持对蒙古招抚事宜。王象乾历任督抚多年，熟悉蒙古各部情况，他上奏说：“可以联络喀喇沁三十六家，加上永绍卜、卜失兔等部落，便能抵御察哈尔。陛下您再做个中间人，两头都招抚一下，想必能稳住一段时间。”

崇祯皇帝同意，当月二十三日即增加了对喀喇沁和察哈尔两部的抚赏。本来全部赏金加起来七万两，每年赏两次，即十四万两，崇祯皇帝增加至三十六万两，比例大约是两头各占一半。

喀喇沁拿不到这笔钱，他们被察哈尔打败后，宣大一带的赏市都被察哈尔占据。对此明朝只能睁一只眼闭一只眼，把原本应给卜失兔等人的抚赏转交给了林丹汗。

那喀喇沁怎么办呢？袁崇焕就说：“市赏没了就没了，喀喇沁正遭受饥荒，我们给他开新市，卖米给他们，效果也是一样的。”

然而这个建议引起了崇祯皇帝的怀疑，喀喇沁与后金结盟的事已传到他耳中。崇祯皇帝去旨质问道：“喀喇沁投靠后金，给他们开市做买卖，是不是资敌之举，你解释一下（据报西夷市买货物，明是接应东夷，藉寇资盗）？”

袁崇焕回奏解释道：“喀喇沁投靠后金，是因为察哈尔攻占其故地，我们不能相助，再加上当地大饥，只有依附后金自固。我们开市卖米给他，既是帮他活命，也是树德，使其为我藩篱。再加上以前我方欠粮时，他们曾运粮来卖，解我之急，也算报答。若任其自生自灭，则是驱使他们与后金联合，一旦诱导入犯，祸不可知。这些人哀求备至，愿以妻子为质，保证不敢诱导后金入犯蓟辽。今我兵马盔甲都不齐备，只有笼络为上。”

崇祯皇帝听了他的说法，却更加怀疑，再次去旨驳回袁疏，称：“西夷通奴，讥防紧要。奏内各夷市买布帛于东，明是接应，何以制奴？着该督抚严行禁止。”他命令，只有前来投靠的蒙古部落，才能量许计口粮换米，其余的不准再行贸易，不然“以通夷论罪”。

崇祯二年（1629 年）三月初二，这份旨意发出。不过在兵部尚书王洽劝说下，崇祯皇帝很快又改变了主意。王洽认为，喀喇沁情形叵测但“歹形未见”，也就是说，还有抢救的机会。他支持袁崇焕的建议，以物资作为额赏，对喀喇沁进行笼络。

崇祯皇帝衡量再三，于三月初九再下一道旨意，“一切事宜，俱听督师酌量行”，把决定权交给了袁崇焕，实际上等于同意了开市放赏。

平心而论，袁崇焕对于当时形势的认识和分析有一定的道理，他想要尽力拉拢喀喇沁部，其思路也无可厚非。不幸的是，喀喇沁诸部倒向后金几乎是不可挽回的事情，这是由各方实力所决定的，他幻想能以开市等怀柔手段来达到目的，注定了是一个失败的结果。

归根结底，还是明朝没有能够拉拢喀喇沁部的条件，确实勉强不来。

而更关键的，落到对袁崇焕有敌意的大臣眼里，这种手段很容易被攻击为“资敌”，不仅给他树敌无数，而且即将成为导致袁崇焕悲剧的一颗种子。

给这颗种子发芽的土壤，来自毛文龙事件。

夸兵索饷

曾几何时，毛文龙是个英勇的战斗英雄，就连清朝史料《满文老档》也多处记载了毛文龙如何深入敌后执行特种作战，让后金胆战心惊的战斗故事。

但这些可歌可泣的敌后搏杀，大多仅限于袁可立去职之前。

袁可立去职后，毛文龙就在蜕变的道路上越走越远，他开始居功自傲，而其时朝官对毛文龙的质疑声浪日高。不断有人提出质疑，说毛文龙之前屡战屡捷，斩获动辄以百千计，韩信、白起、岳飞等名将都不过如此（即韩白之智刘岳之勇当不过是）。

问题是金州被屠，旅顺复陷之后，毛文龙数年内再无动作，与先前判若两人。那到底是之前他虚报战功呢，还是突然就不行了呢？

东江镇每年花费朝廷大量军饷，更传出毛文龙有私通后金，吃里爬外之嫌，此事不可不查，故此希望朝廷派“智胆文臣一员阅视整顿”。

“智胆文臣”，哪里来？都被魏公公折腾光了，此事在天启朝没有下文。崇祯皇帝即位，东江再次被提起。“智胆文臣”，现成不就有一员，还是毛文龙的顶头上司，舍袁督师其谁。

关于如何处理毛文龙的问题，在袁崇焕离京前夕，大学士钱龙锡就曾询问过，当时袁崇焕的回答是：简单，文龙能用就用，不能用，我就办他（用则用之，不可用则处之）。

袁崇焕来到辽东，暂时还腾不出手解决毛文龙问题，摆在他面前实实在在的问题也是没钱。

不光没钱，还欠了不少，辽东军队普遍四个月没发军饷，士兵已经活不下去了。

崇祯元年（1628年）七月二十五日，袁崇焕还未到达山海关，宁远已发生兵变。哗变的官兵冲入巡抚衙门，将辽东巡抚毕自肃、总兵朱梅等官员揪出绑在城楼之上，口中狂呼：交出辽饷！斩了他们！

毕自肃不是贪官，他是户部尚书毕自严之弟，历来奉公守法，有“慈心”之称誉。但在那些年“忠贤乱政，边饷多缺”是个常态，毕自肃亦无能为力。身为辽东巡抚，他的官最大，也挨了最毒的打，等到亲兵和兵备副使郭广赶到将他救出，毕自肃已被打得满脸是血，伤势严重。在自己辖地发生了这么重大的事，毕自肃羞愤不已，回家竟然就上吊自杀了。

袁崇焕在路上闻知惊变，不敢怠慢，快马加鞭，于八月初六抵达山海关，次日单骑出关驰往宁远，通过一通雷厉风行的操作，暂时解决了兵变问题。

怎么解决的，说好听点是“宣上德意”，通过思想工作感化了士兵们。实际是袁督师挥舞着银票，说：“弟兄们别闹，军饷我先给你们解决一部分，剩下一部分很快就到。”

袁崇焕的招牌还是管用的，士兵们一哄而散，但问题并没彻底解决，只要欠饷存在，哗变就有死灰复燃的可能。袁崇焕便一封接一封地上奏疏，要求只有一个：请发边饷八十万两。

崇祯皇帝找来户部尚书毕自严：“你能拿多少出来？”

毕自严回复：“现有一万一千两。”

崇祯皇帝又问刑部尚书乔允升：“定逆案抄家所得赃银，还有多少？”

乔允升回奏：“还剩八万两。”

刑部侍郎丁启睿在旁边又补充了一句：“实际只有五万，另外三万悬而未到，不能作数。”

这才六万多，崇祯皇帝心凉了半截，试探着问毕自严：“能不能再想想办法？”

毕自严嗫嚅着回答：“除非……皇上您能先拿内帑出来……”

崇祯皇帝尴尬：“朕的内帑，每天省吃俭用都不够皇宫花销，哪来这么多？”

这倒是实话，朱由检不是个小气的皇帝，可惜他实在没什么内帑。万历皇帝留下的两千多万内帑早都被他哥挥霍完了。朱由检登基以来省吃俭用，穿的是打补丁的衣服，龙袍都不舍得多做两件，后宫吃的都是粗茶淡饭，确实穷得叮当响。

毕自严于心不忍："三十万两也行，臣再想办法，凑满四十万两。"

最后的商议结果，朱由检拨出内帑二十万两，共发军饷三十万两给袁崇焕。

得到三十万两军饷，还是远远不够。在袁崇焕看来，军饷问题其实不难解决，需要解决的只是一个人。

毛文龙开镇东江，多年以来靡费辽饷不知凡几，他的贡献却在不断缩水。《满文老档》中，记录了毛文龙与皇太极私下联络的七封书信，涉及谈判、议和、归降等诸多极为敏感的问题。这些书信，有可能是毛文龙使的手段，说毛文龙真的有叛国之心，他未必敢；说他阳奉阴违，两头通吃，不冤枉。

除了这些因素，毛文龙的存在还严重影响袁崇焕的辽饷收入。

天启年间，辽饷定额五百二十万两，到袁崇焕手上剩下三百万两出头，余下的都给了东江毛文龙。就这还不够，毛文龙还截留漕运，大约每年要截漕十万石。

毛文龙的存在，严重影响袁崇焕的工作效率。

崇祯皇帝给袁崇焕的信任是无条件的，他说辽东巡抚别设了，皇帝照办；他说登莱巡抚也撤掉吧，皇帝照办；他又提出将宁远、锦州合为一镇，由祖大寿驻锦州，何可刚驻宁远，赵率教驻山海关，皇帝也批了。

关外事权系于袁崇焕一人，唯独不听他号令的还是那个人。

"孤处天涯，为国效命，曲直生死，惟君命是从。"——臣左都督，挂将军印领尚方宝剑，总兵皮岛毛文龙泣血上疏。

只要解决了这个人，军饷、东江两大问题就全都解决，此为复辽之大计也。

崇祯二年（1629 年）四月，袁崇焕上《策划东江事宜疏》，对东江事务提出了几条建议：

由兵部派部臣去皮岛，监督毛文龙的粮饷；

更改输送粮饷的路线，运往皮岛的粮饷不再走登州，改为送到宁远核查后发往皮岛；

对登莱实行海禁，禁止经过东江的商船、私船往来；

更改朝鲜贡道，不经登州而经宁远到北京；

更定东江营制，防止东江军队变成毛家私人武装。

毛文龙得知这几条建议之后，第一反应是仰天悲呼：拦喉切我一刀，必定立死。

确实如此，以上几条一旦实行，毛文龙从政治、外交、军事、经济上都将被锁死，不得不听命于袁崇焕。

但不至于死。

他只要放下身段，谋求合作共赢，还是可以为抗金作出应有的贡献。再不济，主动请辞，回家当个富家翁，至少能得个善终。

或许这就是袁崇焕“用则用之，不可用则处之”的起初意思。

可惜，毛文龙不是这样的性格。呼完喊完，他一边上疏申辩，说这不合制度，朝廷不信我，还不如让我死了好；而另一边，毛文龙的行动才叫吓人。未经申请，更没有批准，他便带着一支精锐扯帆离开皮岛，一时“舳舻相望，精甲耀日”，声势浩大。

去哪儿？直奔登州索饷。

未得号令带兵前来，登州总兵张可大被吓得不轻，一面严加防备，一面报告督师袁崇焕，毛文龙“逼登索饷，使欲肆行劫掠”。

督抚和军阀要合作有两种模式，一是其中一个服软，事权归于一人；二是两个人都强硬，但是谁也奈何不得谁，也许可以凑合着合作。

要是两者都硬，硬到一块去了，其中一方还有优势，那就肯定会被搞掉一个。

袁崇焕有句名言“你道本部院是个书生，本部院却是个将首”，别看他外表是个文官，内心特别强硬，故此人称“袁蛮子”。

毛文龙就更别提了，能让他买账的先后只有王化贞、袁可立。天高皇帝远，皇上的话他也未必真正听得进去，何况个袁蛮子。

督抚强了，搞掉军阀；军阀强了，搞掉督抚。都是一样强硬的性格，袁崇焕是督抚，毛文龙是军阀，谁搞得过谁呢？

得知毛文龙带兵擅离信地，袁崇焕反应很干脆，命人拨十船粮食发往东江，且写下手书慰问毛文龙，又以金银、猪羊等犒劳毛文龙的属下，并邀请他前往宁远议饷。

对于袁崇焕这一手，毛文龙属下总兵陈继盛力劝道："我们贸然行动，此去恐有凶险，万一说我们夸兵索饷，扣个谋反的帽子怎么办？"

毛文龙傲然说："我听闻袁蛮子得知我上疏抗辩其东江策划后，声言'既缺粮饷，何不前来'，我不去一趟，还真不符情理了！"

崇祯二年（1629年）五月初三，毛文龙自登州来到宁远，袁崇焕设宴款待，双方把酒言欢，谁也没说一句不客气的话。临走时袁崇焕热情送别毛文龙，拉着他的手说，再过一个月，我登岛阅兵，到时给你议定粮饷。

东江斩帅

崇祯二年（1629年）五月二十八日，袁崇焕率谢尚政、袁升高等部将，带领一支亲兵从宁远抵达双岛（东江镇辖地）。二十九日，袁崇焕拜谒岛上龙王庙，赏双岛官兵酒食。

毛文龙得知袁崇焕到达，于二十九日夜出发赶往双岛。启程前，陈继盛再次劝道："袁督师倘要劳军议饷，直接来皮岛便是，何必屯于双岛？还请大帅多带兵丁，以防万一。"

毛文龙满不在乎："我乃一品左都督，总镇总兵，领尚方宝剑，除了皇上，谁敢动我？"

六月初一，毛文龙前往谒见袁崇焕，两人一起吃了顿饭。气氛还是比较和睦的，席间袁崇焕提起话茬："辽东海外，只有我和你有所担当，希望同心共济，一起努力。我来此，不是为了守成，而是进取的。军国大事在此一举，本部院有个良方，不知患者肯服此药否？"

毛文龙一听，回答道："文龙在海外八年，也有许多功绩。只因小人之言，致使我钱粮缺少，又无器械马匹，不曾遂得心愿。若一二应付，要帮助成功，也不为难。"

毛文龙没有接袁崇焕的话头，他只是强调他在皮岛是有功的，是有小人进了谗言，闹他缺粮少马，业绩完不成了。只有满足他的要求，他才能配合工作。

这个"小人"是谁，请自行理解。

袁崇焕勉强一笑，无以应答。

接下来初二、初三两天，两人接着会谈，袁崇焕做了挽救毛文龙的最后一次努力。他提出，粮饷问题不难解决，只要将东江军队按九边编制体例定"营伍制"，按正规编制进行整顿，可做到足粮足饷。同时，应按国家法度，在东江设立道厅，加设文官，以便军地分开。

前一半，毛文龙含糊着答应了。后一半，他当即拒绝，说岛上官兵性子烈，如果设立地方官，必激起哗变。

袁崇焕一看是这么个态度，话里有话地说道："文龙久在边塞劳苦，杭州西湖是个不错的地方。"

袁崇焕的意思，毛文龙既然拒绝合作，他也许能考虑以告老还乡的方式退出这个僵局。

对于袁崇焕的提醒，毛文龙反唇相讥道："我久有此心，但只有我知道灭奴捣巢之法。再说灭了女真，我还要袭取朝鲜呢。"

也就是说，袁崇焕想要他交出兵权离开皮岛，办不到。

袁崇焕单刀直入："有人可以代替你。"

毛文龙一听急了，嚷道："此处谁能代得？督师倒是说说看，皮岛舍我毛某人其谁？"

至此袁崇焕打算争取毛文龙协作的计划终告落空，和平解决问题的最后一线希望破灭了。

六月初五，袁崇焕檄传东江兵马登岸演习，阅兵结束，比赛骑射，择优奖赏。

毛文龙见了袁崇焕，不阴不阳地问："今日阅射，何日动身离岛？"

袁崇焕客气地回答："本部院明日便动身，早起不能踵辞。毛总兵身负国家海外重担，应该受本部院一拜。"说完果然躬身一拜。

这个动作倒是大出毛文龙意料，他赶紧回拜。袁崇焕移步迈向岛山，边走边跟毛文龙说话："本次运来的粮饷在此，我已下令分发给各位将士。今后均按此供给，众将士尽可无虞。"

毛文龙听得心花怒放，心说袁书生倒也敞亮，昨天怼了他，今天就不提什么改编之事，乖乖送上粮饷了。

他没有注意到，袁崇焕手下谢参将此时已暗传号令，他身边的亲兵都被截在了外围。

途中，袁崇焕亲切地询问沿途东江各将官姓名，回答基本都姓毛，不禁大为诧异。毛文龙陪伴在旁，讪讪笑道："都是敝门小孙，督师见笑。"

袁崇焕若有所思："你们海外劳苦，粮饷微薄，养家糊口十分不易，着实让人痛心。你们也受本部院一拜，当为国家出力，日后不愁无饷。"

东江将官听得感动，叩首致谢。这时已走到山上营房，袁崇焕一团和气地进来，等众人坐定，他神色肃穆开腔道："本部院节制四镇，严清海禁，实恐天津、登莱受心腹之患。今请设东江饷部，钱粮由宁远送至，东江亦便。"

说罢，他拿眼一瞟毛文龙，语气变得激愤："昨与贵镇相商，必欲解银自往登莱粜买，又必移镇；定营制分旅顺东西节制，并设道核稽国家所费。查兵马钱粮，俱不见允；终不然，只管混账，国家费许多钱粮，要这东江何用？"

这脸变得太快了，毛文龙沉浸在胜利的喜悦中，脸上还挂着笑容，一时来不及反应。

袁崇焕有备而来，直指毛文龙有不受节制，欺君罔上，刚愎撒泼，侵吞钱粮，走私马匹，杀人越货，强抢民女，谄媚魏阉等十二条大罪。

要说袁督师罗织罪名还是不如言官，这些大罪时间、地点、人物统统没有，尽是大帽子。只要是在朝中混过，受过弹劾的官员，就会立即指出其中的漏洞。

但是毛文龙没混过官场，十二顶帽子一砸已经晕了。就在他盘算怎么反驳的时候，士兵已经麻利地将他三下五除二，扒掉官服捆了起来。

毛总兵终于反应过来，大声抗辩："我无罪！"

袁崇焕一字一句说道："本部院披肝沥胆，与你说了三日，只道你回头是岸，也还不迟。哪晓得你狼子野心，总是一片欺诳到底。你目中无本部院犹可，方今圣天子英武天纵，国法岂容得你！"

毛文龙并不慌张："督师唯持节制，何得杀我？"

帐下诸人听了面面相觑，是啊，督师是大区主官，总兵是军区主官。督师能节制总兵，但要说杀了总兵，全天下只一个人有此权力。

袁崇焕冷笑一声："今日杀你，并非本部院的意思。你毛文龙接朝廷宠幸无法无天，今天不把你杀了，以后如何惩戒他人？皇上赐尚方宝剑正是为此！"

袁崇焕手持尚方宝剑，说出了他的名言："你道本部院是个书生，本部院却是个将首！"

此言一出，众人无不变色。毛文龙也慌了，尚方宝剑他也有一把，那是天启皇帝给的，过期作废了。毛文龙这才想起服软，伏地乞求道："文龙有罪，自知该死，求督师老爷开恩。"

袁崇焕见状，气势愈盛，言之凿凿道："你不知国法久矣，若不杀你，这一块土非皇上所有。"

袁崇焕向西叩首请旨，发誓如果不能五年平辽，"皇上以诛文龙者诛臣"。说罢，命旗牌官张国柄执尚方宝剑斩毛文龙首级于帐前，吩咐将之交付他亲人，备棺木厚殓安葬。

在场人员除袁崇焕以外，所有人都认定杀毛文龙是圣旨，无人敢于反抗。

六月初六，袁崇焕命备酒席，亲自拜祭毛文龙棺木，垂泪说道："昨日我奉皇上命斩你，是朝廷法；今日祭你，是本部院情。"

众将官听了无不落泪感叹。

袁崇焕流的是“鳄鱼的眼泪”。崇祯皇帝根本没说要杀毛文龙，尚方宝剑倒是他给袁崇焕的，这玩意儿传得很玄乎，有先斩后奏之特权。

毛总兵还是见的世面不够多，再加上被吓傻了，当时情况下，他其实完全可以免死。

督抚要杀总兵，不是不行，前提是有一样东西——皇帝的旨意。

有了旨意，一个小宦官就能砍了总兵；没有旨意，没人杀得了总兵。

毛文龙只要说“斩我可以，请出示皇上的圣旨”，一句话就能把袁崇焕将死。

可是袁崇焕太大胆了，大胆到所有人都没想到他竟然是擅杀毛文龙。

袁崇焕就是敢！“袁蛮子”之名，名不虚传！

第二十三章 『己巳之变』

皇太极的决策

崇祯二年（1629年，后金天聪三年）十月，皇太极做出了一个决定：亲统八旗主力出征。

征哪儿？不太清楚。

答案藏在两份史料中。

《清太宗实录》记载，“天聪三年十月初二日癸丑，（皇太极）亲统大军伐明”。

《满文老档》记载，“丑日巳刻，（皇太极）谒堂子，率兵起行”。

都是出兵，一个明确记载“伐明”，一个只说“率兵起行”，什么道理？

《清太宗实录》是清朝入关后的产品，是写给天下人看的。《满文老档》是以满文撰写的史书，只记载后金建立清朝之前［截至崇德元年（1636年）］

的 27 年史事。《清太宗实录》在清太祖、太宗、世祖三朝均经过“重修”“校订”，以后各朝也历经改修。《满文老档》在诞生之初就属于内部资料，是留给清朝贵族内部的档案，内参的性质。它自诞生之日起就秘而不宣，直到清朝灭亡以后才开始被译为汉文。

“堂子”就是满洲神庙，等同于太庙，“谒堂子”是后金的国家祭祀，十分正式与隆重。伐明这种大事，不可能不明确告诉列祖列宗。

《满文老档》未见记载，只能有一个原因，此次出征原始目标不是伐明，甚至没有明确目标，或者说此时用兵意向并不明确。

看皇太极的行动轨迹就知道了。

十月初二，皇太极从沈阳出发，经辽河；十月十五日，与科尔沁、察哈尔二部、喀尔喀土默特诸蒙古部落会合，继续沿辽河上游一带往西行进；十月十九日，进入喀喇沁，驻跸苏布迪塔（喀喇沁首领）所在之城；二十日，驻跸喀喇沁部额喇城（即青城，今赤峰市宁城县甸子镇黑城村黑城沟古城）。

基本可以断定皇太极的出兵意图，与依附于后金的蒙古各部合兵，扫除蓟北、宣大的林丹汗力量，使后金与蒙古诸部的关系更加稳定。

皇太极大集诸部，以为察哈尔仍停留在蓟镇以北，结果扑了个空——当年八月，林丹汗已离开宣大边外，其前锋已抵达延绥地带。

直到抵达蒙古诸部最西的喀喇沁，皇太极才确认失去原定目标。

继续西进征伐察哈尔已经不可能了，路途太远，变数太多。摆在皇太极面前的有两个选择，是就此回师，各回各家；还是索性南下向明长城进发？

据《清史稿》记载，在青城，后金统治集团对下一步如何动作，爆发了激烈的冲突。

二十日当夜，诸贝勒来到皇太极帐外，大贝勒代善、三贝勒莽古尔泰进帐入见，岳托等诸贝勒想要跟进，被制止（止诸贝勒帐外）。

可以想见，夜入汗帐，止诸贝勒于外，代善和莽古尔泰必定有极为紧急和机密的事要单独和皇太极商议。

是什么事呢？

“密议班师”！

在下一步行动路线上，二大贝勒与皇太极产生了激烈冲突。代善、莽古尔泰提出几个问题：劳师远征，粮匮马疲，如果遭到强烈抵抗，我们怎么回来？就算进去了，明军各路环攻，前后堵截，我们寡不敌众怎么办？

是夜，汗帐中争论的声音不绝于耳，“汗不怿”，皇太极很不高兴，双方争执到子时（晚上 11 时到 1 时）还没得出统一意见。

有必要再说明一下大贝勒代善、三贝勒莽古尔泰有多大的权力，敢于和皇太极顶牛。

后金没有汉人立嫡立长的继承制度，它也不遵从蒙古的幼子守灶，继承人由八旗旗主共推。皇太极能以努尔哈赤庶出第八子继位，表面上是出自代善、岳托、萨哈廉父子的倡议，并由三大贝勒共同推举，实则彼此间达成妥协：皇太极放弃天命年间与济尔哈朗、德格类、岳托等诸小贝勒的结盟，令其“听命于（各自）父兄”。

即皇太极承认三大贝勒对于其子弟诸小贝勒的管辖权，此事见之于皇太极即位典礼各方誓词中，可谓信誓旦旦。

皇太极继承的后金国体，来自努尔哈赤所定国体：以八和硕贝勒为旗主，分治其国，由八家公推一人为主，军国大事由诸贝勒等人共议裁决。如果这位公推出来的大汗办事让大伙不满，大家可以商议易之。

当时四位小贝勒要么年龄幼小，要么影响力不够，实际上是由四大贝勒议政：皇太极、代善、阿敏、莽古尔泰。皇太极登位之初，依旧按照之前的制度，保有四大贝勒共治国家的局面。临朝时，另外三大贝勒与他并坐“南面而尊”，一起接受臣属朝拜，共同执掌后金大权。

皇太极虽有汗名，仅拥有正白旗和其长子豪格镶白旗名义上的监护权，且不得干涉各旗内部事务。而代善两红旗 55 牛录、阿敏镶蓝旗 61 牛录，各占全国牛录约四分之一，加上莽古尔泰正蓝旗 22 牛录，对皇太极具有压倒性优势。

因此，皇太极这个大汗和皇帝是有很大区别的。用今天的话说，四大贝勒相当于后金集团董事会，皇太极与另外三大贝勒是合伙人的关系，要做什么决定，得和三大贝勒商量着办，要是反对意见占多数，事情就不一定办得成。

代善、莽古尔泰反对，皇太极骑虎难下，攻明的想法眼看要黄。在这个关键时刻，岳托等诸小贝勒站了出来。

岳托，代善长子，当时是镶红旗旗主。因其自幼丧母，继母和父亲代善对待他都非常刻薄，故侧妃孟古哲哲（皇太极生母）受命将岳托、硕托兄弟与皇太极一同抚养。岳托、硕托和皇太极关系极好，可以说名为叔侄，情同手足。此外萨哈廉（代善第三子）、济尔哈朗（舒尔哈齐第六子）等亦与皇太极关系非同一般。

岳托是代善的儿子，镶红旗本来也是代善负责监护。岳托等诸小贝勒甘冒违抗父兄管辖权的风险，毅然站出来支持皇太极，这才使得他强行压服代善和莽古尔泰——“岳托、济尔哈朗众贝勒劝上决计进兵。是夜子刻（方与两大贝勒）议定，上遂统大军前进”。

尽管皇太极手段高明，并有诸小贝勒支持，但亦需要时间和机会。而此前金国的一系列征战，似乎并未朝着有利于皇太极的一面发展。

下定决心入关，是皇太极登基后最重要的一个决定，事关后金、明朝的政治走向，以及随后的天下大势。

几个争议

十月二十一日，后金军抵达布尔噶苏台（今平泉市附近）；

二十二日，皇太极驻跸喀喇沁部上都河（滦河上游）；

二十三日，后金从平泉向西，绕过明朝重兵驻防的喜峰口，进入今承德县上都河畔。这段路很难走，需要翻山越岭，明军骑兵根本无法通行，故此没有任何防备。但女真士兵都是从东北老林子出来的猎手，爬山能力相当强悍，这些明军认为无法通行的路段，对他们根本不在话下，翻山越岭，如履平地。

二十四日，后金军抵达柳河口（今承德市兴隆县大杖子乡柳河口村），距离长城防线已经只剩两日行程，明朝方面还毫无察觉。

二十六日，大军到达黑鸽顶，走到这里连后金军都已相当疲惫了，想到长城就在眼前，还是咬紧牙关连夜越岭（大军及疲惫人马，连夜越岭）。这段路不长，但非常难走，后金大军的行军能力真是极为惊人。

“二十七日，汗入边，攻克洪山口城，汗及大军入城驻营。”

洪山口城，即松棚路路城，今遵化市小厂乡洪山口村。

同一天，右翼济尔哈朗、岳托攻克大安口城；左翼阿巴泰、阿济格攻克龙井关。斩杀前来救援的明军参将王遵臣、副将易爱，尽歼其众。

至此，后金军彻底击破蓟镇长城防线。从沈阳出发开始计算，到破口入关，共计日程25日，实际行军19天，平均每天行程均在100里左右。

明朝的京畿核心区域，已处在后金大军的兵锋之下。而在明朝方面，对皇太极的突然决定完全没有防备。按他们的理解，皇太极只是凭借兵威，对喀尔喀、喀喇沁蒙古趁火打劫（建虏驻兵河上，邀截降夷难民），和将要入寇是两码事。

直到十月二十七日龙井关、洪山口城、大安口城接连失守，大明才如同一个熟睡的巨人从梦中惊醒。

关内警讯大作，平辽将军、山海关总兵赵率教带4000精骑策马狂奔，三昼夜行350里抵达三屯营。

三屯营（今河北省唐山市迁西县），此处西接遵化通北京，北接宽城通承德。戚继光担任蓟镇总兵时重修和扩建营城，使之成为蓟州镇府驻地，名副其实的军事重镇。

事态很紧急，但不是没有希望，只要守住三屯营，皇太极就不敢深入。否则就如代善、莽古尔泰所言：“且我等既入边口，倘明兵自后堵截，恐无归路。”

赵率教曾担任蓟镇总兵，深知后金从大安口南下，非得拔除三屯营这个钉子不可。他紧赶慢赶，赶在皇太极之前到了三屯营城下，不料，驻守三屯营的蓟镇中协总兵官朱国彦却紧闭城门，拒绝放赵率教入城。

赵率教无奈，只得领兵西趋遵化扎营。十一月初四，暴露在外的赵率教部遭到阿济格统领的左翼后金军围攻，战斗中赵率教中箭坠马，力战阵亡，所部全军覆没。

初五遵化陷落，巡抚王元雅自缢而死，城中军民反抗者皆被杀死；初七，三屯营被攻破，总兵朱国彦偕妻张氏自缢殉国。

明朝就此丧失了将后金堵在三屯营的机会。

从城破后朱国彦的表现来看，他是位有气节的将领，既然他也是个忠臣，为何不放赵率教入城呢？

四个字：体系不同。

赵率教是山海关总兵，隶属袁崇焕的辽东系统。袁崇焕名为蓟辽督师，在关内的辖区实际只有山海关、一片石、永平等数路。蓟镇真正的实权人物是刘策——崇祯二年（1629年）夏，起故官，兼右佥都御史，总理蓟、辽、保定军务。

就是说，后金突入的地段其实不归袁崇焕管，那里是蓟辽总督刘策防区。没有刘策命令，朱国彦不敢放辽镇兵马入城。从结果上来看，朱国彦做错了；从程序上讲，朱国彦并没有错。真正错的是崇祯皇帝，既有蓟辽督师，又设蓟辽总督，导致事权不一，无法协同作战。

袁崇焕后来被杀，原因历来有许多争议，以笔者的理解，一一来解释一下。

此为争议一，后金破塞入关，袁崇焕有没有责任？

答案很明确：没有。

非但没有，还应表扬袁崇焕的眼光。在各种史料中，都有提到袁崇焕建议加强蓟镇防御，而且不是一次两次。

袁崇焕说：“皇太极被他打怕了，绝不敢往宁远来，只有遵化防守薄弱（寇被臣创，决不敢侵犯臣界。只有遵化一路守戍单弱），恳请在遵化添设王威为团练总兵。”

兵部回复，王威刚被弹劾，不能起用，以后再说。

袁崇焕又说：“蓟州兵力薄弱，万一蒙古为向导引后金入犯，其祸未可知也，宜驻守重兵。”

蓟辽总督刘策不置可否。

崇祯二年（1629年）九月，袁崇焕察觉到后金军可能西进，便派参将谢尚政领兵前往遵化协守。谢尚政风风火火赶到遵化，巡抚王元雅见关宁军来援，不胜惶恐道："贼在何处？"

谢尚政回答："尚未出动，督师预见，即将来犯。"

王元雅不以为意道："虚惊而已，何足惧哉！况我遵化城固若金汤，不劳督师挂念。"

谢尚政只好打哪来回哪去。

要是袁崇焕真能管到蓟镇，皇太极就进不来了，他管不了。名为蓟辽督师的袁崇焕管不着蓟镇防务，出了问题他还得负责任。袁崇焕不得不再次上疏：蓟门，敌以窃窥，严饬蓟督峻防固御，为今日急着。

还没等到回复，皇太极真的就大举入关了。二十九日，袁崇焕从宁远往山海关途中得知后金入寇消息，他一边调动兵马，一边派人告诉驻于蓟州的刘策：密云危险了，我替你驻守这里，你速速驰援密云（密云危矣！我驻此，公速守密云）！

刘策回复："这是我的防区，我怎么能离开呢（此吾地也，奈何去之）？"

初六，袁崇焕集结九千兵马，督率总兵祖大寿、副将何可纲赶到永平。得知遵化陷落，赵率教阵亡，料定三屯营必不可守，他的想法是在蓟州截住后金军，拱卫京师。

十一日，袁崇焕率关宁军赶到蓟州，此时京师早已戒严，人心惶惶。得知袁崇焕带兵入卫，崇祯皇帝极为高兴，下旨褒奖，发内帑犒劳将士，命袁崇焕统领勤王诸军。

崇祯皇帝对袁崇焕的信任无以复加，袁崇焕亦为之感动，他随即作出部署，勤王各镇，大同总兵满桂驻顺义；宣府总兵侯世禄驻三河；昌平总兵尤世威还镇，护诸陵；蓟辽总督刘策守密云。

蓟州是横在遵化与京郊通州之间的屏障，距离通州约一百四十里。皇太极此行逢城必攻，确保道路畅通。按军事常识判断，皇太极必须打下蓟州，才能打开通往京郊的道路。

十一月十一日，后金攻陷石门驿；十二日，后金前哨到达离蓟州不远的马伸桥，与关宁军遭遇，小败一场。

袁崇焕估摸着差不多了，“此必系前哨，大队定在后”。十三日，关宁军列阵于城外，北风飒飒，吹得旗帜猎猎作响，近万名将士严阵以待，静候八旗军的冲击。

半个时辰过去了，后金兵没有出现；

一个时辰过去了，后金兵还没出现；

终于他们来了，分四队出现在明军东南，每队五十余人，加起来二百人左右。

袁崇焕下令沉住气：皇太极就在后面。

两百多后金兵没有进攻，他们就这样远远地与近万辽兵静静对峙，战场仿佛凝固了一样。

又过了一个时辰，还是不见后金大军影子，袁崇焕下令发炮，炮声一响，四队后金兵排成一字，飞速退去，明军追之不及。

十三日当天，再没有一个后金兵出现。第二天才探知，皇太极玩了一手暗度陈仓，带领大部队“潜越蓟西矣”。

此为争议二，后来处理袁崇焕时，许多人攻击他消极抵抗，故意放皇太极过蓟州。

袁崇焕不是马芳、李成梁式的将领，他也没有戚继光那么高的战术素养。历来他的战术思想就是稳守为上，即便占据优势，也绝不会贸然出击。

稳妥的想法应该是固守蓟州，以逸待劳。皇太极再大胆，也不敢冒着被关宁军截断后路的危险直扑京城吧？

袁崇焕失算了，谁能想到皇太极会如此孤注一掷，此举让袁崇焕的布置落空，对后金军动向研判失误，御敌于蓟门之外的计划又落空了。

就算如此，袁崇焕还有机会把皇太极堵在京郊以外，蓟州以西，京师东、北还有三道屏障：三河、香河、顺义，其中最重要的是三河。三河在蓟州与通州之间，守住三河，后金就无法进犯通州逼近京师，也可防其南下香河，包抄京师南翼。

三河由宣府总兵侯世禄防守，侯世禄只要挡住皇太极，要不了一天袁崇焕就能带兵赶到，在三河截住后金军。

然而侯世禄已经不在三河，他以城小不方便就食为由跑去了顺义。

十四日，后金军到三河，未遇阻击，皇太极分兵攻击顺义的宣大军；十五日，后金主力抵达通州。

此时袁崇焕正在衔尾急追，得知三河失守，后金即将进抵通州，他没有再顺路追下去，而是昼夜兼程，抢在皇太极之前到达了通州东南方向的张家湾。

此为争议三。

打个比方，从蓟州到京师有两条路，一条是弓弦，就是皇太极走的那条；另一条是弓背，就是袁崇焕走的这条，两者不交叉。

后来攻击袁崇焕的人说，袁崇焕不取两点之间最近距离走，绕远路跑到张家湾，是为故意放水，让皇太极更加畅通无阻。

这个争议笔者解释如下。

张家湾，北距通州 11 里，至元三十年（1293 年）通惠河于张家湾入潞河，使张家湾先于通州成为重要的码头和物资集散地。

永乐年间，通惠河水势浅涩，张家湾便成了运河水运的终点。水运至张家湾的粮食和大批物资，暂存于此，再转运至北京。成化七年（1471 年）以后，漕粮全部改由这里运输，运河漕船数量大增。即使在嘉靖七年（1528 年）御史吴仲修浚通惠河后，张家湾仍然是水路咽喉，极为重要的漕运集散地。

张家湾以南 50 多里，是另一个重要的水陆码头河西务（今隶属天津市武清区），因紧靠运河西岸得名。此地的形成与发展完全起源于运河，隆庆以后始建砖城，因其繁华素有“京东第一镇”之称。朝廷在湖岸设立管理漕运的衙门，并建有国家级仓储基地。

皇太极入关的目的是什么？

抢劫啊。不会真以为，他能打下北京吧？

别看后金气势汹汹，他们的攻城能力却很弱。北京是首屈一指的大城，后金没有红衣大炮，没有携带攻城器械，拿什么去攻北京城？

张家湾本身就是重点防御对象，屯于张家湾有两个好处，一是阻止后金袭击张家湾，或南下袭击河西务码头；二是关宁军轻装追击，经过数天急行军后，他们也没粮食了，需要从通州军粮城、河西务码头得到补给。

北京很安全，先守粮草重地，确保不让劫匪得逞，袁崇焕这个决定很聪明。

在袁崇焕军营，一场军事会议也正在召开，讨论是到京师与后金决战，还是就地与后金野战。

诸将都说士兵马匹都很疲惫，野战恐怕难以取胜，最好是背靠京城，倚仗城头弓箭大炮与后金决战。

副总兵周文郁提出：“我军宜向敌军逼近，不宜进入都城。敌我相距仅十五里，我们就食于河西务，敌人有破绽则迅速出击，敌人防备严密再另寻战绩，此乃万全之策。”

周文郁说得不错，外镇之兵未得谕旨不得入京，袁崇焕之前驰入京畿已经很冒失了，政治正确是大前提，怎么能一错再错，带兵跑到京城门外呢？

袁崇焕回答：“周君说的是，我只怕敌人太狡猾。万一他们像在蓟州一样，虚晃一枪不与我们交战，潜袭北京，京师人心动摇，事情就麻烦了。”

诸将还在争论，敌情又发生新的变化。

很可能，皇太极确实有打劫张家湾、河西务的想法。占据这个地区，后金能封锁通往北京的粮道，就能逼迫明军在他们选择的平原战场，和后金进行打不赢的战斗。

但是得知袁崇焕屯兵张家湾后，皇太极决定绕过通州，取顺义袭击京郊。

已经没有选择了，袁崇焕向部下说了这么句话：“君父有急，管不了许多了，苟得济事，虽死无憾。”

会议结束，九千关宁军即刻出发由间道急奔，一昼夜行一百二十里，抢在皇太极之前于十七日抵达北京外城广渠门外。同时，在顺义被击溃的满桂、侯世禄宣大军也退至京师，驻于德胜门外。

后金军于十一月十七日到达京郊牧马场，皇太极传令休整，二十日拔营起行，到达城北土城关东隅，大战一触即发。

血战京师

明朝勤王军与后金军在北京城外主要进行了大小四次会战：德胜门之战、广渠门之战、左安门之战、永定门之战。

德胜门之战最先打响。二十日临近午时，皇太极亲率代善、济尔哈朗、岳托等诸贝勒，统领右翼四旗以及蒙古兵，向满桂和侯世禄的宣大军发起猛攻。

后金军先是发炮轰击，炮停后，蒙古兵与正红旗护军从西面突击，正黄旗护军从旁冲杀。明军迎战，两军相遇，搅在一起，喊杀声一片。城头的京营士兵也瞄准后金兵放箭的放箭，放炮的放炮。

据时人记载，后金军的冲锋非常猛烈，“如黑云万朵，挟迅风而驰，须臾已过”。侯世禄首先撑不住了，看到后金兵来势凶猛，他不敢硬拼，竟然引兵避敌，手下士兵随之溃散。所幸满桂凶悍，率所部纵马上前搏战才压住阵脚。然而满桂毕竟兵少，一场恶战下来，满桂身受重伤，血染征袍，所部仅存 3000 人。

后金兵已杀到城下，城上守军赶紧发炮放箭，后金支撑不住暂时退去。离谱的是，城头不分敌我的射击同样误伤了宣大军，连满桂也被大炮误伤，手下仅残余一百多人，退入关帝庙休整。

同一天在广渠门外，皇太极派三贝勒莽古尔泰及阿巴泰、阿济格、多尔衮、多铎、豪格等，带八旗左翼兵与蒙古骑兵向袁崇焕的关宁军扑来。

后金军分为六路，前锋直扑东南角。祖大寿率部迎击，奋力击退敌军。后金改变战术，转而进攻北面的王承胤所部。王承胤不敌，率部向南溃散，后金也不追，合兵一处往西面的袁崇焕部冲来。眼见督师受到围攻，王承胤又来了勇气，杀回来与袁崇焕一同拒敌，双方爆发激烈混战。

袁崇焕亲自督阵，明军将士奋力鏖战，逐渐占据上风。一名后金骑兵看到袁崇焕在阵中指挥，驱马直冲而来。两马交错的一刻，后金兵挥刀向袁崇焕狠狠砍去。材官袁升高紧随大帅左右，见状“呔”一声一刀递出，两刀相对而折，袁崇焕才不至于殒命当场。

战斗中两军都是箭如雨下，后金贝勒阿济格被射下马，身负重伤。周文郁、袁崇焕甲胄上布满箭镞，如刺猬一般。这时南面的祖大寿率兵冲杀过来，后金军支撑不住开始退却。袁崇焕派游击刘应国、罗景荣、千总窦浚等人乘胜追击，至通惠河边，后金兵仓皇拥渡，冰陷，有一千左右的骑兵连人带马跌落到护城河里，连冻带淹，死伤惨重。

据周文郁记载，此战自午时战至酉时，鏖战达五六个小时之久，“杀贼千计，我兵亦伤亡数百”。在袁崇焕指挥下，明军终于克敌获胜，皇太极军队“退奔三十余里”“屯兵南海子”。

广渠门一战大捷，使京师人心振奋。观战的朝鲜使者李忔也按捺不住惊喜，当即向朝鲜国王奏报：袁军门、祖总兵等，自午至酉，鏖战十数合，至于中箭，幸而得捷，贼退兵三十里。贼不得贡献京城者，盖因两将力战之功也。

这天的战斗到此为止，崇祯皇帝命令打开德胜门瓮城，让满桂残部入内屯驻。

这次野战胜利是出乎上下意外的。明军都多少年没在野外打赢过八旗军了。后金那边打了败仗，一片狼藉。皇太极当夜召集诸将，处理怯战将领，分析失败原因，他慨叹道：“十五年来，我军野战争锋还从未遇到如此劲敌！”

攻城没戏，野战打不赢，那就只好议和了，二十二日，皇太极释放被俘的王太监回城，带书给崇祯皇帝，表示愿意议和，崇祯皇帝不予理会。

关宁军取得“广渠门大捷”，自然是件值得高兴的事。二十四日，崇祯皇帝命于平台召见袁崇焕、祖大寿、满桂等将领。此时崇祯皇帝对朝廷大员的问责已经开始，兵部尚书王洽、工部尚书张凤翔下狱论罪，负责城防工事的官员多人被罚廷杖，三人直接杖毙。一些谣言也早已开始在京师传播，说后金兵是袁崇焕招来的，袁崇焕没能御敌于国门之外，反而勾结皇太极，诱敌深入，等等。

听闻这些风言风语，再想到自己也对皇上说过大话，袁崇焕不禁有些惴惴不安，特意换了一身青衣玄帽进城。崇祯皇帝倒是表现得和颜悦色，大加慰劳，看到袁崇焕穿得单薄，崇祯皇帝还解下身上貂裘给他披在了身上。

袁崇焕一看，圣眷犹在，有点飘飘然，提出了一个让崇祯皇帝和朝臣都想不到的要求：手下将士累了，能不能让他们入城休整（以士马疲敝，请入休城中）。

这个要求非常不合时宜，边军进入京郊已是大忌，须得格外谨言慎行。之前周文郁就劝过无旨不要入京，现在入也入了，还要求带兵进城。

这种要求是能随便提的吗，崇祯皇帝怎么可能同意？这么多人怀疑你通敌，我还选择相信你，你给我提个这样的要求？我还怎么继续信你。万一你带兵来个“清君侧”，朕岂不是只能……

袁崇焕怎么会想起让军队入城呢，笔者认为，“己巳之变”中袁崇焕身上的种种争议，并没有什么复杂的原因，都是他的性格原因，是临时起意、自以为是的结果。军队确实是累了，急需休整。再看看满桂部下也被放进城了，一冲动顺嘴就提了，但他没有想想，满桂只有一百多残部，他手下可是八九千人，能一样吗？

袁崇焕的政治敏感度太差了，他完全没有意识到身为辽军统帅，一举一动都会有人盯着，说错一句话，都会授人以柄，最后成为他的罪状。

皇太极等了四天，不见崇祯皇帝回复，于二十七日进攻左安门。袁崇焕和祖大寿命令竖起栅栏阻拦敌军，城上炮矢齐发，协同作战，“广渠门大捷”令关宁军信心倍增，后金军几次发起冲锋都被击退，不得不收兵回营。

二十八日，双方休战。

二十九日，袁崇焕采纳向导任守忠的建议，选派五百名火炮手，悄悄潜往南海子，在离后金营地一里左右的地方炮击军营。南海子里一片鸡飞狗跳，“贼大乱，随移营出海子”，京城外围渐趋平静。

此时第二批入卫的关宁军已不断赶到，袁崇焕手下增加到了近二万人。

京畿诸城都有辽兵驻防，其他各镇勤王军又正从各地赶来，后金军虽然勇猛善战，毕竟是孤军深入，处境相当不利。

正如入关前大贝勒代善和三贝勒莽古尔泰在青城向皇太极指出的那样：“此行深敌境，若粮匮马疲，何以为归计？纵得入边，若明人会各路兵来围，为之奈何？倘从后堵截，致无归路，何由返国？”

两大贝勒的担心正在变为现实，形势对明朝来说，明显朝着有利的一面发展。

可惜这个有利的局面，保质期也就两天不到。十二月初一，崇祯皇帝以议饷为名，于平台召见袁崇焕、满桂、黑云龙等。

上次平台召对以后，崇祯皇帝就对袁崇焕起了疑心，这几天城里疯传的“款奴谋和”传到他耳朵里，听起来就不像谣言而像是在旁证他的疑心了。而朝中不少官员更是乘机上书弹劾，其中温体仁的奏疏最有杀伤力：

“东奴入犯。皆由袁崇焕以五年灭奴欺皇上，而阴与华亭（内阁首辅钱龙锡）奸辅，临邑罪枢，密谋款敌。遂引之长驱，以胁城下之盟。”

边帅与大臣勾连，这是大忌，崇祯皇帝惊疑不定。这次召见，再也没了前两次的礼遇，见了袁崇焕，崇祯皇帝劈头盖脸就问：“前杀毛文龙，今何逗留也？”

袁崇焕惊异之下没有回答，崇祯皇帝愈加心疑，命锦衣卫将其抓入诏狱听候处理。东阁大学士兼礼部尚书成基命劝阻道，“临敌易将，兵家所忌”，请求皇上慎重考虑。

崇祯皇帝还是太年轻，并没有意识到他如此情绪化的后果，断然拒绝。

成基命再次顿首叩拜，曰：“敌在城下，非他时比。”

崇祯皇帝不做理会。

崇祯皇帝或许以为，皇太极连受挫折，勤王军云集北京，有没有袁崇焕，后金都只能灰溜溜滚蛋。这只能说他缺乏军事常识，边军和京营是两个概念的部队，京营将领他可以随便换，边军不行。能有效指挥他们的，只有他们自己的统帅，换谁也不行。

大敌当前之际自毁长城，恶果马上就来了。

督师之死

袁崇焕下狱当天，皇太极的军队就向北京城南郊伸展开来，此后接连数天在京城附近攻略，明军无力阻止。

为何无力阻止？人心散了，没人打仗了。

袁崇焕下狱，崇祯皇帝以满桂代理袁崇焕总理关宁兵马。满桂是宣大系将领，如何统率得了辽东系兵马。袁崇焕被逮时，祖大寿从旁目睹了全过程，他吓得浑身战栗，惊慌失措，一个字也说不出来。辽东将士听闻袁崇焕下狱，皆“放声大哭，从此人心惊固，不复有固志矣”。

但是此时，他们还心存着希望，希望这只是个误会，希望他们的督师能被洗清冤屈。三天以后，看到袁崇焕仍未被放回，辽东军全军哗然，祖大寿、何可纲率部东走，毁山海关出，远近大震。

祖大寿为何如此做呢？只能说他是怕了，既是为督师鸣不平，更怕自己也受到牵连。辽军眼看督师蒙受不白之冤，亦是群情激奋，不愿再做无谓的牺牲，这就是崇祯皇帝临阵换帅的后果。

袁崇焕被捕，辽军遁走，勤王军再无一个坚强的指挥核心。人数虽众，已变得不堪一击，皇太极得以各个击破，逐步扫除京师外围的威胁。

十二月十六日，皇太极军至卢沟桥，干掉了副总兵申甫的七千铁甲车营。（补充介绍：这位申甫不到一个月前还是个和尚，从无军事经验。崇祯皇帝病急乱投医，听信庶吉士金声、刘之伦的推荐，居然将申甫火线提拔为副总兵，命他招募车营士兵，训练战车攻防，白白送掉了数千人的性命。）

十七日，皇太极乘胜进逼永定门。满桂主张固守，说敌劲援寡，未可轻战。崇祯皇帝不听，派宦官一再催战。不得已，满桂、孙祖寿、黑云龙、麻登云四大总兵督率步骑四万出永定门二里列阵，后金兵发起进攻，两军来回冲杀，大小十余战。满桂身先士卒，骁勇无比，此时后金军士气如虹，明军士气低落，在八旗全力进击之下，将士力不能支。满桂中箭阵亡，孙祖寿及参将周旗等三十余将官战死，总兵官黑云龙、麻登云被俘投降。

永定门之战，皇太极大获全胜，仅战马就俘获六千多匹，一扫之前失败的晦气，为自己找回了颜面，也令京师臣民大惧。

皇太极目的已达到，拔营向房山一路东掠而去。二十二日后金大掠通州，攻克张家湾，放火烧船千余艘；崇祯三年（1630年）正月初一克永平，迁安、滦州惊恐，相继投降。皇太极将攻占的遵化、永平、迁安、滦州四城皆留兵把守。自率大军向山海关移营，于三月初二取冷口关（迁安县东北）返回沈阳。

直到崇祯三年（1630年）五月，明朝收复永平四城，后金军弃城出关，历经7个月的“己巳之变”才算彻底结束。

“己巳之变”结束，对于袁崇焕的处理正式提上案桌，经过三个多月的审判，崇祯三年（1630年）八月十六日，朱由检最终确定了袁崇焕的十大罪状，判处磔刑。

磔刑就是凌迟，俗称的千刀万剐，顶格刑罚。

据载，袁崇赴刑那天，北京百姓像炸了锅一般，奔走相告，涌向行刑地北京西市。

押解袁崇焕的囚车经过时，怒气冲冲的百姓指着他大骂“汉奸”，向他扔烂菜叶和坏鸡蛋，袁崇焕面无表情，一语不发。

行刑过程中，整个刑场被乌泱泱的人群围得水泄不通。此时此刻，袁崇焕忍受着剧痛，遭受着身体和精神上的双重折磨，悲凉雄壮地大声吟道：

> 一生事业总成空，半世功名在梦中。
> 死后不愁无勇将，忠魂依旧守辽东。

这首绝命诗至今读来仍让人感到不胜悲凉。这一年，袁崇焕年仅46岁，他死得惨不忍睹，不忍细述。

《明季北略》这样说：“（百姓）争啖其肉，皮骨已尽，心肺之间叫声不绝，半日而止，所谓活剐者也。”

又说："百姓将银一钱，买肉一块，如手指大，啖之。食时必骂一声，须臾，崇焕肉悉卖尽。"

袁崇焕最终连骨头渣子也不剩，仅剩下一个头颅，与熊廷弼一样被传首九边，以震慑将领，以儆效尤。

这样的结局实在是太惨了，袁崇焕究竟为什么会被杀呢？

表面来看，是皇太极用了一手反间计，说他靠俘虏的两个管马太监杨春、王成德，仿照《三国演义》中蒋干盗书的桥段，传递出袁崇焕与皇太极有密谋的信息给崇祯皇帝，使得袁崇焕被逮下狱。

这显然不可信，崇祯皇帝智商还没有低到这个地步。

真正的原因，隐藏在崇祯皇帝的性格里。

先看崇祯皇帝认可的袁崇焕十条大罪，包括：托付不效、专恃欺隐、市米资盗、谋款诱敌、斩帅践约、纵敌长驱、顿兵不战、遣散援兵、潜携喇嘛、坚请入城。

这十条无须一一解释，有些是大帽子（专恃欺隐等），对谁都可以扣，还有许多在前文中解释过了（市米资盗等），再解释一下其他几条。

"托付不效"，就是说袁崇焕对崇祯皇帝的重托没有尽到责任，欺君妄为。

五年复辽，很可能确实是句大话。五年期限一到，崇祯皇帝秋后算账，追究袁崇焕欺君之罪，理由完全正当。如今期限才过了一年半，连说好的三分之一都不到，这还远远没到"秋后"，皇上就急不可耐地算起账来了，这不是太牵强太武断了吗？

"纵敌长驱"，指袁崇焕纵容皇太极破口入关，直逼京师，而不知阻拦。皇太极入关走的是谁的防区，袁崇焕做过什么努力，前面已有详述，此处不再重复。

"顿兵不战"，指袁崇焕虽然率军入援京师，但没有积极与后金军决战。此处前因后果，业已有过详述，不再重复。

"谋款斩帅"其实是两条罪名："谋款"加"斩帅"，斩毛文龙是罪，"谋款"有没有，下面再说。

这一系列的罪名归结起来，真正务实的也就是"斩帅践约"和"坚请入城”。不管袁崇焕出于什么样的考虑，擅杀毛文龙，冒失请求进城，确实是不讲政治的冒失行为，是官场大忌。

袁崇焕为什么会这么干呢?

我们看他的官场履历，袁崇焕于万历四十七年（1619 年）才中进士，天启二年（1622 年）就被破格提拔到兵部任职。在京师没待满一年，就随孙承宗出关，此后一直在辽东扎根。

满打满算，袁崇焕踏进官场只有十年，当京官不到短短一年，其余时间都在地方任职。按官员晋升逻辑，十年只是起步，他入仕时间太短了，官场的门道，他来不及学习；皇上的心理，他不会揣摩。

从一介布衣迅速成为独掌辽东军政的封疆大吏（未设文官督军），袁崇焕毕竟只是个军事家，不是政治家。朱由检的性格，他不明白。崇祯朝的政治空气，他看不懂。

崇祯皇帝的性格是什么?

关于朱由检的性格，有一句很好的评价：性多疑而任察，好刚而尚气。

别看崇祯皇帝登基后的一系列组合拳看似开明，崇祯一朝的政治空气是很紧张，很敏感的。

比如崇祯皇帝的“多疑”，他是铲除了魏忠贤，但随即又重用宦官，以厂卫广布眼线，四处监视人们的行为言论。

再如崇祯皇帝的“任察”，“任察”就是任意核查，率意审核，办事拍脑袋，不讲客观规律。因其“任察”，崇祯皇帝频繁调整官吏，十七年间他换了 17 名刑部尚书，50 名内阁大学士，19 任内阁首辅，7 名兵部尚书死于他手，都创下明代纪录之最。

任察则刻薄寡恩，他对大臣动辄怒斥、问罪、砍头、凌迟，其残忍和冷酷与魏忠贤相比有过之而无不及。

尚气则急遽失措，他听不进臣子之言，危机时刻又不切实际的盲目自信与自大，在决策政治之时常意气用事。

京师流言满天飞，再加上袁崇焕冒失的行为和后来祖大寿的逃跑，从表面证据看，一步步印证着一个阴谋论，更加重了崇祯皇帝的疑心。以他的性格，绝不能再留着袁崇焕。

袁崇焕的一生颇具争议，他绝不是个完人，他是个优缺点同样突出的人。

他没有足够的政治头脑，缺乏政治斗争经验。从擅杀毛文龙就能看出，袁蛮子同样是个刚愎自用的人，说他擅权专断，绝不冤枉。

但同样不能否认，袁崇焕是个出色的军事家，他抗击后金兵、镇守宁远，任内维护了辽东的稳定。他是明末最后一位能在野战中击败八旗军的大帅，军事能力得到明清两朝的认可。

时势造英雄，这样一位人才，即使他有种种不足，只要能知人善任，就算复辽急切不成，守住辽东绰绰有余。

可惜，崇祯皇帝用人不存在“人尽其用”这个选项。袁崇焕，即是崇祯皇帝性格的最大牺牲品之一，但绝不是最后一位。

在这个时候，在大敌当前之际自毁长城，不光是袁崇焕个人的悲剧。袁崇焕案是崇祯皇帝的一个转折点，朱由检这一手操作，生生将优势逆转为劣势，标志着崇祯新政结束，中兴之梦破灭，大明王朝气数将尽。

第二十四章 “己巳之变”后的形势

大权独揽

先说皇太极。

皇太极入关的决定遭到过两大贝勒联名反对，这种情况自然不是他希望出现的。历史告诉我们，古代所谓“三驾马车”“四巨头”之类的政体，最后无一例外使得政权走向内乱直至消亡，必定是不可持久的。

后金这几位也不是省油的灯。

三大贝勒里，大贝勒代善早就被努尔哈赤收拾过，已经学会了低调做人。但二贝勒阿敏（舒尔哈齐之子）与三贝勒莽古尔泰（努尔哈赤第五子）数有战功，各有忠实部属。他们有野心，也有实力挑战皇太极的地位。

例如，正蓝旗主莽古尔泰，被皇太极训斥时，不光公然顶撞，还敢手扶刀柄，对大汗做出欲要拔刀的动作。镶蓝旗旗主阿敏野心更大，在 1627 年奉命东征朝鲜后，阿敏已有了自立的念头，并曾拉拢褚英（努尔哈赤嫡长子）长子杜度，企图和他一起据朝自立。

两大贝勒都是不稳定因素，时间越长，越有可能出现变数。然而这些不稳定因素，都被皇太极通过这次“己巳之役”，连消带打给轻松化解了。

首先是莽古尔泰，这位三贝勒当初坚决不赞成攻明，与代善夜谒汗帐，密议班师，带来非常恶劣的影响。“己巳之役”大获成功，就是给莽古尔泰一记响亮的耳光，班师以后，莽古尔泰以阻扰进军，隳坏皇太极之成谋、众贝勒之定议受到责罚，自此威信大跌。

那么和莽古尔泰一起反对攻明的代善呢？代善安然无事，何也？曾有拥立之功。

谁都知道这是皇太极要打压莽古尔泰，但一切凭结果说话。皇太极入关成功，建立起极大威信，令众人无话可说。

其次是阿敏。

莽古尔泰鲁莽无脑，本质是个粗人，政治头脑不足。阿敏就不同了，他是真正有胆子敢把皇太极拉下马的。因此对于阿敏，皇太极就不光是打压了，而是要彻底摆平他。

永平四城，皇太极撤了，留下阿巴泰率军防守。回到沈阳不久，他就派阿敏和贝勒硕托（代善次子）率五千人与阿巴泰换防，分别驻守永平、滦州、迁安、遵化四城。

永平四城位于明朝腹地，离后金都城沈阳较远，且中间有长城相隔，孤悬敌后，大军一撤，摆明是守不住的。两个月后，在明军反攻下，阿敏丢弃四城逃回关外，皇太极对他严厉斥责道：“我还以为你是战必胜、谋必成的全军统率。你不死在那里，还好意思逃回来？可耻也！”

三日后，皇太极召集诸贝勒大臣，当众宣布对阿敏的处理决定，“怙恶久矣，有异志之见端也。毁坏基业，故令我军伤残”，论罪当诛，念其有功，改为幽禁，仅留庄六所、园二所、奴仆二十，其余财产归济尔哈朗。

阿敏再也没能翻身，于崇德五年（1640 年）十一月卒，除爵。

莽古尔泰被罚，阿敏被关，剩下的代善俯首帖耳，四贝勒执政成为历史，皇太极开始大权独揽。

这还远远不是全部，“己巳之变”给皇太极带来的好处是巨大的、空前的。它给明朝带来的恶果也是巨大的、空前的。

后金的终极战术

孙承宗又出山了。

“己巳之变”中，崇祯皇帝想起了孙承宗，仍以原官复用，命他主持京师防务。辽军奔走，崇祯皇帝惊慌失措，他命曾在辽东督师的孙承宗设法追回辽军。然而祖大寿与孙承宗关系并不融洽，他拒绝了孙承宗的密札，不论孙承宗采取何种行动，祖大寿所率之辽军主力部队依然退出了山海关，并没有听从其老上级的命令。

一筹莫展的崇祯皇帝不得不命令时在监狱中的袁崇焕写手书与祖大寿，令其回军。祖大寿一看到袁崇焕的书信，下马捧着就哭了，全军亦是哀声大恸。祖大寿80岁的老母亲也在军中，问怎么了，祖大寿如此这般一说，他的母亲说道：“督师还活着，你们何不立功为他自赎，这才是为他乞命之道啊！”

祖大寿这才幡然醒悟，正月初三，祖大寿整兵入关。孙承宗为安抚祖大寿，用了很大力量收买人心，但这些措施没起到多大作用。因为问题的关键还是在于袁崇焕是否被定罪，而最终袁崇焕被处死，导致了孙承宗在辽东军的威信全面下跌，他与以祖大寿为首的关宁将领关系也到达了紧张的地步。

杀了袁崇焕，派谁去辽东呢？崇祯皇帝想来想去，还是只有孙承宗，于是孙承宗再度出任督师，全面主持辽事。

孙承宗上任后发现，当初他力主修建的宁锦防线已经被放弃了。原来宁锦之战后袁崇焕去职，在蓟辽总督袁鸣泰等人建议下，天启皇帝下令放弃大凌河、锦州等地，将兵力收缩到宁远一线。明朝战略性收缩，后金也没来，大凌河、锦州等地成了双方都没有驻军的缓冲区。

此时的形势已经很明显了，喀喇沁与后金结盟后，蓟门洞开。皇太极不必去啃关宁防线，绕过即可入关，当务之急应当是填补宣府、蓟镇一线防线漏洞，防止悲剧重演。而且“己巳之变”后朝廷的财政状况进一步恶化，再去维持一条宁锦防线，没有实际意义。

孙承宗不这么想，收复辽东是天启、崇祯两朝的既定方针，是不可以放弃的。孙承宗看了很心疼，大凌河都修了一半，怎么能说烂尾就烂尾呢？锦州这么重要的地方，怎能不派兵驻守？传令，辽东巡抚邱禾嘉进驻锦州，总兵官祖大寿督率兵夫修筑大凌河，怎么也得把这宁锦防线重新建起来。

大凌河在锦州以东三十多里，于此地筑城不仅可以稳固锦州，还能进一步推进前线，蚕食后金地盘。以祖大寿做包工头，看中的是他修筑宁远城的经验，孙承宗希望祖大寿能把大凌河修建成第二个宁远。

皇太极可以不进占锦州、大凌河，不可以眼睁睁看着孙承宗把地堡修到家门口。锦州、大凌河、小凌河地区就是个火药桶，大家都不要，能心照不宣地维持现状。谁要是敢去碰，就一定会发生爆炸。

孙承宗冒失派人抢筑大凌河，在皇太极看来与挑衅无异，他对诸贝勒说：“坐视汉人开拓疆土，修建城郭，缮治甲兵，使得完备，我等岂能安处耶！”

崇祯四年（1631年）七月二十七日，皇太极征调蒙古、后金大军，从沈阳出发，气势汹汹朝大凌河扑来。

其实对于皇太极可能出兵，孙承宗应当早有预料才对。修建大凌河不应当是一个独立的行动，无论怎么看，都应是双方前线军事较量的一步棋。考虑到皇太极随时可能来拆迁，明军应早做出预案，准备兵力应对。

然而从皇太极出发至抵达大凌河的半个月内，孙承宗都没有任何行动。大凌河工地的祖大寿甚至都没得到情报，直到听说后金军已近在咫尺，祖大寿才大惊失色，不得已只能仓促退入雉堞还没修完的城中，闭门固守。

这是皇太极第三次在关外攻打辽军据守的城池，前两次都失败了，令他威信大损。这次，他有什么好办法呢？

前文一直提到后金孱弱的攻城能力，这是事实，但人是会学习、会进步的。皇太极善于学习，经过“己巳之变”的洗礼，他们已进化出了攻城的终极战术：围点打援。

八旗军的野战实力无须怀疑，赵率教、满桂、孙祖寿这样的勇将也都在交锋中阵亡。如果是野战，很少有明军能抵挡他们。

不过在己巳年那次事变中，后金军也暴露出老问题——攻城不力。

一路上，后金占领了不少城池，大部分是靠的内应或是招降，真正靠强攻打下的城池，少之又少。

比如在蓟州（大军至蓟州，获一生员，令持书往谕驻城道员、军官及庶民降）、三河（十四日，大军至三河县，获一汉人，令持书招降）等地，都是如此。

如果要强攻，他们的攻城能力可以说是个笑话。以昌黎城为例，后金从正月初十到正月十四日，四次攻城，城内知县左应选坚决不降，誓死抵抗，结果后金军用尽办法，始终无法破城。

这实际上是努尔哈赤时代到皇太极初期的遗留问题，他们缺少攻城经验和重型火器，面对坚城抵抗往往束手无策。进入中原，后金攻城能力的短板暴露得更加明显，昌黎这个小县城都无法攻破，北京这样的巨城更加无法想象。

一路走来，皇太极对这个问题看得更加明白，“己巳之变”中后金军的攻城乏力，让皇太极在之后的战役里开发了新的战术，“攻城恐士卒被伤，不若掘壕筑墙以困之。彼兵若出，我则与战，外援若至，我则迎击，于计为便”。

这次大凌河之战，皇太极一改从前硬攻的战法。他很有耐心地命令将士环城挖掘四道壕沟，并筑起一道一丈多高的墙，将个小小大凌河城围得如铁桶一般。

祖大寿他们万万没料到皇太极会出此狠招，明军从城上向下观望，只见后金军“连挖四壕，弯曲难行，器具全备，计最狡矣”。而城中粮草仅够十几天之用，将士无不惊恐万状。祖大寿不甘坐以待毙，从八月初十到九月十九，他先后组织四次突围，都被后金兵杀了回去。无奈之下，只好坐困愁城，盼着援兵前来。

这就是皇太极的新战术“围点打援”，这一围，城中明军若想活着出去，一是靠援军来解围，二是只有投降。而援兵前来，必须与后金兵野战于城外。

八月十六日，第一拨援军来了，更像是象征性的。松山守军两千前来增援，他们勇气可嘉，但是区区两千人，怎么可能解围被数万敌人围困的大凌河，这拨援军被后金兵没费吹灰之力打败，第一次救援失败。

八月二十六日，第二拨来自锦州的援军抵达，这次增加到了6000人，由总兵吴襄、宋伟带队。这也太看不起皇太极了，他可是进行了满蒙总动员而来，这么点援军根本靠近不了防线，就被阿济格率兵击败，第二次救援失败。

九月十六日，辽东巡抚邱禾嘉再率吴襄、宋伟，进行第三次救援，兵力还是6000人，这次败得更惨。6000人被皇太极两百亲兵冲杀得溃不成军，紧接着后面大军赶到，又是一番乘胜追击，第三次救援失败。

从八月初六的围城到九月十六日的增援，大凌河城已被围困了45天，城中早已断粮。城里边先是杀战马，吃马肉，马几乎杀尽了，开始吃人，先吃手无寸铁的筑城民夫，再吃那些饿死的士兵。史载“炊骨析骸，古所未闻”，就是用人骨头当柴烧，把人肉割下来烤着吃。整个城中到处是人的遗骸，到处在烧人肉吃。

皇太极不止一次致书城内劝降，都遭到祖大寿拒绝。将士们一是怕后金军不讲信用屠城，二是相信督师不会抛弃他们，一定还会派出大军来救援。

明军前几次增援均告失败，孙承宗再也坐不住了，他亲赴锦州，组织力量前往增援。九月二十四日，监军道张春会同吴襄、宋伟等率副将以下百余员，马步兵四万之众来援。过了小凌河，明军东进五里，筑垒列营，二十七日黎明，明兵拔营，过大凌河，列阵于距城仅15里的长山口。

皇太极和代善发四万兵马与明军会战，皇太极亲率两翼骑兵闯营，发矢猛射，明军发射枪炮还击，爆炸声震天，铅子如雹。宋伟的营盘扎得很坚固，后金兵几次攻击无法奏效，于是转攻吴襄大营，骑兵纵横驰突，箭矢如雨。在城东屯驻的佟养性指挥炮兵助战，不断轰击明营。吴襄支持不住，自顾自逃奔，全营大乱，纷纷逃窜。这时宋伟也独力难支，所部溃败下来。皇太极早已在通往锦州、松山等处各要道埋下了伏兵，逃经此处的溃兵不是被歼灭就是投降。张春和33员将官都被活捉，副将张吉甫、满库、王之敬战死阵中，吴襄、宋伟逃走。

第四次增援几乎全军覆没，经此一败，关宁明军元气大伤，再也无力组织救援，只能眼睁睁看着城内三万人一步步走向阴曹地府。

大凌河已经成了一座巨大的坟墓，城内三万余人已饿死一半，还有一半饿得半死。祖大寿清楚，不会再有援兵了，除了人之外，也没有任何东西可以再吃了，投降成了一个值得考虑的选择。

除了祖大寿，大凌河城内众副将、参将、游击等军官都同意投降，只有副将何可纲不从。

祖大寿、何可纲、赵率教都是袁崇焕一手提拔和重用的辽东系将领，人称“辽东三杰”。袁崇焕曾称何可纲“仁而有勇，廉而能勤，事至善谋，其才不在臣下”，一直任命他统率中军。

何可纲知道祖大寿想降，他干不出投降那种事，却也不想断绝袍泽生路。他对祖大寿说：“我们两人都受督师重用，我不死，无以报督师。公固然可以不和我一起死，我也绝不能随公投降。不过我以为，公投降后不能有什么作为，不如我们一起死，把生路留给城里其他人。”

祖大寿这个人作战很勇猛，他也有个很大的特点：贪生怕死。早在泰昌元年（1620年），他就因临阵脱逃被熊廷弼处分过。后来王化贞巡抚辽东，将其提拔为中军游击，在入援西平堡一战中，祖大寿又一次做了逃兵，远走觉华岛。己巳年（1629年）在北京城下，祖大寿再次干出了惊世骇俗的临阵脱逃之事。

或许也正是由于祖大寿轻率地带辽军出走，让崇祯皇帝加重了对袁崇焕的怀疑。

可因为需要稳住辽东系军心，崇祯皇帝必须安抚祖大寿。如今再一次面临生死抉择，祖大寿觉得他已做得仁至义尽，不能再要求他更多了。何可纲如此态度，引发了祖大寿的严重不快，坚定了他开城门投降的决心。

祖大寿命士兵将何可纲架出城外，当着后金诸将的面斩首。何可纲面色不变，亦不发一言，含笑而死。

祖大寿意为何？杀何可纲，取信于皇太极也。

既杀何可纲，投降便成定局。十月二十八日，祖大寿大开城门，率众将来到金营。皇太极与代善、莽古尔泰及众贝勒众大臣，一齐隆重迎接祖大寿一行。双方登坛发誓祭天，盟誓祭天毕，皇太极携祖大寿手进入大帐，为他设宴庆贺。

祖大寿这个人很复杂。这次投降是假投降，骗得皇太极信任，祖大寿很快就找借口逃回了锦州。但正如何可纲所言，这次投降以后，不论身处哪方阵营，祖大寿再也不能有什么作为。崇祯十五年（1642 年），祖大寿在松锦之战再次出降，皇太极表面依然礼遇他，却再也不肯信任他。此后祖大寿一直被软禁于家中，不得任意出入，一直到 1656 年病死于北京。

至崇祯四年（1631 年）十一月初九，大凌河之战彻底结束。追究责任，总指挥孙承宗难辞其咎，只得再一次辞职。

此战，皇太极吸取宁远和宁锦之战的教训。一改过去攻坚战的打法，实行围困。四道壕沟一道墙，然后围点打援，这是战略战术上的重大改变。这一战术非常有效，在日后的攻打锦州战役中，乃至入关以后一系列重大攻坚战，清军重复使用此战术，面对坚城围而不攻，围点打援，令所有对手都一筹莫展。

天下大乱

崇祯皇帝一直以为，他最大的对手是后金，可随着明军一次次吃到败仗，他发觉不对了。

农民军成气候了。

自天启七年（1627 年）陕西澄县王二举旗造反以来，又有陕北的高迎祥在安塞，王左挂、飞山虎、大红狼在宜川，王虎、黑煞神在洛川，王和尚在延川，王大梁在汉中南部，王嘉胤在甘肃庆阳，周大旺在武都也插旗举反。

不过一二年间，农民起义遍及陕西全境及甘肃东部，颇有声势浩大之感。

崇祯皇帝并不怎么在意，收复辽东，中兴大明才是他关注的焦点。国内这些流民、饥民、难民算什么？一群闹出点动静的叫花子而已，这种事，大明见得多了。

崇祯皇帝错了吗？还真没有。本质上，这些农民起义的规模、实力还远不如正德年间的刘六、刘七大起义。他们流动作战，没有根据地，也没有明确的政治纲领，组织度和战斗力都较为低下。

比如最早揭竿而起的王二，也就仅仅坚持了两年。崇祯二年（1629年），朝廷命兵部右侍郎杨鹤为陕西三边总督围剿，没多久王二所部就被包围，王二被俘杀。其部下王嘉胤继续带领余部战斗，也没两年就失败了。

值得一提的是，在崇祯二年（1629年）前后，一个前明军士兵、一个失业的驿站服务员先后加入了农民军，他们将在历史上写下自己的名字。

士兵叫张献忠，籍贯陕西延安，万历三十四年（1606年）生人，初为捕快，因事革职，进入延绥镇成为边兵。张献忠生性刚烈，爱打抱不平，在军队中犯法当斩。主将陈洪范观其状貌奇异，为之求情于总兵王威，重打一百军棍除名，从此他便流落民间，不久加入王嘉胤部下。张献忠当过捕快当过兵，作战很勇敢，记载中，他“临战辄先登，于是众服其勇”，很快就成了一支队伍的首领，自成一军，号为“西营八大王”。

如果说张献忠造反还是他的个人选择，那个驿卒就几乎完全是被逼的。

此人名叫李自成，陕西米脂李继迁寨人，据说有西夏血统。李自成家庭贫困，年幼时当过小和尚，给地主放过羊，十几岁时父母双亡，经历与朱重八惊人的相似。

不同的是，天启六年（1626年），21岁的李自成走运了，他成功应聘到本县圁川驿成为一名驿卒。驿卒虽低微，吃的也是国家饭，远远强于当和尚、放牛。然而安稳饭没吃上两年，朱由检就把李自成的铁饭碗砸了。

崇祯二年（1629年），为进一步节约开支，崇祯皇帝盯上了驿站。明朝中后期，驿站制度确实受到权力很大的侵蚀，比如官员以及亲朋好友，无论公事还是私事，都可以拿着有关部门的驿符去享受驿站服务（免费食宿、免费车马)，如此造成的开销也是巨大的。

本来是为了加强朝廷与地方联系的驿站，一时间成为官员们休闲的场所。裁撤驿站对于崇尚节俭的崇祯皇帝来说，成为一个很容易作出的决定。于是崇祯二年（1629 年）五月正式议裁天下三成驿站，任命刘懋为兵科给事中，专管驿递整顿事务。

一年下来还真给朝廷节省了六十八万五千余两。随之带来的问题，导致许多以驿站为生的底层民众，一时间成为流民。

在这些失业的驿夫之中，走出了明王朝的掘墓人李自成。

不过那是以后的事，崇祯二年（1629 年），李自成、张献忠还是造反新人，不起眼的小角色。在崇祯初期，朝廷只要认真一点，剿灭这些义军没啥难度，称呼他们为“疥癞之患”，不过分。

这一切，在“己巳之变”后出现了变化。

我们对比一下时间线。

崇祯五年（1632 年），右佥都御史陈奇瑜巡抚延绥，镇压农民起义军甚力，名噪关陕。崇祯七年（1634 年）春，陈奇瑜升任五省总督，调集诸将围击各路农民军。高迎祥、李自成、张献忠等部受到凌厉压迫，被迫向山西转移。大同总兵曹文诏仅率千余人击败山西境内农民军，各部逃到河南，被曹文诏、左良玉等多路明军包围，生死已在顷刻之间。

差不多同一时间，皇太极又来了。

后金大军兵分四路，以大同、宣化一带为主攻方向，分别破关口而入。“不攻城池，只在各村堡劫掠”，深入山西中部和河北北部。后金兵在明朝州府台堡之间往来穿梭，如入无人之境。诸路兵马会于应州，攻克代州，明军死守大同，坚决不出来对战，皇太极移师攻万全左卫（宣化西），斩守备常汝忠，歼灭明军千余人，从尚方堡出塞，回到沈阳。

这次后金军入塞，朝廷调有“明季良将第一”之称的曹文诏回大同抗金，明军包围圈出现漏洞，被围农民军从总兵王朴处突围。

后金军退走，陈奇瑜传檄调陕西、郧阳、湖广、河南四巡抚围剿汉南农民军。高迎祥、张献忠、罗汝才、李自成等部误入车箱峡古栈道，再度濒临绝境，不得已采取伪降手段才脱困。

汉中脱险，李自成立即杀安抚官复叛，农民军在崇祯七年（1634 年）底大批进入河南，崇祯八年（1635 年）正月十五日攻克中都凤阳，焚毁皇陵，挖掘皇帝祖坟。

祖坟被挖是天大的事，何况这还是老朱家的祖坟。崇祯皇帝听说后先是垂头丧气，素服避殿，下罪己诏。接着暴跳如雷，调洪承畴所统陕西兵出关，又任命卢象升为五省军务总理，东西夹剿。

崇祯皇帝一发狠，农民军又撑不住了。六个月内，最强的一支农民军“闯王”高迎祥部被击败，高迎祥被俘杀，另两位著名首领张文耀、拓养坤向陕西巡抚孙传庭乞降。

“闯王”名号被李自成继承，他的情况也好不到哪去。这年九月，李自成、过天星、混天星等十几支起义军从秦州地区出发向汉中进军，却被总兵曹变蛟击败，不得不转进四川。洪承畴带官军由陕入川围追李自成部，孙传庭则在澄城、延安、三水一带追剿过天星、混天星等部。

当时的情况是，随着高迎祥被杀，农民起义遇到重大挫折，许多战败了，许多投降了，剩下的都有官军紧追，都在咬牙苦苦坚持着。

然后，后金又来了。

崇祯九年（1636 年）六月，皇太极命多罗武英郡王阿济格为统帅，率大军分三路奔向冀北，入独石口。八天后，会于北京延庆县，败明军 7 次，俘获人畜 13230。七月初三，京师全城戒严。清军经延庆入居庸关，取昌平，大军直逼北京西直门下。

崇祯皇帝大惊，命文武大臣分守都门，阿济格无意攻打京师，只是在周围不断劫掠，消耗明军实力。清军入定兴，下房山，战涿州，攻固安，陷顺义，再至怀柔，占河西务，屯兵密云，一个月内“遍蹂畿内”。阿济格向皇太极报告，共克 12 城，56 战皆胜，获人畜 179800。

八月二十日，清军开始撤退。九月初一，清军携带掠获的 18 万人畜及其大批物资从容出冷口，“俱艳饰乘骑，奏乐凯归”，他们还砍下木头，写上“各官免送”字样扔于路旁，戏谑明朝将吏，浩浩荡荡，用了四天才全部走出关外。

对比时间线，很明显可以看出，每当农民起义陷入低谷时，后金就会入关。他们掠夺财富，消耗明朝的经济和军事力量，破坏明朝的战争潜力，一次次挽救农民军于水火之中。

皇太极的目的是什么？真的只是为了抢劫吗？

抢劫只是目的之一，皇太极还需要兼顾对蒙古的打击。

林丹汗西迁以来，虽然取得一些军事胜利，却得罪了大多数蒙古封建主，使他陷入孤家寡人的境地，离统一蒙古的梦想也就越来越遥远了。

漠西和漠北原本就不臣服察哈尔，漠南诸部则在林丹汗的打击下纷纷东投后金。林丹汗虽获得富庶的右翼故地，但因为“塞外霜旱，颗粒无收兼厉疫盛行”，蒙古诸部几入绝境。而各部的抵抗也大大削弱了察哈尔部本身的力量：“插（察哈尔部）之疲甚、饿甚、穷甚”，其兵员严重减耗，“有马约备仅收四万，众不满五万”。

西迁的结果，是察哈尔越来越弱，皇太极看准这个机会，决定发动对林丹汗的决战，彻底征服察哈尔。崇祯四年（1631 年）四月，皇太极就已经准备讨伐林丹汗，在科尔沁部的劝说下推迟。崇祯五年（1632 年）三月，皇太极第二次远征察哈尔，总兵力约 10 万。

林丹汗正驻帐于宣府边外，听说后非常震惊，立马率众西奔。皇太极分兵三路穷追 41 天，五月下旬进驻归化城，得知林丹汗已渡黄河而去。遂停止追击，经宣府、张家口返回，途中收拢了林丹汗所遗部众数万人。

林丹汗亡命青海，逃难过程中部众大量流失，两年后（崇祯七年，1634 年），林丹汗因天花死于青海大草滩，结束了叱咤风云又比较憋屈的一生。

林丹汗病故，察哈尔部落再也无力与后金抗衡，这些都是宝贵的人口，皇太极不能看着他们流失。因此，他需要一次次发动远征，既能劫掠，又能沿途收纳林丹汗的残余部众。

对比一下时间，不难发现每次清军入关，差不多都发生在远征察哈尔之后，也就是回师路上顺便来插一杠子，反正出来都出来了，不能空手回去。

时间为什么这么巧，每次农民军快撑不住了，他们就来入关了？可能只是巧合。在客观上，这一手一次次搅得崇祯皇帝心神不定，无法集中全部资源，一口气剿灭李自成、张献忠，这是最重要的。

崇祯九年（1636年）这次入关，笔者对后金军的称呼变为了“清军”。

此前接连的胜利让皇太极威望大增，他准备当皇帝了。

天聪九年（明崇祯八年，1635年），多尔衮等平定察哈尔部，统一漠南蒙古，获得故元玉玺。十月，统一族称为“满洲”。十二月，群臣以察哈尔降服及获得“传国玉玺”为由，请皇太极“早正大号”，皇太极假意推辞。

天聪十年（1636年），皇太极以“早正尊号”征询汉官儒臣的意见，鲍承先、宁完我、范文程、罗绣锦等都表示赞成。萨哈廉又召集诸贝勒各书誓词，向皇太极效忠。外藩蒙古诸贝勒闻讯也请求上尊号，皇太极同意了。

上尊号的准备活动至天聪十年（1636年）三月末大体就绪。四月十一日，皇太极在盛京天坛祭天，然后“践天子位”，受尊号为“宽温仁圣皇帝”，定国号“大清”，改元崇德。

崇祯九年（1636年），这次入关还与朝鲜有关，皇太极正准备亲征朝鲜，为了防止明朝乘虚发兵，有必要对明朝进行一番打击以进行震慑并炫耀兵威。

到这时候，崇祯皇帝已经根本没有心思，也没有力量再去顾着蒙古和朝鲜了。几个月后皇太极亲征朝鲜，不到两个月征服朝鲜班师。

假设“己巳之变”皇太极失败了，还会有第二次、第三次乃至后面几次入塞吗？

皇太极还能压服阿敏、莽古尔泰吗？他还能建立大清吗？

要是没有皇太极捣乱，农民军还能成气候吗？

恐怕一切都要打上个大大的问号。

第二十五章 崇祯皇帝的豪赌

四正六隅，十面张网

人地压力产生土地兼并，土地兼并产生流民，流民带来社会动荡，这是所有王朝都无法解决的问题。万历中期农民起义就开始不断，1588 年，刘汝国在安徽、湖北、江西一带发动过一次农民起义，没多久就被镇压；1589 年，李园朗、王子龙在广东一带发动农民起义；1601 年，苏州人葛贤发动农民起义；1614 年，白莲教教徒发动农民起义。除了这些，还有其他的农民起义，整个明朝后期起义不断。

本来农民军的问题不难解决，在正规军面前，他们可以说是不堪一击。农民军的战术就是打得过就打，打不过就跑，实在不行的话就投降。即使是后来成功的李自成和张献忠，也都是经常投降或者被打得落花流水。

崇祯皇帝开始根本没把这些人放在心上。但是剿着剿着，发现不对劲了，每次农民军快不行了，皇太极就来插一杠子。一旦把军队用来对抗后金军，农民军就有机可乘；一旦把军队撤回来镇压农民起义，皇太极就来入关。

随着明军一次次被清军击溃，带来另一个非常要命的问题，农民军越打越强了。

所谓农民军，它的成分非常复杂。一开始确实是农民为主，混杂着一部分在关外吃了败仗逃回来的官军，他们往往不敢回家，也不敢回到原部队，漂泊无着，干脆投入了起义军。

一段时间内，农民军里原明军的比例还不是很大，普通的民变，官军一到很容易镇压下去，掺和了士兵的民变就没那么容易了。延绥、陕西军队一次次援辽，一次次被打得大败，随着明军败仗越打越多，逃兵越来越多，加入起义军的原明军人数也就越来越多。他们受过军事训练，有作战经验，很快成为战斗骨干，极大地提升了农民军的战斗力。

再这样打下去，明军不是在与农民军作战，而是与他们以前的战友在作战，战斗力优势已经极大缩水。

这样剿下去，永远也不行。崇祯皇帝的脑壳开始疼，两边都疼，皇上脑袋大了，群臣的罪过也就大了。兵部尚书杨嗣昌就给皇上做了一个未来规划，主要有三点内容：一、最要紧先肃清农民军；二、足食然后足兵；三、保民方能“荡寇”。

崇祯十年（1637年），朱由检采纳杨嗣昌的“四正六隅，十面张网”计划。按此计划，四正（陕西、河南、湖广、江北）六隅（延绥、山西、山东、江南、江西、四川）由杨嗣昌担任总指挥，五省总督洪承畴和五省总理熊文灿配合，一共十股力量撒下一张大网。

杨嗣昌，万历三十八年（1610年）进士，前三边总督杨鹤之子。杨鹤当年因为安抚“流寇”失败，本来要被崇祯皇帝处死，杨嗣昌时任霸州兵备道，他三次写下血书，强烈要求代父受死。朱由检被其感动，下令杨鹤免死流放，还温言抚慰杨嗣昌，激励他尽职任事。后来杨嗣昌先后升任右佥都御史、兵部侍郎、三边总督，于兵事多有规划，给崇祯皇帝的印象是异才可用。杨嗣昌工于笔札，富有辩才，每次召见，他都能思如泉涌，侃侃而谈，令崇祯皇帝大为激动，次次都与他谈到忘记时间，将其倚为心腹大臣。

崇祯七年（1634 年）后金入塞大掠，兵部尚书张凤翼畏罪自杀，其时杨鹤去世，杨嗣昌正在家守制，崇祯皇帝下旨“夺情”起复，用为兵部尚书。崇祯皇帝是个独断专行、猜忌多疑的皇帝，能得到他的信任实属不易。杨嗣昌也没有辜负皇上的信任，他提出的战略是一盘大棋，布局极为出色，可说是切中农民军要害。

“四正六隅，十面张网”计划实施以后，效果非常好，到崇祯十一年（1638 年）二月，湖广农民军首领刘国能、张献忠先后受熊文灿招抚，杨嗣昌鉴于其父杨鹤招抚失败的教训，提出反对意见，主张让刘、张等“杀贼自效”，纳上投名状才可信任。

崇祯皇帝和熊文灿却急于招安，杨嗣昌只好顺从皇上的意见，相信了农民军的投降。结果刘国能确实效忠明朝，张献忠却是假招安，最终和李自成一起埋葬了大明江山。

在杨嗣昌围剿下，李自成的日子也和张献忠差不多，十一月，李自成在洪承畴、孙传庭的穷追不舍下全军溃败，只好带着刘宗敏、田见秀等逃亡商洛山中，所部仅剩十八骑。

只要再加一把劲，杨嗣昌所说的“十年不结之局”似乎就要走到尽头。

可是清军又来了。

崇祯十一年（1638 年），清军兵分两翼，一路由多尔衮统率，另一路由克勤郡王岳托统率，分别从墙子岭和青山关毁边墙而入，是为戊寅之变。

密云总督吴阿衡仓促应战被杀，两路大军越迁安，过丰润，会合于通州，沿太行山和运河，分兵八道，向西进攻。北京以西至山西地界直到河北山东，千里之内，多为旷野平原，善于驰骋的满蒙骑兵，千千万万，飞驰起来如一股狂风卷地，箭锋指处，明兵纷纷披靡，沿途所过六府城镇皆被攻略。

在攻略保定府一个名为高阳小县城的时候，清军遇到了一点抵抗。

爱国者孙承宗

十一月，清军至高阳，却见这个小城甲兵完备，城头站满手持武器的军民，防御姿态超过了许多大城。

多尔衮一打听，原来这里住着一个重要人物：前蓟辽督师、东阁大学士、兵部尚书、太傅、天启帝师孙承宗。

孙承宗二次去职后已赋闲在家七年多，听说清军逼近，他不顾76岁高龄，奋而起身，带上全家呼唤全城军民组织防守。孙承宗威信极高，登高一呼从者如云，大家都表示愿意全力抵抗，城破，唯死而已。

多尔衮得知孙承宗还在高阳，非常兴奋，这是我父汗的老对手啊，能够俘获孙承宗，绝对是大功一件。把大炮推过来，给我轰！

完成进化的清军已拥有红衣大炮，高阳城小墙薄，终究无法抵抗大军围攻。高阳失守，孙承宗不愿被擒受辱，毫不犹豫选择了自缢。他的五个儿子，六个孙子，两个侄子，八个侄孙战死，孙家百余人遇难。崇祯皇帝听闻这一消息，不由得说："旧辅孙承宗前劳难泯，死义更烈。"

孙承宗不是多么优秀的战略家，两次督师蓟辽的经历表明，他确实不是努尔哈赤、皇太极的对手。他的战略眼光不如熊廷弼，他的军事能力不如袁崇焕，堡垒战术被证明是行不通的。

能力是一回事，忠诚是另一回事，说到忠诚，笔者以为，明末无有能超越孙承宗者。

没有任何人可以怀疑，孙承宗的一腔拳拳报国之心。他所做的一切都是为了深爱的大明，没有掺杂个人私心。他没有加入什么朋党，杜绝徇私舞弊，他敢于对任何不公横目而视。"小夫壬人，不寒而栗"，人们把他比作"青天白昼，皆仰其清明"，魏忠贤甚至不敢与他当面对质，听到孙承宗的名字，不可一世的"九千岁"就吓得发抖。

时穷节乃见，碧血书丹青。要保全家族，孙承宗完全可以逃跑，躲起来。可是他拒绝了，毅然把全家都派上战场，孙氏因此族灭，据说仅逃出一个小男孩。

“忍将阖门膏锋镝，无畏难以避祸，有奋起而力为”，这就是孙承宗，天启皇帝的老师，忠贞的爱国者，杰出的民族英雄。

孙承宗死难并非结束，勤王军督师卢象升奉命入卫京师，于十二月在巨鹿贾庄被清军包围，终因炮尽矢绝，战死疆场。

清军深入河北南部，连下广平、顺德、大名等地，然后转向山东，一天攻破济南。此后，多尔衮率军至天津卫，渡过运河东归，安返辽东。

多尔衮这趟入关所获极为丰厚，共败明军 57 阵，共克济南府、3 州、55 县、2 关，杀两名总督及守备以上将吏百余人，生擒德王朱由枢（押送沈阳）、郡王朱慈颖、奉国将军朱慈赏、监军太监冯允许等，获人畜 462300，黄金 4039 两，白银 977460 两。

然而更为重要的影响在西北，本来洪承畴和孙传庭联手，已基本歼灭李自成所部。清军入关京师吃紧，崇祯皇帝急调洪、孙二人回京帮助防御，给了李自成、张献忠喘息的机会，埋下农民军东山再起的隐患。

戊寅之变使局势急转直下。不但杨嗣昌的和谈计划化为泡影，十面张网战略也因为洪承畴、孙传庭被调入京师勤王而使农民军死灰复燃，逐渐成为一张破网。

张献忠在谷城秣马厉兵一年有余，于崇祯十二年（1639 年）五月再举反旗，李自成前去会合，八月以后又分东西两头行动，至此杨嗣昌的战略彻底破产，内地再度陷入干戈扰攘之中。

明末的精锐

崇祯十三年（1640 年），两头形势都已经很困难了，但并不是没有办法。而最稳妥的办法，即是战略性放弃辽东。

按杨嗣昌的说法，辽东是头发，中原是腹心。大明没了辽东，好比剃了个光头，难看是难看，不致命。内地闹义军，就像一直拉肚子，拉着拉着是会把命给拉掉的。

放弃辽东有什么好处呢？

崇祯十年（1637年），蒙古、朝鲜两大盟友都被清军征服。关内一片狼藉，关宁军在关外孤立无援，再提反攻辽东无异于痴人说梦。

再保持一条关宁锦防线，除了发型好看，有什么实际意义？

放弃辽东，宁锦、关宁防线统统不要了，送给皇太极。明军只要守住蓟镇、宣大、山海关，大体能保证京畿安全，就已经是很了不得的成就。

将十余万关宁军调回关内，有两大好处：一、省下维持关外防线的一大笔开支。二、国内急需一支精兵对农民军作战。

农民军看似人多，但是山头众多，缺乏组织，没有根据地建设，实际上只能集中少量精兵作战。就好比戚家军打倭寇，要比精锐数量，打农民军，只要官军精锐数量多于农民军，还是能轻松地各个击破。

精锐在哪儿呢？

明末，一般认为北方最能打的精锐是陕西三边，尤其是延绥镇的战斗力冠绝九边（榆林为天下雄镇，兵最精，将才最多）。比如李自成的老家榆林（延绥总兵驻地），打起仗来可以全民皆兵。时人称“榆林武卒素称雄于诸镇”，着实威猛。然而延绥又是九边中最穷、最缺饷的一镇，军队处境极为糟糕。饷银从万历朝欠到了崇祯朝，别说士兵，军官都长期吃不饱饭，因此加入起义军的人也最多，极大削弱了延绥的兵源与战力。

除了九边军队，朝廷还有几支著名的地方精锐：卢象升的天雄军、秦良玉的白杆兵、孙传庭的秦军。

天雄军，由卢象升整顿大名、广平、顺德三府兵马而来。卢象升依照他的治军理念，将三府士兵重新训练，形成了一支劲旅。由于该地在唐朝时属天雄节度使管辖，后人便习惯性地把卢象升统辖的部队统称为“天雄军”。

根据卢象升所著《卢象升疏牍》所记载，天雄军是一支步兵与骑兵结合，注重使用弓弩、火器等远程武器的部队。他所训练的骑兵身着铁甲、配备长枪和火铳，既能远程打击，也能冲锋陷阵。此外天雄军最大的特点，在于其较为特殊的人员组成。

天雄军主要是从当地的民众中招募而来，队伍中很多士兵彼此都是同乡、亲人、朋友。这样的军队，团队凝聚力惊人，一个士兵倒下了，会有几十人嗷嗷叫冲上去给他报仇。卢象升本人更是个狠角色，他外表儒雅，人称白面书生，打仗却往往身先士卒，喜好提着大刀手刃敌军，颇有当年抗倭名将谭纶之风采。一次在追击过程中，卢象升额头中箭，血流如注，他浑然不理，像没事发生一样依旧提刀杀敌，令观者胆寒。自此之后，卢象升在敌人中间多了个绰号，叫作“卢阎王”。

天雄军战斗力惊人，两千人就能击败高迎祥上万的重甲骑兵，农民军见到卢象升和他的天雄军都会退避三舍。可惜卢象升于巨鹿阵亡，五千天雄军全军覆没，这支精锐就此烟消云散。

白杆兵，也即四川土司兵。白杆兵的善战，在浑河之战中已给人留下深刻印象。援辽失败后，在著名女将秦良玉统帅下，一支新的白杆兵已经成型，不过四川既有土司叛乱，又是张献忠重点袭扰的地区，白杆兵要留在当地抵御，不能北上。

秦军，是孙传庭在榆林组建的军队，主要兵员为陕西边军，因其大部分人员皆为秦岭子弟，故称秦兵，又称秦军，人数约一万。这支军队攻守兼备，进退有据，与农民军鏖战多年，屡建战功。戊寅之变，孙传庭和秦军被调往京师，不久孙传庭因故下狱，秦军也没回陕西，被留在了北边。清军几次入关下来，这支军队也差不多被消耗完了。

延绥兵力不足，且被农民军牵制着疲于奔命；天雄军、秦军被清军折腾光了；土司兵要防着大后方；那就只剩下长期驻守于关外的辽军了，又称关宁军。

关宁军是花费朝廷大量军饷供养的一支军队，是能和后金野战的一支军队，用他们来对付农民军，简单且有效。

举个例子，崇祯八年（1635 年）秋，朝廷曾调宁远参将、副总兵祖宽，以 3000 名关宁军入关讨伐农民军。就以这 3000 人当箭头，官军把张献忠、高迎祥、李自成的十余万人一路从河南灵宝赶到安徽全椒，连战连胜，农民军被砍得伏尸二十多里，只恨爹妈少生了两条腿。

关宁军的战力这么强吗？其实要论整体，辽东军队战斗力其实未必就高于延绥边军。但祖宽所带三千人，是他精心挑选的家丁和劲卒，精锐中的精锐，自然要能打一点。

另外，辽军入关，里面还有个要命的语言问题。

起义军主要兵员来自延宁甘固等镇，巧得很，明军也是，西北五省虽然各地口音略有不同，互相说话基本还能听懂。不像南方各省，十里不同音，隔壁县都未必能无障碍交流。

以往打仗，农民军被官军逼得急了，托托人，找找关系，多少能找到一些突破口。老乡嘛，好交流，大家都是西北汉子，混口饭吃嘛，赶尽杀绝不好。收点钱，让条路得了。

到关宁军这儿，行不通了。

辽军来自辽东，当时的辽东话和今天的东北话是有很大不同的，而且军队里都是粗人，没有讲官话这一优良传统。其结果就是，辽东大汉与西北大汉无法交流。

比如祖宽追杀农民军时，不止一次碰到对面派来的使者，或者说是谈判代表。看着这些人连讲带比画半天，祖大人一个字没听懂。不光是祖宽听不懂，他手下也都听不懂，想表达什么？能不能好好说话？

祖宽什么性格，哪有耐心找翻译，兄弟们给我砍了，继续追！

至崇祯九年（1636年）二月，祖宽与卢象升联合作战，生俘高迎祥，基本消灭李自成的精兵，漏网的只敢躲在山沟里，祈祷别让他们碰到辽东兵。

卢象升说："援剿之兵，惟祖宽所统辽丁为最劲，杀贼亦最多。"

祖宽何许人也？祖大寿一个家仆而已，这样的人，在关宁军里一抓一大把，光祖大寿的兄弟子侄辈，就有十几人分居副将、参将、游击等各级军官，驻宁远、锦州各城。

一个祖宽带三千人，就能横扫农民军。如果让宁远总兵吴三桂带他的五万辽兵入关援剿，试问哪路农民军能挡得住？

调关宁军入关援剿，利用农民军尚未形成强大战斗力的时间差，一举荡平李自成、张献忠。这个构想能够成功，崇祯皇帝的压力减轻一大半，而皇太极又是个短命的皇帝（崇祯十六年，1693 年，皇太极去世）。明清大势，鹿死谁手，尚未可知。

然而在现实里，崇祯皇帝把这一切反了过来。

乌真超哈

崇祯十三年（1640 年），皇太极派济尔哈朗、多尔衮率军直逼明王朝在关外的战略据点——锦州。至于战术，还是老办法，采取长期围困的办法迫使锦州降伏。

为达到目的，多尔衮首先派人在距离锦州不远处筑义州城，又挖壕沟围困锦州，并调来大炮对锦州城轰击。

锦州外城由明军中的蒙古兵丁防守，他们看到清军阵营严整，围困严密，都觉得有些好笑。有蒙古兵向清军喊话：你们围困有什么用处？我城中积粟可吃两三年，即使围困，岂能得锦州？

清兵回答：不管两年还是三年，就算四年吧，到第五年，你们还吃什么？

蒙古兵原以为清军围城不下，自会撤退，知道对手志在必得，他们先怕了。他们不得不回忆起崇祯四年（1631 年），那场堪称人间地狱的大凌河之战，而如今，锦州城的守将正是降清后又逃回的祖大寿。

祖大人把嫡系撤回内城，留我们这些人在外城当炮灰。我们死守有什么用，到时候粮食不够吃了，蒙古兵肯定是最先被放弃的那一批。

祖大人能降，我们为什么不能降？蒙古将领诺木齐、吴巴什遂密谋降清。他们联络了济尔哈朗，于夜间在城头放下绳索，正白旗、镶白旗率先援绳登城，少量明兵支持不住，败入内城，外城遂为清军夺占。蒙古将士自都司、守备、把总等军官 86 人，男女老少共 6211 人全部投降，明军退守锦州内城。

关内，李自成再起，如猛虎归山，在中原之地纵横驰骋。闯军于崇祯十四年（1641年）攻克重镇洛阳，处决万历皇帝的爱子，崇祯皇帝的皇叔——福王朱常洵。

恰逢中原大旱，李自成开仓放粮，大量饥民加入李自成军，闯军兵力一下子暴增。张献忠亦在四川攻城略地，整个北方和西南到处是农民起义的燎原之火。

一边是农民军，一边是如狼似虎的清军，焦头烂额的崇祯皇帝，被迫做出了关乎大明国运的战略决策——集合大明最后的、所有的精锐，往援锦州，迅速打破清军对锦州的包围。

崇祯十三年（1640年）七月，蓟辽总督洪承畴率领王朴、杨国柱、唐通、白广恩、曹变蛟、马科、王廷臣、吴三桂八大总兵，步骑13万人，在宁远誓师，向锦州出发。

这支部队是整个明王朝最后的军事支柱，崇祯皇帝把大明的国运交给了洪承畴，是为松锦之战。

有必要介绍三个人：孔有德、耿仲明、尚可喜。

这三人原本都姓毛，分别叫作毛永诗、毛有杰、毛永喜。当年袁崇焕登岛巡视，发现皮岛将官一大半姓毛，三人也在其中，他们都是毛文龙养孙。

袁崇焕斩杀毛文龙后，皮岛在新任总兵黄龙统领下一度发挥了作用，崇祯三年（1630年）五月二十七日，皇太极以步骑四万首征皮岛。明军由黄龙指挥，派副总兵张焘率舰队在身弥岛与后金展开激战。

明军掌握大量火器，又有成批舰只，给后金兵以重大杀伤，“毙尸成绩”，被迫从身弥岛撤退。副总兵沈世魁又连续进攻蛇浦的后金兵，观战的朝鲜人记载“神炮诸发，虏阵披靡，死伤甚众”，后金兵连续焚烧尸体数日，可见伤亡确实惨重。

双方激战十余日，后金兵也打得十分顽强，“犹溃而复合，合而复溃，如是者再四”，终究不敌明军猛烈炮火和优势海军，被迫放弃进攻。

这次皮岛之战以后金失败告终，朝廷得到战斗报告后，惊呼为“此海外从来一大捷”“则此捷为十年来一战”。

冒险发动皮岛之役惨败两年后，皇太极掉转矛头，向旅顺发起了新的进攻，获得了巨大的成功。皇太极敢于进攻战略要地旅顺，主要就是依靠了降将毛永诗和毛有杰的引导与帮助，此时他们已改名孔有德、耿仲明。

毛文龙死后，孔有德、耿仲明投奔登州巡抚孙元化，孙元化收留了他们并委以重任，这两人却恩将仇报，于崇祯五年（1632 年）因为一只鸡发动了兵变，史称"吴桥兵变"。说是由鸡引发兵变，是后人的夸张之辞，孔、耿二人早就心怀不满，他们注定会成为叛将，不要说一只鸡，一根鸡毛也能成为借口。

朝廷急命兵部侍郎朱大典督师平叛，孔有德退保登州，几次出战失利，便于崇祯六年（1633 年）十一月，乘夜深携带家眷和万余名士兵出海，投奔后金。崇祯七年（1634 年）正月，尚可喜亦自皮岛航海投奔后金。

皇太极听说皮岛三将前来投降，乐得亲自跑出沈阳三十里以外迎接，给他们以女真最隆重的礼节"报见礼"，赏赐珍宝无数，三人皆封王，部下数十人封总兵官。孔有德为恭顺王（后改定南王）、尚可喜为智顺王（后改平南王）、耿仲明为怀顺王（后改靖南王），因三王名字中都有顺字，故而称为"三顺王"，此便是著名的清初三顺王。

皇太极为啥这么高兴，这么重视三位降将？

这三人是带资入股，他们的投降，为皇太极带去了梦寐以求的战略武器。

——《孔有德致书皇太极乞降手本》："本帅现有甲兵数万，轻舟百余，大炮、火器俱全。有此武器，更与明汗同心协力，水陆并进，势如破竹，天下又谁敢与汗为敌乎？"

由明降清的军官千千万，恐怕要数孔有德、耿仲明和尚可喜这三人的投降，对清朝价值最大。

有了三顺王带来的红衣大炮和技术工匠，后金的火器制造水平突飞猛进。皇太极命佟养性开始仿制与自制工作，不久后金即设立专门的炮兵部队"乌真超哈"，佟养性担任乌真超哈固山额真，即汉军都统。

徐光启费尽心力引进的西洋大炮技术，就这样被敌人不费吹灰之力所得。据不完全统计，松锦之战前夕，皇太极至少拥有红衣大炮 83 门（三顺王投顺携来 16 门，缴获 32 门，铸成 35 门），乌真超哈炮兵已颇具规模。

有了重火器加持，清军继续采用围点打援战术，包围锦州，随时准备迎击增援的明军。

清军一旦拥有大炮，就让明军的优势不复存在。形势倒了过来，当初的萨尔浒之战是决定后金命运的国运之战，但不是明朝的国运之战；如今的松锦之战是决定明朝命运的国运之战，却不是大清的国运之战。

松锦之战

松锦之战持续两年之久，很遗憾，洪承畴败了，败于朝廷不顾实情一味催促，败于督师与监军不和，败于被迫放弃“且战且守”的“持久之策”。

洪承畴深知敌人难缠，主张稳扎稳打。但是崇祯皇帝、兵部尚书陈新甲、监军张若麒都主张速战速决，洪承畴也只好听命行动。崇祯十三年（1640 年）八月初，大军进至锦州以南的松山，击退乳峰山上的两红旗、镶蓝旗清兵，夺取这个制高点。自八月起，明援军屡进，清军奋力阻击，双方在松山、杏山之间不断发生战斗，胜负尚且难料。

为确保胜利，皇太极不顾鼻子一直流血，从沈阳带精兵抵达松山，寻求决战。他登上山岗，观看明军营寨，只见布阵严整，不禁感叹：人都说洪承畴善用兵，果然名不虚传，难怪我诸将惧怕！

观察良久，皇太极似乎找到了明军的破绽，他说：“此阵有前权而无后守，可破也！”意思是明军大部分集中在前锋，后队颇弱，有首尾不相顾的弱点。

皇太极下令，清军迅速穿插进松山与杏山明军各部之间的间隙，开始布阵、挖壕。不得不佩服清军的体力和执行力，仅一天工夫，他们就挖好了三条长达几十里、直通大海的壕沟，彻底切断了松山与杏山之间的联系。

洪承畴完全没料到，清军能在 24 小时内就完成施工，等他反应过来，为时已晚。为打通联络，八月二十日黎明，洪承畴亲临前线，命各镇总兵率部发动进攻。皇太极亦亲自上阵，手持长枪，张黄盖，率数人往来布阵。

明军用火器密集轰击清军阵地，然后发起冲锋。以往这招火力准备很让清军头疼，不过此时他们也有了红衣大炮，皇太极调来红衣炮37门，炮弹万颗，炸药万斤，对准冲锋的明军和阵地一顿狂轰滥炸。两军大战良久，明军“终不能闯壕”，大部队被挡回松山城内。

当天，皇太极再出奇兵，命令阿济格率军进攻明军的大后方塔山城，一举夺取了明军粮草。明军前线只有三日之粮，粮草被夺，顿时军心浮动，“诸将皆欲遁”，洪承畴原本想立即和清军决战，但监军张若麒提出到宁远补充粮草。洪承畴只好放弃决战，部署八月二十一日夜晚突围。

此时明军军心已乱，还未等待到突围的时间，大同总兵王朴直接带领部队逃走，其他将领生怕落后，也纷纷夺路而逃。十几万大军无秩序地逃跑，发生了严重的踩踏事故。洪承畴只剩三分之一人马，他决定率全部手下“决围冲阵”，做最后一搏，遭到早已严阵以待的清军迎战掩杀，明军死伤累累，史载“且战且闯，各兵散乱，黑夜难认”。

吴三桂等六镇兵马由松山南突击，企图沿海岸逃跑，被前赌后追逼到岸边。正好遇上大潮，士兵“赴水死者三分之二”，侥幸逃出重围的，都奔往杏山、塔山。

皇太极事先已作了周密部署，在杏山附近，有蒙古固山额真阿赖、察哈尔毛海各率所部蒙古兵埋伏在此，专候明军溃兵。在锦州到塔山的大路，有多尔衮、罗托等率四旗护军和科尔沁蒙古兵横截明军归路。在塔山附近，有护军统领巴布海、佟图赖率正黄旗旗兵，堵击逃入塔山城的明军。从小凌河口到海滨，还安排了正黄旗固山额真谭泰率四百骑兵巡逻，断明军归路。

塔山这个地方很重要，之前有提到过，此处依山傍水，山与海之间，只有一条约10公里狭窄的走廊。十来万溃兵挤在这一段是个什么概念？打个比方，10万人整整齐齐站到一起，相当于在30个标准足球场站满了足球运动员。这么多人，挤在杏山—塔山（杏山距塔山二十余里）这个拥挤的空间里，跑都没地方跑。

皇太极是懂军事的，为什么选在这一段，正因它是关门打狗绝佳之地。

以上一切，可以说安排得明明白白。明军跑了一个晚上，筋疲力尽，进入清军伏击圈即遭到猛烈攻杀，几乎丧失了抵抗能力，只有逃跑。这么狭窄的地段，跑也跑不出多远，在清军追击下，“明兵窜走，弥山遍野，自杏山迤南，沿海至塔山一路，赴海死者，不可胜计。”

经此大逃离，吴三桂、王朴率残兵拼死闯过层层堵截，陆续溃入杏山城，张若麒从海上逃到了宁远。洪承畴没能跑出去，他被堵回了松山，身边还剩下曹变蛟、王廷臣两个总兵和两万多士卒。

洪承畴坐困松山，“欲战则力不支，欲守则粮已竭，欲遁又未敢成队而出”，只能坚守待援。但是，李自成现在也趁明朝主力调走的情况下四处开战，崇祯皇帝已经无法再组织一支军队来支援辽西了。

松山城被围困多日，粮草断绝。洪承畴和将士望眼欲穿，始终不见一兵一卒前来救援。他也曾组织多次突围，最接近成功的一次，是东协总兵官曹变蛟的那次闯围。

曹变蛟，明季猛将曹文诏之侄，曹文诏在内地所向无敌，功勋卓著，被称“忠勇冠时，良将第一”。他率三千人就能像赶鸭子一样把数万农民军赶得上天无路，入地无门。崇祯八年（1635 年）在湫头镇（庆阳市正宁县），曹文诏手下依旧是三千精兵，这次他遇到的是数十万人，本来说好的援军，却因为各路队友的磨蹭迟迟不到。战力凶悍的曹文诏，依然打得农民军节节败退，眼看就要成功突围。偏偏这个关键时刻，一个被俘的明军小兵冲着曹文诏大呼“将军救我”。认出曹文诏身份的农民军，这下眼睛放了光，连忙大军厚集，不惜一切代价硬打。曹文诏陷入苦战，辗转拼杀了几里路，最后体力不支，拔刀自尽。

曹文诏殉国，侄子曹变蛟还在军中效力。曹变蛟统兵有方，敢战敢为，时人将他与叔叔称为大明的大小曹将军。松山被围，曹变蛟已抱定必死之心，但是死也要够本，有得赚更好。皇太极过于托大，把御营设在离松山城不到四里的地方，曹变蛟侦察到这个情况，尽选精壮，于二更时分突然开城，率军二路闯围。

清军猝不及防，曹变蛟先后发起五次冲锋，突破重重壕沟，直扑正黄旗大营，斩杀佐领彰古力，率部在清军中纵横冲突，如入无人之境。曹变蛟一路击溃前来阻击的额附多尔济、内大臣布延、塔瞻，当夜皇太极正在营帐内，皇太极的护卫们作为捍卫大汗的最后一道防线拼死冲上，明军依旧奋勇向前。情急之下，固山额真图尔格和弟弟伊尔登、内大臣锡翰、遏必隆等占据御营营门拼命放箭，将曹变蛟射伤。

此时清军已从混乱中反应过来，开始从四面八方向御营聚集，曹变蛟因失血过多几近昏厥，见突入内营无望，只得率军退回松山。

多次突围都碰壁而回，松山成为绝地，从崇祯十四年（1641 年）九月守到崇祯十五年（1642 年），始终没人来救他们。不是崇祯皇帝不想，是他确实没了这个兵力和财力。赌输了，只好认，崇祯皇帝事实上已经放弃了松锦，被围困的明军只能自生自灭。

城内不可避免地粮草断绝，出现了人相食的情况。不久守城副将夏成德秘密降清，于崇祯十五年（1642 年）二月十八日夜接应清兵登城，次日晨，洪承畴与诸将被俘。皇太极下令将曹变蛟、王廷臣、丘民仰等就地处决，其下将领百余员，连同所部士兵 3063 人被杀，只有夏成德和部下、家属获免。洪承畴被俘虏到沈阳，不久也投降了清朝。

眼见大势已去，崇祯十五年（1642 年）三月八日，祖大寿率部献城归降，清兵占领锦州。

四月二十二日，清兵用红衣大炮轰毁杏山城垣，吴三桂逃回宁远，副将吕品奇不战而降，松山、锦州、杏山三城尽没，至此松锦大战结束。

松锦之战以清军全胜而告终，明朝经此一役，元气大伤。据《清太宗实录》记载："是役也，计斩杀敌众五万三千七百八十三，获马七千四百四十匹，甲胄九千三百四十六件。"

松锦大战标志着明朝在辽东防御体系的完全崩溃，崇祯皇帝在辽东的最后防线仅剩下宁远的吴三桂部。

松锦大战有必要打吗？崇祯皇帝的上策是撤守辽东，把辽军拉回关内；中策是放弃锦州，只守宁远；在锦州与皇太极决战，是为下策。

以当时的情况，按下葫芦浮起瓢，就算打赢了，守住个锦州又能如何？关内还在闹腾，清军下次再来，下下次再来，能保证每次都能守住？反攻辽东，反到个猴年马月啊！把这十几万军队调回关内，先解决“拉肚子”的问题，行不行？

崇祯皇帝的豪赌失败，时人评价“九塞之精锐，中国之粮刍，尽付一掷，竟莫能续御，而庙社以墟矣！”

同一时期，李自成部在河南迎来大发展。随着原来众多大大小小的义军首领死的死，降的降，坚持下来的力量基本整合为李自成、张献忠、罗汝才三大势力，又以李、张两部兵力最强。

第二十六章 传庭死，而明亡矣

李自成的战力

崇祯十四年（1641年）到崇祯十五年（1642年），李自成先后向开封发动三次攻坚战。三攻开封的同时，闯军先后在项城、襄城、朱仙镇、郏县和汝宁五歼明军主力。尤其是项城和襄城两战，这两个战役歼灭的是崇祯皇帝仅存的陕西三边明军精锐。

崇祯十四年（1641年）九月的项城之战，三边总督傅宗龙督率保定总督杨文岳、总兵贺人龙、李国奇、虎大威等四万余名官兵，直趋项城（今河南周口项城），迎战李自成、罗汝才所部农民军。

傅宗龙为人刚直，颇有胆略，曾击败过水西土司安邦彦。可架不住手下贺人龙、李国奇是两个“贼人”，只想自保实力，不愿所部被消耗掉，致使总督傅宗龙陷入重围。傅宗龙孤军受困多日，粮草断绝，连骡马都吃完了，不得已率六千残卒突围，被农民军追杀于项城城下，所部被歼。

傅宗龙战死后，崇祯皇帝又任命汪乔年督师，要他领兵出关。傅宗龙好歹当过兵部尚书，有军事背景，汪乔年就不行了，一直在刑部、工部工作，然后调任陕西右参政，负责管理学校，直到崇祯十四年（1641 年）才被提拔为右佥都御史。

这样一个总督，能是李自成对手吗？汪乔年知道凶多吉少，也只能硬着头皮上，他感慨道："傅公死，讨贼无人矣。固知肉喂饿虎，然义不可以不行。"

总之，只能奉行儒家之道，明知不可为，也要为之。

汪乔年拼凑起三万人，兵出潼关，进抵襄城（今河南许昌襄城）。为表与李自成势不两立，他做出了一个惊世骇俗的举动：派人挖了李自成的祖坟。

中国人最讲究身后入土为安，汪乔年此举实在有泼天之勇。也可以说，他抱定了不成功便成仁的决死之心。

这时李自成正亲率主力把左良玉围在了郾城，打算消灭这个老对头。听说明军援兵来了，李自成还真有点处于不利状态，当时他开封还没打下，郾城也没拿下，要是背后被捅一刀，形势怎么样还真有点不好说。

李自成再一盘算，援军统帅是汪乔年，那就好办了。左良玉守得很严，不如把突破口放在汪乔年身上。襄城离郾城这么近，你都不敢攻过来，真相只有一个，汪乔年的明军很虚弱，不敢堂堂正正和他李自成打一战。

李自成也是作战很果决的人，他立马撤围郾城，大喊着口号：挖我祖坟，老子跟你拼了！就朝汪乔年杀了过来。

这就叫出其不意，汪乔年一听惊了，怎么可能，郾城打了这么久，你说不要就不要了吗？

再一问，真来了，已经交火了。

汪乔年赶紧下令，顶住顶住。可是明军就三万人，还分三路驻扎，一会儿三路人马就崩了（有顷报三帅不战而四驰矣）。真心顶不住啊，十好几万人。

这时汪乔年要跑还来得及，他不肯，这是个有气节的大臣。左右劝他说："大人您赶紧走。"汪乔年说："几个总兵虽然跑了，我手下还有劲旅四千，别乱来，还有戏。"

汪乔年之所以这么硬气，最大的指望是左良玉。他给手下打气说："左良玉听说过没？那是打的张献忠满地图乱跑的狠角色，李自成也拿不下他。我们守好襄城，只等左帅与我们里应外合，何愁敌人不破。"

左良玉有这个实力吗？倒不是汪乔年吹牛，左良玉这个人，在长城从小兵干起，从辽东打到秦晋之地，又从秦晋打到河南湖广，再从江南打到长江两岸，最后在川渝再打回中原。难度堪称地狱级，他也成了朝廷首屈一指的大将、平贼大将军。

这样一个将军，你说他不能打是不可能的。问题是此时的将领们在明末一轮轮血战中，都养成了心照不宣的原则。左良玉已非当年的愣头青，数次死里逃生后，他领悟到了乱世中的真谛：见利而进，不利则退。

对朝廷忠心耿耿的，不是被崇祯皇帝杀了，就是在大牢里；剩下的都被皇太极、李自成杀了。阳奉阴违的，反而能保存实力，崇祯皇帝也不敢动他。

救了你汪大人，把我老本拼光咋办，到时皇上倒翻账，神仙也保不了我啊。

啥也别说了，保命为上吧。

左良玉没有救援襄城，全军向西撤退。

汪总督听说后蒙了，左帅这是在干啥，这不是把我往死里坑嘛！汪乔年是不可能投降的，他的命运就这样注定了，死守襄城，守在这里，死在这里。

傅宗龙和汪乔年手下直属部队是陕西三边明军，这批明军投降后被收编，极大提升了闯军的战斗力。此战以后，侯恂向崇祯皇帝直言不讳：李自成一败汪乔年，再败傅宗龙，而天下的强兵劲马皆为其所有，骑兵数万为一队，飘忽如同风雨，所过无坚城。官军只知尾随其后问所向而已。

崇祯皇帝只能摊手。

随着越来越多原明军投降，李自成的战斗力极速增长。这时的闯军已发展出了一套成熟的步骑协同战术，名为“三堵墙”——临阵，列马三万，名三堵墙。前者返顾，后者杀之。战久不胜，马兵佯则诱官兵，步卒长枪三万，击刺如飞，马兵回击，无不大胜。

到这时，农民军与明军的实力已经逆转了，作战往往是他们碾压明军。最好的例子，是崇祯十五年（1642年）五月的朱仙镇之战。

擒杀汪乔年，李自成、罗汝才大集诸部，于五月初二第三次进攻开封。崇祯皇帝急命督师丁启睿、保定总督杨文岳，率总兵左良玉、虎大威、杨德政、方国安等率各省军队保卫开封。七月，各部明军在朱仙镇会师，总数达到十八万，号称四十万。李自成亦精锐尽出，率步兵十万，骑兵三万，自开封解围南下，抢占河道上游有利地势。

左良玉长期与农民军交战，他深知此时的李自成已今非昔比，明军拼凑起的各镇联军战力如何，他更是相当清楚。左良玉认为，农民军锋芒正盛，不宜主动出击，最好是相持一下，挫挫他们的锐气，寻找敌军破绽。

这番话说得合理，但丁启睿也有难处。崇祯皇帝原本中意的人选是侯恂，只因开封情况紧急，侯恂来不及赶到，才连发数道诏书，责令身在许昌的丁启睿督师救援开封。

这个督师，丁启睿本来就不想当，丁某人威信不足，总兵们也瞧不上他。等他不情不愿到任后，发现情况比想象中更加严重，为争抢军事物资，各镇明军冲突激烈，再内耗下去，敌人还没进攻，大军可能自个就崩盘了。

没办法了，尽快打吧。一打，明军数战不利，左良玉见势不妙，发挥了打不过就跑的传统，违令带兵夜奔襄阳。左大帅这一跑，带动各镇兵马纷纷奔逃，也就是俗称的“炸营”。黑夜中明军不辨方向，许多人跑着跑着，一头就栽进了农民军在外围挖的壕沟。

李自成、罗汝才看得都傻了眼，说我们还没打啊，你们这是干吗？马上派骑兵，痛打落水狗！十八万人啊，实在太多了，俘虏都抓不过来，只能骑着马赶鸭子一样，能抓多少是多少。

这就是朱仙镇之战，真正的大战都没打起来，直接就结束了。

这是崇祯皇帝还能集结十万人以上的主力会战中投入兵力最多的一战，

是真正的国运之战。结果成了一场荒唐的闹剧。

此战，农民军收得降卒、骡马数万，中原明军一扫而空。也正式宣告，在和孙传庭进行汝州决战前，李自成统领的军队素质已经超过明朝正规军，成为关内最强大的军事集团。

孙传庭的抵抗

最后再说下孙传庭吧，崇祯皇帝把最后一丝希望放在了孙传庭身上。

孙传庭，代州振武卫（今山西代县）人，万历四十七年（1619 年）进士。天启年间授吏部验封司主事，不久升至稽勋司郎中，此时正值魏忠贤乱政，陶渊明不为五斗米折腰，孙传庭亦不向“九千岁”屈膝，索性弃官回乡。

这一弃就到了崇祯八年（1635 年）秋，多事之秋也是用人之时，有人想起了他，向崇祯皇帝举荐他出任验封郎中，不久越级升为顺天府府丞。

孙传庭却不想干这个文职，他说：“国家正在危难之时，请求让我外放，我愿巡抚陕西，为朝廷出力平定内乱。”

孙传庭自许建功必须有我，功成必定在我，让焦头烂额的崇祯皇帝看到了一丝希望，说：“那你去吧，不过丑话说在前面，我只有六万两军饷给你，其余你得自筹。”崇祯九年（1636 年）三月，孙传庭履职，其间积极整顿陕西军政，募得三千劲旅，号为“秦军”。

当时明军的主要对手还是高迎祥，在卢象升压制下，高迎祥被围困在郧阳山区动弹不得。他便有了个大胆的主意，说三国时魏延有子午谷奇谋，想由子午谷进攻西安，惜乎未被诸葛丞相采纳。我能不能用一下，出奇兵甩掉追兵，进攻西安呢？

高迎祥的计划很大胆，孙传庭比他更大。七月十五日，高迎祥在子午谷之黑水峪一头撞上以逸待劳的孙传庭，交战数次，孙传庭“四日三捷”，最终俘获高迎祥。崇祯皇帝大喜过望，降旨褒奖。九月十九日，孙传庭遵旨将高迎祥押解京师，凌迟处死，农民军最强的一支就此瓦解。

高迎祥被俘后，孙传庭招抚了农民军首领拓养坤（蝎子块）、张文耀（张妙手）等，击破张天琳（过天星）、马进忠（混十万）、高见（大天王）等，到崇祯十年（1637年）初基本确保了关中地区的安全。孙传庭由此崭露头角，声名鹊起，几乎超过了他的上司洪承畴。

正如前文所述，形势一片大好之际，清军就来入关。崇祯十一年（1638年），多尔衮、岳托分兵入长城，宣大总督卢象升督师各路入京勤王之兵，阵亡于巨鹿。

朝廷遂召洪承畴、孙传庭防守京师，升孙为兵部右侍郎兼右佥都御史，指挥各路援军。

按理，洪、孙二人在陕西联手打了大胜仗，此次奉诏勤王，崇祯皇帝该接见嘉勉。但崇祯皇帝下谕：只见洪承畴，不见孙传庭。

为什么？孙传庭和杨嗣昌闹起了矛盾。

杨嗣昌看秦军战斗力强，想把秦军调给洪承畴，让他督师蓟辽。孙传庭极力反对，他说："秦军不可留也。留则贼势张，无益于边，是代贼撤兵也。"

谁对？后来看孙传庭是对的，秦军人少，未必能对抗八旗兵，打农民军绰绰有余，但杨嗣昌主管军务，他说了算。孙传庭为此忧心忡忡，以致耳聋。杨嗣昌安排他总督保定、山东、河南军务。孙传庭说想见下皇上，杨嗣昌不安排，孙引病告休，杨告其是推托，激怒崇祯皇帝，将他贬为平民，下狱待判决。

孙传庭入狱三年间，李自成、张献忠复起，崇祯皇帝已没有资源维持十面张网，杨嗣昌的战略功亏一篑。李自成攻陷洛阳，处死皇叔福王朱常洵，张献忠攻破襄阳杀了襄王朱翊铭。崇祯十四年（1641年）三月初一，杨嗣昌因无法向皇上交代，忧愤而亡。

这时松锦之战正吃紧，国内已无人可用，崇祯皇帝这才想起孙传庭，下令将他从监狱放出，复职三边总督，命他率京营士兵往援开封。但是各边精锐都被调去与皇太极决战了，孙传庭的秦军也没了，他治下的军队都是拼凑出来的二三流部队，其中还有不少利益纠葛。

如左良玉、虎大威、贺人龙等主将属管不属调，避实就虚，自保实力。尤其是援剿总兵贺人龙，项城之战、襄城之战，他都是遇敌先溃，导致张献忠坐大以及两任三边总督（傅宗龙、汪乔年）被李自成所杀。

孙传庭怀揣崇祯皇帝密旨，处死贺人龙，但亦无济于事。他发现李自成拥兵数十万，实力已非往日可比，只得抚掌叹息道：“我思用秦人！”

秦人就秦人吧，只要能保证军饷，孙传庭深信他还能练出一支精兵。崇祯皇帝催战，孙传庭说不可轻易出战，他向崇祯皇帝提出练兵两万、给饷百万，可保剿灭李自成。崇祯皇帝听了很不高兴，说：“这都什么时候了，朕去哪儿拿百万饷银给你。我给你凑一个月的饷银，拿到钱，你不出关讨贼，朕就惩办你。”

孙传庭无可奈何，只好出师。李自成三围开封，崇祯十五年（1642 年）十月，孙传庭率主力救援，果不其然吃个败仗，率残兵奔回陕西。

这回崇祯皇帝也不说话了，当时他还剩下的兵力主要有三个集团：辽东军队比较精锐，但崇祯皇帝还顾着“发型”，不肯移调；左良玉部号称兵多将广，实际上跋扈难用；他能指望的，实际上只有孙传庭统率的陕西官军。

可是钱呢？确实是没有，崇祯皇帝已经穷得叮当响了，他唯一还能给的只有些许权力，允许孙传庭在当地自筹资金练兵。

孙传庭也不说话，自筹就自筹，国难当头，再苦老百姓不行，只有从权贵豪强身上想办法。平日里温文尔雅示人的孙传庭，开始雷霆出击。他的办法很有效也很粗暴，用今天的话说，就是宣布陕西进入紧急状态，征兵征饷，一切事宜由我说了算。平日里享有特殊待遇的阶层，特权作废了，该交钱就得交钱，该捐献就捐献，但凡抗拒者“身家性命不可保矣”。

很多人颇有微词，崇祯皇帝睁一只眼闭一只眼，说先看看。孙传庭就这样自筹资金，到处招兵买马、发展生产、置办武器，经过大半年努力，新招募秦军官兵实力有显著增长。

副作用也很明显，孙传庭驭下严厉，动辄以军法从事，加上长时间的军事管制得罪了无数人，陕西官僚士绅都希望孙传庭能早点开往他省，以邻为蠹，并谣传孙传庭按兵不动是养寇自重。

崇祯皇帝一听，又动摇了，下手敕催战。孙传庭表示臣练兵未成，希望陛下能再给点时间。

兵部侍郎张凤翔也进谏道："孙传庭所有皆天下精兵良将，皇上只有此一副家当，不可轻动！"

崇祯皇帝想了想，继续催战，说你给我赶紧打，不打就大牢见。

朝廷催促孙传庭出关的使者接踵而至，孙传庭只能顿足长叹，自我安慰：我当然知道打不过啊，但是万一能赢呢，身为大丈夫，我总不能再去忍受狱卒的嘴脸吧！

死就死吧，拼了！临行前，他再次给兵部尚书冯元飙写信，阐明自己"雅不欲速战，见上意及朝论趣之急，不得已誓师"。

崇祯十六年（1643 年）八月初一，孙传庭在西安关帝庙誓师。初四，统率总兵白广恩、高杰、牛成虎等部十万众出潼关，同时檄调各路人马夹攻李自成。

看看这个阵容：白广恩、高杰都是农民军降将，摇身一变成了明军总兵。牛成虎是一败再败之将，多次临阵脱逃，还不如高杰、白广恩。明朝绝不是没有良将，可惜在崇祯皇帝和皇太极的"共同努力"下，袁崇焕、赵率教、满桂、曹文诏、曹变蛟、卢象升、祖大寿、洪承畴等或死或降，剩下个实力派左良玉拥兵自保，吴三桂还在宁远发呆。

孙传庭统率着这么一批人，只能说是山中无老虎，猴子称大王。而此时的李自成却是兵强马壮，达到了最巅峰。其麾下主力分为五营：中营、左营、右营、前营、后营，为闯军五大野战军，由李自成最信任也是最能打的陕西嫡系"五营二十二将"统帅，实力已达到明军精锐的水准。

实力此消彼长，神仙来了也难。

李自成早已得知官军将要出关，他一边源源不断调兵北上，一边故意示弱，让出一些州县。这一招相当老到，孙传庭这十来万人，没有充足的粮饷，多半指望就地解决。在明末天灾人祸时局下，河南已成赤地千里，不要说沿途征发，就算出去抢，也抢不到足够的粮食。他们占地越多，粮草供应就越发困难。

八月上旬，官军重占洛阳，九月初，孙传庭先后攻破宝丰、唐县。估摸着差不多了，九月十四日，李自成率主力与官军接战于郏县。这回李自成失算了，他还是小看了孙传庭，郏县一战明军大获全胜，闯军果毅将军谢君友被俘杀。

崇祯皇帝得报大喜，兴奋地喊道："贼灭亡在旦夕！"

兵部尚书冯元飙却忧心忡忡指出：李自成狡猾得很，我担心，他这是引诱我军深入，不得不防。

冯元飙的担心是正确的，郏县之战不能说是李自成送人头诱敌，但在大战略上，李自成的计策正在生效。官军孤军深入，距离后方越来越远。又值大雨滂沱，道路一片泥泞，粮车运不上来，前线的士卒与马匹已经饥瘦不堪。

最稳妥的办法是回师就食，稳扎稳打，但在一片催战声中，这是不可能的。孙传庭只得硬着头皮，下令就地取食。

郏县只有几百匹骡马，几万人一顿都不够，周围早就被李自成坚壁清野，一粒粮食也找不到。本来孙传庭指望等粮车运上来，就能暂时解决粮草问题。哪知连下七天大雨，李自成又分出大将刘宗敏率骑兵穿插到汝州白沙地方，切断官军粮道。

明军饥疲不堪，后军于汝州发生哗变。孙传庭闻讯大惊，为解决粮饷，他将全军一分为三，由白广恩、高杰、陈永福统领，回撤迎粮。

这就是李自成等待的机会，趁明军移营之机，李自成集中两千余精锐骑兵分为三队，每队 720 人，向屯于郏县东南的明军发起轮番冲击。

明军高杰部首先接敌，接战不利，损失三四千人。高杰登岭观望，发觉靠他这部分确实撑不住，干脆撤吧，与督师合兵再作区处。高杰损失了一部分人马，好歹把主力拉了出来，渡过黄河与孙传庭会合。

此处再提一下高杰，此人也是陕西米脂人，与李自成是老乡，又同时起事，一度是李自成信任的心腹。高杰绰号"翻山鹞"，对明军作战凶猛，这样一个人，怎么会摇身一变，成为明军总兵呢？

实在是没办法，高杰干了件不甚光彩的事，李自成常年领兵在外，妻子邢氏独守空房，一来二去，就和高杰好上了。

李自成可不是善男信女，事情迟早败露，高杰人头必定不保。想到这点，高杰很麻利地在崇祯八年（1635 年）带着邢氏投降了明军，被分配到总兵贺人龙手下任职。贺人龙被孙传庭诛杀后，高杰被提拔为总兵，统领贺人龙旧部。

数数孙传庭部下几个总兵里，反倒要算高杰部最肯打。毕竟他给李自成戴了绿帽，是不可能再投降闯军的。其他几个人就不同了。孙传庭出师，曾檄调平贼将军左良玉、河南总兵陈永福出兵夹攻。左良玉不动如山，陈永福倒是来了，与孙传庭会师于洛阳。但他的河南兵不是嫡系，看着陕西兵回撤迎粮，豫军不肯当后卫，拒绝服从命令。陈永福虽斩杀数人，仍无济于事，只好随部众北撤。

战至此时，孙传庭败象已露，但主力尚存。李自成又怎肯轻易放虎归山，他亲率主力追到南阳，想将陕西明军一网打尽。孙传庭仔细盘算了一下，按皇上的性子，拉回队伍，我大概率还得回去蹲监狱。大丈夫要死，也死在沙场上，我孙传庭怎能再受此辱！

孙传庭也是豁出去了，不管粮草随时可能断绝的风险，下令会同撤回的诸部人马，返身于汝州与农民军决战。

汝州之战打得相当激烈，孙传庭指挥的官军在不利局面下，表现出惊人的战斗力。高杰指挥骑兵狂呼驰骋，闯军列出“三堵墙”战术，一度被冲破两堵，险一险，阵形就要崩溃。

凭着一口气，闯军硬是挺了过来。等两军陷入相持，将领素质差距就体现出来了。决定胜败的，就在于此！

战局不利时，李自成有绝对可以信任的“五营二十二将”统领部下死撑。明军不行，孙传庭部下总兵，十个有九个只能打顺风仗，僵持阶段，正是另一位总兵白广恩的火车营首先招架不住，高喊：师败已！引发阵线崩溃，义军趁机发起进攻，官军全线溃败，丧师四万，损失兵器辎重无数，连督师大纛也被义军缴获。

汝州一败，孙传庭退保潼关，再也无力抵挡李自成。十月初六，闯军内外夹击攻破潼关，孙传庭战死沙场，尸骨无存。五天后，西安失守，孙传庭继室张氏率三妾两女投井自杀。

至此，李自成完成五杀神迹，放眼关内，无人是他对手。

孙传庭所部覆灭，亦宣布崇祯皇帝丧失了最后的本钱，这个政府几乎已经没有兵力阻挡“闯王”了。

传庭死，而明亡矣

明末有这么句话“传庭死，而明亡矣？”流传甚广。

是真的吗？

孙传庭是能杀死“闯王”高迎祥、打得李自成仅带着十几个人上山当了野人的厉害角色。他并非没有戡乱救国的真本事，多给他一点时间，或许真能将李自成暂时赶走。

但是那又能怎么样呢？

真正的问题从来不是军事，而是经济，是政治。袁崇焕，洪承畴，孙传庭这些人，其实都是很能干的人。只要给足钱，给足人，后金和农民军都得被干死。

问题是没钱。

崇祯皇帝接手的头两年，已经是他任期内财政状况最好的两年。崇祯二年（1629年）“己巳之变”，天下勤王兵马云集京师四周，粮草军饷供应成了严重的问题，理财家毕自严连续月余目不交睫、衣不解带，昼夜不停地手批口答处理后勤供应事务，累得头脸肿得像斗一样大，口吐鲜血不止。在他的精心筹划下，粮饷供应及时，为稳定军心民心立了大功。

然后仗打到一半，袁崇焕被抓起来了，接下来花了好几个月才把皇太极赶出关外，严格来说，还不是赶出去的，是人家抢够了自己回去的。但是全国援军进军，是需要安家银的，不光要安家银，还要衣装银，工部要给兵器，要给建窝铺，兵部给犒赏，太仆寺给马价，户部给军粮，给军饷，给盐菜银。

上十万勤王军，士兵月薪最高达到 1.8 两银子，每兵每月还要一斛米，盐菜银一天三分。这样一算，一个士兵每月费用不下三两，十万官军，一个月一百万两打不住。朝廷拿不出来这笔钱，地方说可以，那先欠着，下一年的税我们就提留了，作为给军队的安家银。

这还不算，蓟镇的窟窿要填，损失的军队要补充。云南的奢崇明、安邦彦还在闹，得平吧？这样一来，军费飞速上涨，仅蓟辽两大军区，一年军费就达到八百七十多万两。

一方面是越花越多，另一方面是越收越少，到崇祯三年（1630 年）底的时候，突然发现，各省欠征的辽饷只征收不到三分之一。崇祯皇帝的办法简单粗暴，辽饷征不上，那就加派加派再加派，但是他没想过，辽饷本来就欠征，反正都是欠，只是欠多欠少的问题，欠得更加厉害，杂项也开始各种不认账了。有的实在推不过，定额五千，只认两千，缴纳的时候给个几百两意思意思，有的干脆就不理睬中央的征收，拖着不办。

于是到了崇祯四年（1631 年）发现，加征之后，反倒收的不如原来多了。在这种情况下，毕自严条上 10 事，提出补救措施，请崇祯皇帝注意百姓已到了家家悬釜的境地，请酌减天下赋税，以使小民有升斗之蓄。

当然，崇祯皇帝无法接受他的意见。

之后的日子就再也没好过，中原腹地农民军翻江倒海，京师周边被后金蹂躏了一遍又一遍。得用兵，用兵要军费，军费不够。再加，加剿饷、练饷，问题是加了也征不上。中央财政实际征收率越来越低，根据苏新红博士在《明代太仓库研究》中的论证，到崇祯十六年（1643 年），征收率已低至令人发指的 9.3%。

这还怎么玩？没法玩了。

孙传庭之死，表面死于崇祯皇帝好急功、催战不休，死于明将内部各为私利、互丧大义。实则死于财政崩盘，朝廷再维持不起一支精锐。

没钱，你就算是徐达转世，领着几万未经训练，装备不齐，粮草更是没有的“军队”，对阵李自成十几万人的主力，一样得死。

这是经济问题吗？对不起，还是政治问题。往大了说，土地兼并无法消灭，农民从勤勤恳恳的小自耕农，变成失去土地的流民，是中国古代农业生产方式和国家社会形态相结合的必然产物。往小了说，制度导致贪污腐败，不得民心，财政枯竭通货膨胀，免不了会有人揭竿而起。

只要没有实现社会制度和经济生产方式的突破性进步，悲剧总会周而复始上演。这种苗头在后来的清朝身上表现得更加明显，只是清朝到了中后期，多出来一大块关税收入，这才稳住了盘子。

崇祯皇帝的问题

政治问题，另一个原因就是当政者的问题。

说到中国历史上最有名的亡国之君，崇祯皇帝入围三甲毫无悬念。

可是我们不看结果，光看崇祯皇帝工作的努力程度，他的勤政程度直追太祖朱元璋，在整个明朝数一数二。

他不好色，私生活不仅检点，而且俭朴。他终日勤勤恳恳，可以说是日理万机。要论勤政程度，也可以入围史上皇帝前三甲。

但崇祯是皇帝，我们对他的要求不能太简单了。如果仅仅不好色、勤奋就是一个好皇帝，那么这未免太可笑了。

崇祯皇帝的性格，我们已经知道了，“性多疑而任察，好刚而尚气”，在他手下干活，官员皆有朝不保夕之感。崇祯皇帝手下干得最长的首辅，一个是干了三年的周延儒，一个是干了四年的温体仁，就这俩人还被明人认为是误国辅臣的典型代表。“任察者下求善以事上即弊”，察到最后，以致无人愿报国也无人敢报国，最后大家都是故意报喜不报忧了，于是隐瞒欺诈这些事全来了。

这说明，上政失道以后都会有各种各样的弊端。上道不明，下道必不昌，这是必然的。

“传庭死，而明亡矣？”传庭不死，明就不会亡吗？

崇祯皇帝这个能力与性格，即使孙传庭牛到这次打垮了李自成，他下一手昏着也会把传庭坑死。一而再，再而三，周而复始，最后再也没人给他填坑了，一样得完蛋。

区别在于，什么时候完蛋。

崇祯皇帝的失败可以归结为一句话：方向错了，再怎么努力都是徒劳。

这种局，你就说派谁来吧？不要紧，农民军源源不绝，官军呢？打一个少一个，钱花一分少一分，被拖死就是个时间问题。

这仗怎么打？

不是孙传庭不行，是换谁都不行。这中间存在一个关键问题，即崇祯皇帝瞎指挥加速死亡，这就是政治问题。假使崇祯皇帝是个正常水平的皇帝，再难为无米之炊，明朝都不可能让李自成给灭掉。

再举个例子，议和。

杨嗣昌建议崇祯皇帝通过外交手段解决皇太极的威胁，说白了就是议和。

可是对朝廷大多数人来说，“天朝上国”的概念根深蒂固，不到清兵的刀真正架到脖子上，他们是断然不会赞成议和的。

议和被向来斥为“顿忘国贼”“沮师养寇”，主持议和者无不背恶名。袁崇焕终以“谋款通敌”之罪被磔，支持袁崇焕的阁臣钱龙锡以“密谋王款”之罪长成不赦。阁臣杨嗣昌主持议和，弄得举朝哗然，攻之者甚众，兵部尚书卢象升亦讽其“闪灿奸欺欺”，讽其不“尽忠”。

到了松锦之战结束后，崇祯皇帝不得不考虑议和问题。

当时环境下，明朝在松锦战场精锐尽丧，国内流匪纵横驰骋，地方不断告急，总督傅宗龙、汪乔年出讨都兵败被杀，形势已极其严峻。

崇祯皇帝既无能力，更无实力在多线同时作战，在此情况下，议和是合乎局势的选择。

崇祯皇帝招来兵部尚书陈新甲，授意他秘密与清朝议和（以和议委新甲）。陈新甲受命，派遣职方郎中马绍愉携崇祯皇帝敕书至沈阳与清议和，皇太极“报书许，以书授绍愉，遣人护送”，议和大门事实上又重新开启了。

崇祯皇帝先后手写书信数十封，交陈新甲同皇太极联系（手诏往返者数十），皇太极甚为礼待，双方你来我往，谈得有模有样。

一次马绍愉回京，带回最新报告，陈新甲深夜看完后忘了收起来，就放在了几案上。

第二天早晨，陈新甲家童误以为几上是老爷要发出去的塘报稿（相当于现代的《内部简报》），便按惯例将其交给各部门官员传抄。可以想见这份议和报告传出去引发的轰动，朝堂一片哗然，怎么可以议和呢！议和主款，损威辱国，是“祸胎”，将“酿无穷之衅”也！

谁干的？陈新甲怎么会有这么大胆子！

崇祯皇帝十分尴尬，下旨让陈新甲解释，陈新甲不当回事，认为议和之事本是皇上的意思，他老人家只是装装样子罢了。陈新甲不懂得揣摩崇祯皇帝的心理，崇祯皇帝这么要面子的人，怎么能承认是他授意议和？陈新甲非但不引罪自责，反而自诩其功，崇祯皇帝不想承担责任，就不能不处死陈新甲。

史载“人臣无境外交。未有身在朝廷，不告君父而专擅便宜者。新甲私款辱国，当失陷城寨律，斩。”

陈新甲是崇祯皇帝处死的第七位兵部尚书，依次为：崔呈秀、阎鸣泰、袁崇焕、王洽、张凤翼、梁廷栋、陈新甲。陈新甲死后，给事中沈迅还在抨击他，崇祯皇帝没好气地说：“假使你是新甲，恐怕还不如他。”

陈新甲于崇祯十五年（1642 年）九月二十二日被杀，明朝丧失最后一次议和的机会。

天子守国门，君王死社稷

崇祯十七年（1644 年）正月，李自成在西安称帝，定都西安，建国号“大顺”，改元“永昌”，随即亲率 50 万大军誓师东征。

大顺军渡黄河，下太原，克忻州，鏖战拿下宁武关，大同总兵姜瓖、宣府总兵王承胤先后投降，至京师再无阻碍。大顺军有如奔流之势，于三月十六日直抵西直门下，以大炮轰城。

三月十八日，李自成派投降的太监杜勋入城谈判，提出两个条件：

一、割让陕西、陕西地区，封李自成为王；

二、犒赏大顺军白银一百万两。

作为交换，大顺军当立即退守河南，负责平定国内其他叛乱，并替朝廷抗击清军，但李自成不向崇祯皇帝跪拜称臣。

对于已陷入绝境的崇祯皇帝来说，这个条件不算不能接受，何况朱由检根本已没有讨价还价的筹码。

崇祯皇帝再次拒绝。

午时，李自成下令攻城。未时，一群回族人将广宁门打开，北京外城陷落。消息传到崇祯皇帝耳朵里，他本想召集总督京营的李国祯率三大营护驾，等了半天，回报说三大营将士已经溃散，无法召集。

崇祯皇帝沉默片刻，带着太监登上紫禁城后的煤山，所谓“登高望远”，这一望，望见大顺军队正在入城，并不见哪里发生战斗，仿佛他们已是京师的主人。

这时，距离朱由检最后的日子已不足二十个小时，他焦躁不安。

天黑了，京城上空阴云密布，不知什么时候下起了下雨，雨中还夹杂着细碎的雪花。

崇祯皇帝身上都湿透了，头发散乱，一绺一绺贴在前额上。他从外面回到乾清宫，知道一切已无可挽回。

崇祯皇帝反而镇定了，他命左右拿酒来，举杯豪饮，似乎在思考着什么。

十几杯酒下肚，崇祯皇帝咬咬牙，吩咐道：“传旨，命后宫妃嫔快快自尽。”

太监王承恩苦着脸劝道：“万岁爷，事情还没到如此地步啊……”

崇祯皇帝瞟他一眼：“快去办吧。”

即使是富有天下的皇帝，最放心不下的还是他的子女们。崇祯皇帝派人找来三个儿子：太子朱慈烺 15 岁，永王朱慈炤 13 岁，定王朱慈炯 5 岁。

看着三个未成年的孩子，朱由检不禁泪流满面，他连忙让人找来三套粗布旧衣，亲手给他们换上。一边为太子系衣带，他一边叮嘱道："儿啊！你们今夜是皇子，天亮以后就是平民百姓了。不要留恋我，各自逃命去吧。逃出宫去，隐姓埋名，千万不要暴露身份。以后见到做官的，年纪大的要称呼老爷，年纪轻的要叫相公。见到平民，年纪大的要叫老爹，年纪小的要叫大哥。见到读书人你要称呼先生，见到当兵的你要称呼军爷。"

朱由检这些年从没有跟儿子说过这么多话，他哽咽着说不下去了，赶紧招呼太监王之心、栗宗周、王之俊，把诸皇子送去外戚家躲避，择机进一步转移至安全之地。

送走儿子，崇祯皇帝深一脚浅一脚地来到坤宁宫，看到周皇后已经悬梁自缢，想到皇后平日的贤德，朱由检忍不住掩面痛哭。

一旁的长平公主、昭平公主也痛哭不已。昭平公主年方 5 岁，长平公主年已 16 岁，本来去年已为她选定都尉周显，婚事却因"流寇"逼近而暂停。

逢此变世，明皇祖的规矩就是保全皇子，女眷自行了断，未出嫁的公主，则由父亲亲自持剑了断。

朱由检望着平日最疼爱的两个女儿，心如刀绞，叹息道："孩儿啊，你为何生在皇家！"

说罢，他颤抖着举起宝剑斫下。

昭平公主幼小，当场死亡；长平公主本能地伸手一挡，宝剑砍断左臂，公主尖叫一声，昏死了过去。

朱由检重新举剑，却再也没有力气砍下去。

一阵沉闷的雷声从天空滚过，殿内刮起一阵寒风。朱由检一哆嗦，他叫来仅存的侍卫和太监们，铠甲佩剑，手持三眼火铳，急匆匆上马离开皇宫。

一行百余人来到内城东华门，迎头射来一阵乱箭。岂有此理，连皇上都敢射，脑袋不想要了！侍卫判断，东华门守军已经变节，不能硬闯了。

崇祯皇帝思考片刻，向北一指，侍卫立刻明白了，从朝阳门出城。此门由世袭成国公、驸马朱纯臣把守，怎么也不能够出岔子。

结果一行人护着崇祯皇帝转到朝阳门，只见城门紧闭，呵斥兵士开门，守军坚称要有朱公手谕才行。

大半夜的，兵荒马乱，上哪找朱公去？这不明摆着使绊子嘛！崇祯皇帝等得着急，直接带人奔向内城东北角的安定门。

安定门倒是没人，奈何城门锁得死死的。侍卫、太监们用刀撬，用斧砍，用火烧，可是紫禁城的城门都是选的顶级木料，光厚度就至少 10 公分，还门里套门，多道漆水刷得锃亮、大铜钉嵌满。天顺年间曹石之乱时，曹吉祥之侄曹钦带几百人都搞不定，现在这点人，一样没用。

关键是闹腾一大圈，时间不够了，天已拂晓，就算出得城门，大概率还是得被闯军活捉。

崇祯皇帝已然身心俱疲，他明白走不了了，只得回到皇宫，在大殿鸣钟召群臣议事。

不会再有人来了，外面人喊马嘶，哭声一片，就是没有一个大臣进殿。

崇祯皇帝不由得长叹一声，他知道自己时间不多了，便走进御书房，咬破中指，写下最后的遗言："朕凉德藐躬，上干天咎，致逆贼直逼京师，然皆诸臣误朕也。朕死无面目见祖宗，自去冠冕，以发覆面，任贼分裂，无伤百姓一人。"

写罢，他将血诏揣在怀里，径直走向后面的煤山。此时宫中人群都已逃散一空，跟随在他身后的只有司礼监秉笔太监王承恩。

就如遗诏所写，朱由检自去冠冕，身穿蓝色道袍，披头散发，自缢于一颗歪脖槐树之上。王承恩亦相对自缢。

这一年，朱由检 34 岁。

崇祯皇帝后悔了吗？

从他遗诏中那句"皆诸臣误朕"来看，至死他也没有后悔。他努力了，他自认为尽力了，是百官误了他，而非自己的责任。

假使不是崇祯皇帝，大明会在 1644 年灭亡吗？

很难。其实到最后崇祯皇帝都有大把的机会，一是撤守，尽早把吴三桂的关宁军调回来拱卫京畿；二是南迁，迁都南京，还有大半壁江山，江南财赋之地可以支撑；三是派太子去南京监国，万一北京不保，也有名正言顺的继承人。

只要三点中做到一点，明朝大概率不会亡得如此之快，然而他一样也没做，就这么生生地看着李自成打到北京，最后才想起来逃跑，可惜跑不掉了。

崇祯皇帝很努力地工作了十七年，生生地把自己活成了亡国之君。

朱由检是个励精图治的皇帝，也是一个有着明显缺陷的皇帝。人们会记住他的勤俭、努力、气节，也不会忘记他的虚荣、急躁、刻薄寡恩、刚愎自用。

赤社黰而箐茅废，灵光颓而茂苑倾，式亏国族，深轸宸情，祭通侯于太牢束帛，戍王人与扬水流薪，帝子没而烟凝南浦，王孙陨而草遍空城。盗长陵之抔土，伤神洲之陆沉。彼何人哉，哀哉至今！

后 记

《明朝果然很有料》五卷本终于写完，颇有如释重负的感觉。

数年里，我写过许多零零散散明朝话题类文章，出版了《南明那段日子》（上下卷），但当我接到中国工人出版社约稿之时，还是不免惴惴。

一方面，是我未曾完整写过时间跨度如此之大，人物、事件如此之多的大一统王朝的历史。这无疑是个很大的挑战，而就明朝历史写作而言，有诸多前辈学者珠玉在前。我本常鳞凡介，又怎敢望其项背，所以我与编辑老师交流时坦言，我这米粒之珠，大放光华是不敢指望的。

另一方面，是时间较为有限，篇幅比较紧凑。要想从浩如烟海的史料中理清线索，殊非易事。打个比方，好像一张276年历史的拼图一样，每一年又都有无数的小块儿。得把它们细细地挑出来，摆在一起，互相对比，互相拼接，一点点还原。

我并非研究明史的学者，也不是专职写作的作家，所以这个任务对我而言，既是比较烦琐，也是比较有挑战性的。

第一个迫切的问题是主次如何取舍，线索如何安排。一部明史浓缩成五卷，我必须保证它是精选而不是节选。但既然是历史，那不管是人物还是事件，它们都不是独立的，凡事有因才有果。比如朱元璋的一个卫所制，就给子孙带来了无尽的困扰。正所谓草蛇灰线，伏脉千里，重要的事必须要交代清楚，又不能写得太啰嗦。

第二个问题是逻辑性问题，我写历史比较注重逻辑性。逻辑与历史应该是一致的，历史是逻辑的客观基础，逻辑是历史的理论概括。我们不能先有结论，然后去寻找论据，而应该反过来，从事实和证据出发来展开推理。

比如土木堡，比如袁崇焕，通过推理和论证，不难解释一些疑团。要认识事物某一层次的本质和规律，就要借助于逻辑的方法。如果脱离逻辑，就很容易照本宣科，成为一个简单的复述者。

第三个问题与第二个问题相矛盾：大历史是理性的、逻辑的，当时人们经历的历史却未必如此。这与身处其中的人的情感、愿望、利害关系有关。比如朱棣“靖难”，怎么看都是个自杀式行为，可他竟然成功了。所以，客观世界自身的历史发展过程是逻辑的，但人的实践活动未必是逻辑的。历史的进程中，人是不可预测的变量，其受人性操控，而人性不可毁灭，也无法改变。

逻辑的东西反映历史发展的本质和必然性，人性的东西反映客观世界的偶然性。这就是历史。历史不是无根之萍，它御风而行，裹挟着命运和人性，那个终点既已知又无常。明朝是历史长河中的一小段，它同样表现出这种特性。我想写的，就是这样一段历史。

如果您有耐心读完这五卷，或许可以发现，我写这套书的过程，就是解决这三个问题的过程。比如朱元璋的奋斗史，比如朱祐樘、朱厚照父子的两面，比如晚明政治到军事上的一系列有所争议的问题。全套书写下来，满意的地方有一些，不满意的地方也有不少。整体来说，自我评价是基本写出了想写的一些东西。

回到开始的两个方面，写这套书自然不能说是容易。这中间，离不开亲友、师长和众多粉丝的支持与鼓励，更要感谢中国工人出版社的信任。明朝是历史上争议很大的一个王朝，关于它的一切，我的思考还有很多不成熟之处，谨以此书为引玉之砖，期待与大家继续探讨。

图书在版编目（CIP）数据

明朝果然很有料. 第五卷 / 小院之观著. —北京：中国工人出版社，2023.5
ISBN 978-7-5008-8179-7

Ⅰ. ①明… Ⅱ. ①小… Ⅲ. ①中国历史－明代－通俗读物 Ⅳ. ①K248.09

中国国家版本馆CIP数据核字（2023）第083410号

明朝果然很有料·第五卷

出 版 人 董 宽
责任编辑 傅 娉
责任校对 张 彦
责任印制 黄 丽
出版发行 中国工人出版社
地　　址 北京市东城区鼓楼外大街45号　邮编：100120
网　　址 http://www.wp-china.com
电　　话 （010）62005043（总编室）　62005039（印制管理中心）
（010）62379038（社科文艺分社）
发行热线 （010）82029051　62383056
经　　销 各地书店
印　　刷 三河市万龙印装有限公司
开　　本 710毫米×1000毫米　1/16
印　　张 20.5
字　　数 294千字
版　　次 2023年7月第1版　2024年5月第2次印刷
定　　价 49.80元
